ERCJ選書

コドモノクニ・山道・フランス語

ある弁護士の軌跡

五十嵐二葉 著

●インタビュアー 村井敏邦・徳永 光

日本評論社

コドモノクニ・山道・フランス語

ある弁護士の軌跡

◎目次

第8章　国際人権活動

第9章　刑事事件

第10章　民事事件

第11章 海外調査

第12章 大学教員

コドモノクニ・山道・フランス語

ある弁護士の軌跡

第1章　生い立ち

1　出生

ある裁判官から懇親会の席で「どういう育ち方をしたんですか」と聞かれて「山の中の一軒家で生まれたんです」と言いました。

父親が絵描きで、スケッチ旅行で行った群馬県の榛名神社に魅せられて、何度か通ったようです。榛名神社に行く道は高崎からと伊香保温泉から榛名湖を経ていく道があって、あるとき、伊香保温泉から山道を登っているとき、途中の茶屋で風穴があると聞いて行ってみたら、風穴を大きな石垣で囲って巨大な天然の冷蔵庫にしてあり、附属する家が空き家になっていました。

これを建てたのは、今でいうベンチャー企業家で、当時群馬で盛んな養蚕のお蚕の卵を夏の間孵化しないようにするため、この冷蔵庫に保存する装置だったのですが、父が見た時点では、他の冷蔵方法が開発されたのか、使用されなくなっていたのです。

榛名群山の北側の二ツ嶽という山の北側、一合目と二合目の間の急斜面に建ち、家から南側を見ると、前が全面パノラマのように開けて東側に赤城山、西側は三国峠まで見晴らせる天空の台座のような本当に素晴らしい場所でした。今でもその景色をよく思い浮かべます。この場所で生まれ育ったことを本当によかったと思っています。あの広い世界を生理的に心の中に持っている人間になれたという感じです。もし軒の低い暗い長屋などで生まれ育っていたら、全く違った性格になっていただろうと思うのです。

この家を見た父はその足で、茶屋のおじさんに聞いてベンチャー企業家が伊香保町の下の方で始めていた牧場を訪ねて、家を貸してもらえないかと頼み、もう使わないからタダで住んでいいと言われて喜んで、当時住んでいた京都から妻子（これは私ではなく父の先妻とその三人の子）を連れて移住してしまったのです。水も出ない場所なのに。

父はこのように、自分のしたいことを何でもする勝手な人間でした。

父が生まれたのは東京の鶯谷駅の近くで、代々医者を兼ねた地主の家だったそうで、鶯谷の駅から環状線の外に向かって五分くらい歩くと「イカリ医院」という看板が見え、父はここはうちの土地を貸しているんだと言っていました。そこからさらに五分ぐらい歩くと父の実家で、その間の土地はすべて父の家の先祖の遺産だったのですが、その後、父は生涯その土地を切り売りして暮らし、最後はすべてなくしてしまったのです。

父の祖父の代で子どもがなく、養子をして父が生まれたので、先祖と血はつながっていません。父の母は父を生むとき亡くなって、父は後妻である義母に育てられたのですが、この人が本当に良い人で、自分では子どもを持つことなく、夫と義理の息子に生涯献身的に尽くした人でした。

父は幼いときから絵を描くのが好きで「絵描きになる」といって、一二歳で祖父に連れられて狩野派の末裔の先生に弟子入りしました。一四歳のときに毛筆で描いたスケッチ帖が残っているのですが、驚くほど上手いのです。二〇歳代には鏑木清方流の美人画も残っていますが、私が知っている頃には風景画が主でした。油絵も独学で習って描いていました。

祖父は、一人息子である父に何でもしたいことをさせました。絵の他に琵琶を習ったり、早稲田大学の予科に行ったりのほかに、キリスト教会にも熱心に通っていたとのことで、その教会の名前が私の名前です。

二〇歳代の終わりに名古屋の女学校の絵画教師になって数年勤めていたのですが、どういう経緯か私にはわからないのですが、当時京都で有名だった一燈園という宗教団体に入り、女学校を辞めて京都に行き、教主に命じられる托鉢などの教団活動に入ってしまったのです。教義を私はよく知らないのですが、タイなどの仏教のように、朝街に出て一軒ごとに家を訪ねて托鉢をし、人の嫌がること（特にトイレの掃除）などの奉仕行動をして、相手の自由意思で施されるものだけで生きるという教えらしく、父が山の中に転居したあとも、一燈園との関係は続いていたようで、時々一燈園に行き、西田天香教主の指導に従って絵も生計の手段にせず「売るための絵は描かない」で、他人の善意で施されるもので暮らすと称していました。

しかし当然生活費は必要で、結局、時々東京に行っては、生家の祖先伝来の広大な土地を切り売りし続けて一代でなくしてしまったのです。

私は幼い頃から、大きくなったら西田天香という人のところへ行って「どうして父を迷わせたんですか」と抗議しようと思いながら育ちました。

名古屋の教員時代に結婚した先妻はそうした父の生活態度を嫌って、子ども三人を残して出て行ってしまいました。

しかし父はいやに女性に人気があり、すぐに三人の女性が父を慕って山の中にやってきて住みついてしまったのですが、その中で最も父の「教え」に忠実だったとして選ばれたのが私の母で、私が生まれたのです。一九三二（昭和七）年「八月二〇日の明け方に」と父がよく言っていました。

その朝、風穴の側にあって、暑さが和らいで風穴の風が弱まる夏の終わりになってようやく咲く百合の花が咲いたとのことで、百合は私の花ということになっていました。

2 幼児期

生まれた日の午後、私は急に苦しみだし「みどり児の糸のごとき目に一筋の涙」と父が和歌にして残しています。その後も病気ばかりしていたとのことです。

それで他の人の伝記で、幼児期の部分に目が行くのですが、長寿で現役を続けた日野原重明医師など、幼時期に病弱だったという人が意外に多いと感じます。画家の東山魁夷氏は夜泣きばかりして母上を困らせたそうです。個体の中には、生まれて初めて出会うこの世界に、すぐに順応できる個体と、なかなか順応できない個体があるのではないかとこの頃思います。

「メランコちゃん」（メランコリックな赤ちゃん）、父のパトロンの女性実業家が私につけたニックネームです。そう言えばにこにこ笑っている写真がないのです。大人になっても、私は世の中にうまく順応できない。弁護士・法律の世界にもいまだに順応できていない個体だと感じています。

私の最初の記憶はレコードに合わせて踊っている自分です。

この家は冷蔵庫に取り込まれなかった風穴がある北側と南側とに縁側があって、踊っていたのは

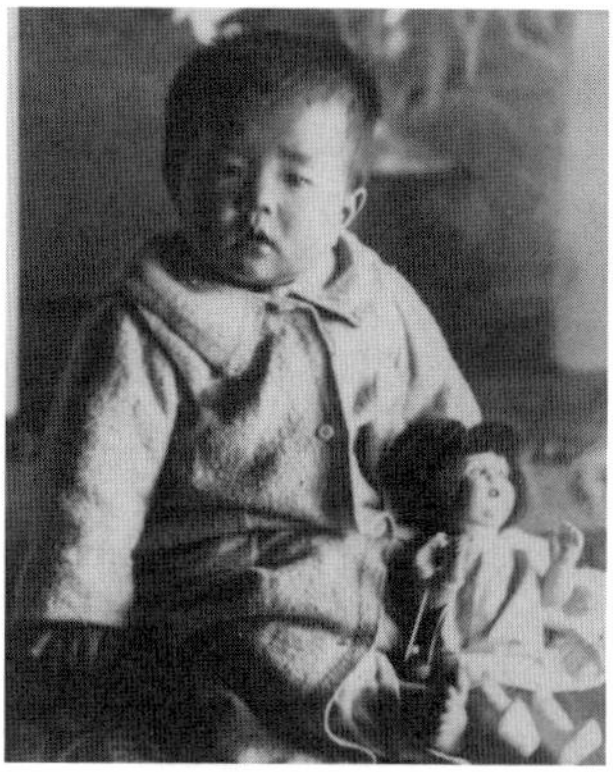

１歳の誕生日

北側の広いほうの縁側でした。四万音頭という今でいうご当地ソングの間奏部分で、その歌は今でも記憶に残っています。母に聞くと父の友人がひと夏、手回し式の蓄音機とレコードを持ってきて貸してくれた年で、昭和九（一九三四）年だというので、二歳から三歳になる夏でした。

次の記憶は南側の縁側で、真っ赤に染まる空、金色に輝く雲を見ている自分です。

そこからの眺めは、天空いっぱいの空の下に右（東）側に赤城群山、左（西）側に榛名群山の端、その間に遠くは三国峠までの遠近の山々がパノラマのように広がって、四季折々の展望がいつでも本当に美しいのですが、その日の夕焼けは特別だったようで、世の中全体が真っ赤に染まったと思う眺めをずっと覚えていました。

記憶はそれだけなのですが、そのとき私がつぶやいた「和歌」が残っていました。父は子どもたち銘々に、自分の「ノート」を持たせて、絵でも文字でも何でも書いて遊んでいいことになっていて、父が私のつぶやいたことを「それを書いてごらん」と言って、ノートに書かせたというのです。

ふうちゃんが　ぎんぎんぐもをみていたら　ほととぎすなくなつのゆうぐれ

「ゆうぐれ」の「う」を消して「ふ」が脇に書いてあるのは旧仮名遣いを父が教えて書かせたようです（「ふうちゃん」は著者の幼時の呼び名）。

その隣に「昭和拾年七月〇〇日」と、日付は今は忘れましたが父の字で書いてありました。一カ月ほどで四歳になる夏でした。

その頃両親と姉、兄二人、時には同居していた父のお弟子さんの全員が、夜になると自分のつくった和歌を持ち寄って合評会のようなことをしていました。私もそばで聞いていて、いつの間にかその言葉のリズムが、身についていたのでしょう。

父が人に「この子は五つ（数え年）で歌を詠んだんですよ」と話しているのを何度か聞いて（あーあ、自慢して、恥ずかしいな）と思ったのを覚えています。

父の先妻の子は、私とは一二歳違う姉、一〇歳と八歳違う兄二人で、姉は母との間では父の愛を奪い合うようなところがあって難しかったのですが、私に対してはみんなとても優しく可愛がってくれました。

特に兄たちとは、薪や山菜、木イチゴなどを取りながら山の中を駆けめぐって、木登りをしたり、藤のつるでターザンのまねをしたりして遊んでいました。今でも私は自分を野生の人間と思っています。

特に上の兄は何でもできる、何でも知っている、強くて優しい、憧れの人でした。

この頃、どういうきっかけだったのか今は忘れているのですが、自分が女だということが嫌でたまりませんでした。

どうしたら男になれるだろう。木登りがうまくなり、口笛を吹いて、二歳下の妹と「僕・君ごっこ」と言って男の子の言葉で話したりしましたが、男の子になれるわけではないことはわかっていて、死んだらまっすぐに神様のところへ行って「なんで私を女にしたんですか」と文句を言うんだ、

5歳　父母、2人の兄、弟と

と心に決めていました。

その気持ちは今でも変わりません。女であったためにハンデが山ほどあるし、家事などで失う時間が多すぎます。

山の家にはたくさんの本がありました。父は時々東京に行って、今思えば、実家の土地を切り売りしたお金で買ったのだろうたくさんのお土産の中に、いつでも本がありました。今でも歴史的な価値をいわれている「コドモノクニ」や日本児童文学全集など、当代随一の芸術家が集っていた児童文学書のシリーズは全部そろえていましたし、大人の本も、夏目漱石全集などの文学書がたくさんそろっていて、再版されて話題になった『君たちはどう生きるか』という本など、その時々の話題の本も買ってきたようです。新聞もラジオもない山の中で、どうしてそういう情報を得ていたのか不思議なのですが、図書館などない時代、私が小学校に入ってからは、小学校の先生が家に本を借りに来ていました。

天気の悪い日は一日本を読んでいました。

「コドモノクニ」の常連画家、初山滋、武井武雄などは、子供心にもこういうのが本当の芸術なんだと思え、今でも大好きで画集を買い集めています。

子どもの本を読み終わってしまうと大人の本を読みました。

昔の本は漢字にルビがふってあるものが多かったので、親兄弟から教えてもらうほかに、自然に漢字を覚えたところもあって、とにかく何でも読んでいました。当時は子供向けの本でも文語体で書かれたものもあって、ジュール・ヴェルヌの『十五少年漂流記』などは訳文の文語文の書き出し部分を今でも覚えています。

聖書も子供用と大人用があって、旧約聖書は人間の関係のすべてがここに原型としてあるんだということを子どもながらに感じていました。新約聖書の山上の垂訓の一部などは今でも暗記しています。

夏が大好きでした。

東京から父の知人などが次々に来てにぎやかでした。変わり者の父でしたが、東京にはたくさんの友人やパトロンも何人かいて、父が「売るためにではなく」描いた絵を買ってくれてもいたようです。

家は建て主が定住しようと思って建てたのか、床の間付きも含めて五部屋と囲炉裏付きの台所があったのですが、その頃一間増築して、画室兼客間にしていたので、一人か二人で来る人は家に泊めることができました。そうした日は、家族だけのいつものお膳にもう一つお膳を増やして食器を並べるのが私の仕事で、心を躍らせながらやっていました。

お土産も嬉しかったのです。家にあった卓上ピアノは二オクターブだったのですが、三オクターブのものをいただいた夏があり、嬉しくて毎日弾いていました。なぜか鉱物標本集をいただいたことがあって、後年地学に興味を持ちました。

父とお客さんが話をするそばで正座して聞いていることがなぜか許されていて、嬉しくて何時間でも聞いていました。中でも建設会社の社長と特にその息子さんが詩人でもあり、父が絵をつけて詩画集をつくるなどしていたのですが、その息子さんのある日の話に、建設現場で何度も誤って落ちた、初めのときは、ただ落ちて怪我をしたが、二度目のときは何かにつかまろうとし、三度目のときはつかまることができた、と話しているのを聞いてすごく感動しました。高校の頃実存主義を知って、あれは行動的実存主義だったんだ、と思いました。

家族連れで来る人は、伊香保の旅館に泊まるのですが、いつも「二葉ちゃんを貸してください」と言って、私を旅館に連れて行って一緒に泊まる夫婦がいました。旅館の食事は好きではなくて困ったのですが、大人と話をするのは好きで、いろんな話をし、夜になると読んだ本の物語などをしてあげました。まるで子どもを寝かしつける親みたいだと今は思うのですが、先に眠ってしまうのは私でした。

もう一組、子どもがいない夫婦が、私を養子にしたいと何年も通って来ていました。「おばちゃんがあなたを生んだのよ。そしてあのうちに預けていたの」と言われましたが、自分は両親の良いところも悪いところも似ていることを生理的に感じていて、おばさんの話は嘘だということはわかっていました。ただ、世の中にはそういう人もいるのだろうということもわかり、人生の悲しさを知ったという気がしました。

父は何年も迷ったようですが、結局養子の件は断ったようです。もし養子に行っていたら違う人生だったたと、よく思います。

父は女性に人気のある人で、お客さんの中には若い女性も多く、戦争が始まって物資がなくなった年、山の家で最後に過ごした夏だったのですが、数人の若い女性が父を訪ねてきて、大きな缶に入ったチョコレートのセットがお土産でした。その箱を私がもらって、成績表など大切なものを入れてずっと大事にしていたのを今でも覚えています。

父と温泉の石段街を歩いていると、おかみさんたちからよく呼び止められました。お蕎麦屋さんのおばさんは「二葉ちゃん、おばちゃんがおそうめんを茹でるから食べていって」と言い、貸席の女将で、父のパトロンのような存在で、ずっとあとで東京でお世話になることになる小川さんの「おばさま」は「二葉ちゃんにお紅茶を入れましょうね」と言って、きれいなカップで出してくれました。この人はとてもきれいでモダンな人で「月がきれいだから二ツ嶽で見たい」と言って夜中に御主人と山道を歩いて来る風流人で、私のことも可愛がってくれたのです。

私が一人で歩いていても、そういう声がかかることはないので、子供心にも父が目当てなのだとわかるのですが、別に子どもに聞かせて悪いような話をするわけでもなく、ただの世間話なのですが、今思うと、おかみさんたちも閉鎖社会の暮らしの中で、東京の空気を持った父と一時的に別の空気に触れていたかったのでしょう。

3　小学校時代

父の最も悪いところと思うのは「今の教育はなっていない、子どもは自分で教育する」と称して、学校に行かせなかったことです。上の三人は生涯学校に行かせませんでした。

父は子どもの教育に熱心で、家には本がたくさんありましたが、今思えば、あるのは美術、文学、哲学の本ばかりで、理数系はなかったし、子供同士の集団生活もないわけです。小卒の履歴すらなしに、将来子どもがどうやって生計を立てていくのか考えなかったのでしょうか。無責任極まりないと今は思います。

私も小学一年生として入学することはなく、同年の子どもが学校に行っているとも知らずに楽しく暮らしていました。

母がこのことばかりは父に従わず、今思えば一年くらい説得を続けてやっと同意を取り付けたのでしょう、その年の暮れに、母の郷里の岡山県宇野（現在の玉野市）に行き、三学期から宇野小学校に入りました。

一代で先祖からの資産を使い果たす人がここにもいて、それは母方の祖父でした。母の幼少時には岡山の、とある通りから次の通りまで、全部自分の土地だったというのを、祖父は考古学に凝って発掘や買取りに資産を使い果たして私設の考古館をつくり、亡くなったときに市に寄贈しました。

一軒だけ残した岡山の家に行くと、ヒスイの壺やたくさんの勾玉を見せられました。楕円形の石器を見せて「昔の人はこれで獣の狩りをしていたんだよ。伊香保にもないか探してみて」と言われました。伊香保に帰ってから探してみて、見つけることはできませんでしたが、人間の歴史は続いていて、今も身近にあるんだと知ったのです。

宇野で私たちが厄介になったのは、母の姉が婿をとってその母方の家をついでいた大きな農家風の屋敷でした。

入学前に両親と宇高連絡船で高松に行き、ランドセルや学用品、通学服などを買ってもらったのですが、そのときついでに買ってもらったのが『新美南吉童話集』で、当時世に出たばかりの新人童話作家をどうして父は知っていたのかと今は思います。

当時国語は「読み方」と「書き方」に分かれ「書き方」とは習字のことで、必要なので買ってもらったばかりの硯と墨と筆を教室の自分の机の下に入れて置くのですが、翌日墨がなくなっていて、「先生、墨がなくなりました」と言いに行ったら「墨がのうなったん?」と言われ、ああなくなったは「のうなった」というんだと知りました。

全くわからなかった岡山弁が、このとき初めてわかりました。

私の話す言葉は父の東京弁で、「標準語」として教えられている言葉とほぼ同じなので、自分の言うことは伝わるのですが、相手の言うことはわからない。

でも言葉のためにいじめられるということもなかったのは、その後の伊香保小学校とは全く違っていました。

すべて知らないことばかりで、初めは、集団で歩く行進など、脚と同じ側の手なのか、反対側の手なのか、どちらの手をあげるのかわからず困りました。

三学期が終わり成績表をもらって、一〇点満点で一〇点が三科目あったと母が喜びました。一〇点でなかったのは体操と唱歌で、悪い原因は同じで、人前で走ったり、手足を動かし体操するなんてとても恥ずかしくてできなかったのと、唱歌は、先生のオルガンに合わせて一人で歌うのが期末テストだったのですが、恥ずかしくて口をつぐんだままでした。

それでも岡山弁も大体わかるようになっていたのですが、五月までで岡山から伊香保に帰り、転校という形で伊香保小学校二年生に入りました。

教室に入ってびっくりしたのは、後ろに張り出されていた習字の下手だったこと、岡山との学力の差はその後もずっと感じていました。

伊香保の言葉は、自分の東京弁と岡山弁ほどには違わないのですが、びっくりしたことは、違いを一々いじめの対象にされたことです。

級友たちの言動には驚くことがたくさんありました。印刷ということを知らず、教科書は一冊ずつ「絵描きさん」が手書きしていると思っていて、私が「こんなに同じに書ける人はいない」と言うと「東京にはいる」と言う。

大人ばかりの間で育った私には「子どもというものは、なんて無知で、礼儀知らずで、残酷な人種か」という印象でした。

周囲に順応できない自分を最も強く感じたのは、この小学校時代でした。住民の移動が全くない山の中の小さな温泉街は閉鎖社会でした。同じ言葉でも、アクセント一つ、イントネーションのわずかの違いもだめで、口真似されたり、「ぶってる」といじめられるのです。「ぶってる」とは「上品ぶってる」「金持ちぶってる」「偉ぶってる」等々いろんな場合の非難用語なのですが、強いていえば「東京ぶってる」なのか。

小学２年生　姉、兄２人、弟と榛名湖で。右端は父の客人（1942年）

父がこの土地の言葉を嫌うので、家と学校で言葉を使い分ける苦労がありました。最近、転校続きの成育時を過ごしたある人が自伝で「バイリンガルだった」と書いていましたが、少し前までは日本各地でそうだったのですね。

伊香保はすべての住民が温泉客からの収入で生計を立てている町です。当時客はすべて東京から来る人で、この町の人にとって東京は憧れの対象でもあるが、東京の人は腰をかがめてお愛想を言わなければならない対象でもあるという複合な感情（インフェリオリティ・コンプレックス）があって、私のように、ここに住み着いて「お世話になっている」のに「東京ぶる」なんて許せない、という感情が子どもの関係にまで存在したのだろうと今では理解できます。

山中に孤立したこの町は、またヒエラルキー社会でもありました。旅館を頂点に土産物屋、町民のための少数の八百屋や雑貨屋のほかは、旅館の従業員で構成されている町は、上記の順に厳然とした身分関係で成り立っていました。

旅館の中でも「大家」と呼ばれる八軒が順に町長になる特権階層でした。

同級生にそのときの町長さんの娘のマサコちゃんがいたのですが、クラスの女帝として君臨していて、彼女の顔色一つに皆が反応する世界でした。

私が「小さいときいじめられっ子だった」と言うと、「えー、あなたが?」と言われるのですが、いじめは小学校の前半の間続きました。

二年生の修了式の日のことが象徴的でした。忘れられません。

朝学校に行くとみんなが部屋の一か所に固まっていて、私もそこに行こうとすると、潮が引くようにみんなスーッと引いていくのです。何だか不安で、また皆のほうへ行くとまた引いていく。そのうちマサコちゃんの下僕のようにふるまっていたタエコちゃんが進み出て私の前に来ると「あんた、今日ミギソウダイに出るんだいね」と言いました。「ミギソウダイ」が何だかわからないけれど「だいね」と肯定形で言われたので、従ったほうがよいような気がしてうなずいたのですが、これがあとで「自分からミギソウダイに出たがって出た」ということになってしまうのです。子どもにして、なんとねじれた論理運び。恐ろしいものでした。

先生が来て、講堂に連れて行かれ、修了式が始まりました。式辞のあと、教頭がクラスごとに修了人数を読み上げて「右総代」と名前を呼ばれた子が校長先生の前に進み出て修了証書を受け取るのを見て、「ミギソウダイ」の意味がわかりました。そういえば前日、マサコちゃんと私ともう一人の子が残されてその練習をさせられていたのですが、私はとてもうっかりしているところがあって、それが何の意味だとか考えることもなかったのです。先生もなぜそういう練習をするのか言わなかったし、ミギソウダイという言葉も言わなかった。たぶんそのための練習だと知らせないようにしていたのでしょう。

「二年赤組」で私の名前が呼ばれたので、教えられたとおりにして証書を受け取りました。

あとでわかったのですが、そのときは成績の順位を期末テストの成績だけで機械的に決めていて、マサコちゃんと私は、他の科目は一〇〇点で同じでしたが、算数だけが私が九八点、マサコちゃんが九二点だったのです。

すでに修了式の日の朝に、マサコちゃんが、右総代が誰かを知っていたということは、学校が町長家に前日に知らせて了解を求めていたと今では思われます。

どう帰ったのかは覚えていないのですが、家に帰るとマサコちゃんのお母さんが私の家から出ていくところでした。

父が、マサコちゃんのお母さんは「来年も同じことが起こったらマサコを転校させる」「校長にも言ってある」と言いに来たんだ、と言いました。

翌年から成績の順位の付け方が変わって、先生の総合評価ということになり、一位はいつもマサコちゃんで級長、私は二位で副級長（三年生から級長、副級長制度が適用されるので）ということが六年生まで続きました。

私は一方ではまだのんきで、この春休み中に作文を書きました。漱石の『吾輩は猫である』が面白かったので、まねをして家の飼い猫のことを「僕は猫だ」という題で書きました。

学校が始まってその作文を持っていくと、三年生からの担任の若い女性の先生がとてもほめて、皆に読んで聞かせ「この人は大きくなったら小説家になる人だよ」と言いました。その後も私が作文を書くごとに授業で読んで聞かせ、学年が終わるときその作文帳をくれないかと言われたのであげました。

その頃女の子の考える職業は看護婦さんか小学校の先生でした。私が友達に「小学校の先生になる」というと、先生に呼ばれて「先生になんかなりなさんな。小説家になりいね（なりなさいね）」と言われました。

私は大人と話すのが好きな子で、どの先生にも可愛がられたのですが、この三年生の担任が特に可愛がってくれたと思います。

ある日の国語の授業で、その頃は授業といっても先生が教科書を一節ごとに読んで聞かせて生徒があとについて読むのが主なのですが、先生が「しおひがり」を「シオイガリ」と読みました。当時は旧仮名遣いで「ヒ」と書いて「イ」と読むことも多かったのです。海なし県で育った先生は潮干狩りを知らなかったのでしょう。私は思わず「先生それはシオヒガリって読むんです」と言い、言ってしまってから、先生に恥をかかせてしまったと青くなりました。

しかし先生は「ああそうかい。みんなこれはシオヒガリって読むんだってよ」と言っただけでそのまま授業を進めました。

それからのち、先生は一節ごとに自分が読んで聞かせるのをやめ、私に読ませるようになりました。子どもたちからはいじめの材料にされていた私の言葉遣いは、この土地の先生には、正しい標準語として必要な情報だったのです。時々誰もいないところで、こういうことは「なんて言うんかい？」と聞かれることもありました。

こんな先生の私への態度はマサコちゃんにとって快いはずはなく、その意を受けた子どもたちからは「花」と言っていじめられることになりました。

花という字をカタカナに分解すれば「ヒイキ」になるというのです。

でも悪いとは思いませんでした。お金や物をあげてひいきしてもらってるんじゃない、これは私と先生との人間同士の信頼関係なんだ、と思っていましたから。

そういう私の態度はマサコちゃんの腹立ちを募らせたのでしょう。手下を使っての意地悪はさらにひどくなりました。三年生のときが、いじめが一番ひどい時期でした。

直接のいじめの原因は忘れたのですが、一度、学校から家まで、町の中の約一・五キロは人目があるので我慢して来たのですが、人家がなくなると我慢が切れて、あとの一・五キロの山道を声をあげて泣き続けながら歩いたことがあります。家の近くまで来て、このままでは帰れないと気が付いて、家の下のカラマツ林の中に入り、水がないので顔を洗うことはできず、落ち葉の上にずっと座っていて、顔の腫れが引いてから家に帰ったことを今でも覚えています。親に心配をかけたくない、というより、いじめられているなんて恥ずかしくて言えないという気持ちと、いじめられていると知ったら親が惨めな気持ちになるだろうという気持ちでした。

四年生になり、授業参観のあと、母から「よそ見ばかりしていて、手も上げないから心配したけど、指されたらちゃんと答えていた。けれど、ああいう態度はよくない」と言われました。

そうだよな、この先生も可愛がってくれているのに悪い、と思いました。

教科書をもらうと、帰り道の山の中が退屈なので歩きながらみんな読んでしまって、授業は退屈だと思っていたのですが、そうだ先生がどう教えるのか見ていれば退屈じゃないと心を入れ替えました。

手をあげても、先生ができない子から指すのは正しいし、先生が私に答えさせたいときは手をあげなくても指すと思って手をあげなかったのですが、いつでも手をあげるようにしました。

もう一つ変わったことがあり、この夏、父の知人のお琴の先生がひと夏山の家に泊まって、お琴を教えてくれました。ひと夏で「初許し」（「六段」に入る）までというスピード特訓でしたが、歌を歌いながら弾く曲が多く、先生と二人だけなので恥ずかしくなく歌えるようになり、学校の唱歌のテストでも歌うことができるようになり、この年度から唱歌が優になりました。体育はずっとだめで、優になったのは、最後の日にリズムダンスをして見せて評価された大学の体育だけです。

この年（一九四一年）の一二月八日に日本は真珠湾攻撃をして、伊香保でも、町をあげて戦勝ムードでしたが、父は「この戦争は負ける」と言いました。

それまでの対中戦争に加えて戦時ムードが一気に強まりました。兄たちもお弟子さんも軍隊や軍需工場にとられ、姉も東京にお嫁に行き、生まれたばかりの下の妹など幼児と親だけでは、積雪が一メートルにもなる冬は買い物にも困るので、その年末、山を下りて伊香保の町に住むようになりました。

山の家は、今でもすべての部屋をありありと思い浮かべる心の故郷です。私は「お父さんの部屋」によく入り込んで、父が絵を描くのを見ていました。日本画の絵の具を小さな皿の上でとくのをよく手伝いました。画室兼客室の建て増しをしたあとは、父はそこにこもって絵を描きました。日本画を大きな和紙や絹地に描くのは、木枠に絹地を張ってその上に板を渡して描くのですが、仕上げるまで画室に人を入れずに昼夜を分かたず描いていました。でき上がるとまず母を呼び入れて見せていましたが、次第に最初に私を呼んで見せるようになりました。

「どうだ?」というのですが、私はいつもきついことばかり言っていました。

よく言ったのは「いっぱい書きすぎる。もっと間を開けたほうがいい」ということで、「空間」という言葉を知らなかったので「何も描かないところが大事なんじゃない」と言っていました。父は怒らずに「そうか」と言っていました。

私が一番褒めた絵を今でも覚えています。大きな掛け軸で、枯れた蓮の墨絵でした。空間とのバランスがよくて「これはほんとにいい。大好き」と言うと、父が喜んだのを覚えています。

父が絵を教えようとしたのは、八人の子どもの中で、上の兄と私でした。兄は油絵など描けるようになっていて、父は期待していたのですが、徴兵され、戦病死してしまって、父はとても気落ちしていました。

私は父に教えられるように描くのが嫌で、山の家から伊香保の町に降りて住むようになったのを機に、絵を習うのをやめてしまいました。

そのあとの時期になりますが、五年生になって歴史と地理の教科が増えて嬉しかったのですが、歴史の教科書の最初の頁に「天孫降臨の詔勅」があり、歴史の授業は毎回それを皆でいっせいに大きな声で読むことから始まり、天の岩戸など神話ばかりが続き、祖父から聞いた石器を使って狩りをしていた古代人の生活を残された考古物から科学的に考えていく話との違いに子どもながら違和感を持ったものです。

五年生頃から、戦争ムードはどんどん強まりました。勤労奉仕といって、小学五年の女の子が炭一俵を背負わされて、山の上の炭焼き小屋から、けもの道のような急坂をふもとまで運ぶのです。

足が震えて降りられず立ち止まると、一年上のトメちゃんといういじめっ子が、鞭のような木の枝を持って「何してんだよ！」とひっぱたくのです。よく事故にならなかったと思います。戦争になると今まで目立たなかった好戦派のような人種が幅を利かすようになるのですね。二〇二〇年現在の「コロナ警察」という人たちが「店を閉めろ」と張り紙する、電車の中でマスクしていない人を責める、果ては「感染者狩り」とどこか共通します。

こんな中、マサコちゃんの私への態度が変わってきました。「ほしがりません　勝つまでは」の標語の下、子どもたちのお弁当は「日の丸弁当」といってご飯の中に梅干し一つが推奨されていましたが、マサコちゃんのお弁当はいつも板前さんにつくらせるおかずで、今の子どものお弁当箱のようにいっぱいでした。そのおかずをマサコちゃんがお箸でつまんで、私のお弁当箱に入れてくれるのです。

マサコちゃんは毎日自分で選ぶ数人の子を自宅の旅館に呼んで遊ぶのですが、その命令は絶対で、「子守をしないと怒られるんだけど、カバンだけ隠して、マサコちゃんちへ行くんだ」と言う子がいるなどマサコちゃんは親より怖い存在だったのです。

そのマサコちゃんが、私と仲良くすると、誰一人私をいじめる子はいなくなりました。マサコちゃんは、私を家に呼ぶようになり、そのときは他の子は呼ばず二人だけで遊びました。私の家にも来るようになり、私と遊ぶのは、他の子と遊ぶより面白いと思うようになったようです。

学校では昼休みに、私が考えた遊びをマサコちゃんが他の子に命じてやらせていました。大きな船で海を航海する遊びとか、ジャングルを探検する遊びとか、いろんな遊びを考えました。航海中の船の中で私がマサコちゃんに「艦長、今日のおやつはホットケーキにしましょう」と言い、マサコちゃんが「よし、それにしよう。みんなホットケーキをつくれ」と言うと、ホットケーキとは何か知らない皆が私のほうを見ます。私がフライパンでホットケーキをポンと裏返すしぐさをすると皆が真似する、という具合で。

私は何でも知っていると皆が思うようになったようで、その頃私に揶揄を込めて「大先生」「弁護士」というあだ名をつけました。自分でもクラスの知恵袋みたいな意識があったのでしょう。小さな舌禍事件のようなことがありました。

戦況がどんどん厳しくなりました。二年くらい前から朝、「ヘータイオクリ（兵隊送り）だよ」と伝達がくると学校へ行く前に渋川という下の町と登山鉄道のように結ぶ小さな一両だけの電車の駅に集められて「わが大君に召されたる」という歌を歌って、出征していく若者を見送るのですが、その頃になると「エーレームカエ（英霊迎え）だよ」という伝達が増えて、着く電車から白い布で骨箱を首からかけた戦死者の親御さんが降りて来ると「海行かば　水漬く屍」と歌うのです。

前橋市が空襲を受けて、夜空が真っ赤に染まるのが伊香保からも見えたり、とっていた雑誌「少女倶楽部」に、城が落ちて女たちが集まって自害するが、死にきれなかった一人が入ってきた敵兵に「か…介錯」と言って殺してもらう話が載って、負けたらこうして死ぬのだと覚悟を迫られているとわかり、怖くてふるえるような毎日でした。そんな中、小さな舌禍事件に見舞われました。

負けたら殺される。どうしたら負けないでいられるのか。六年生のとき、朝礼で校長先生が「日本は一度も戦争に負けたことがないからこの戦争にも負けない」と言った日、私は友達に「それだと初めに戦争に勝った国は永久に勝ち続けるはずだけど、そんな国はどこにもない」と言ったのです。

それが教頭の耳に入り、校長室に呼ばれて「非国民」とひどく叱られました。先生というものに叱られたことがなかったので、周りのものが見えなくなるくらい怖かった。でも悪いとは思いませんでした。私は日本が負ければいいなどと思ったわけでも言ったわけでもない。もっと確実な負けない理由を言ってほしいだけでしたから。

4　女学校受験落第

小学六年生になり、戦争ムードがさらに強まる中、伊香保から唯一電車通学が可能な渋川の女学校の受験がありました。

試験用紙が配られると、国語、歴史、地理と三科目がすべてアマテラスなどの神話の問題でした。前に言いましたように、神話ばかりの教科書に違和感が強かった私です。これはあとで考えて、そんなことをして女学校を落ちたらどうするつもりだったのかわからないのか、というより、ここでもうっかりしているというか、そんなことも考えずに、わざと問題を取り違えるような答えを書いたのです。本当に変な子どもでした。

当然女学校には落ちて、担任の先生が「二葉さんが落ちるなんて……」と絶句したのですが、入学試験とすれば当然のことです。

女学校に落ちた子は、高等小学校しかいくところはないわけで、その一年生になったのですが、ここで私は肋膜炎になり、半年以上学校を休んで寝ていました。最初の苦しい時期が過ぎると退屈で、本を読みたいのですが、肩の凝る本はだめだと、母の料理の本とお菓子づくりの本だけが許されて、戦争末期で手に入るはずもない材料で料理を空想する毎日でしたが、大人になってこれが役に立ちました。

もう少しよくなると、父が退屈だろうと話し相手になってくれました。とりわけ覚えているのは夏目漱石の話で、家に漱石全集があって、それまでに全部読んでいたので「漱石論」で長いこと父と論争していました。他にその頃買ってもらった長塚節の『土』に私はすごく感銘を覚えていたので、私が「長塚節のほうが漱石よりこういうところがいい」と言って、父と論争していました。長塚節は歌人なので、短い言葉の一つひとつが、今になって思えば磨き抜かれている言葉になっていて、現在でも私の文章のお手本だと思っています。

こんなふうにして、退屈しなかったのですが、一年間ほとんど学校に行かなかったので、当然出席日数は足りないのですが、勉強ができないわけじゃないんだからまあいいだろう、と進級になりました。女学校に行っていたら留年になっていたのは確実で、落ちたことが幸運だったことになりました。

この年一九四五（昭和二〇）年八月一五日、終戦になりました。玉音放送はほとんど聞き取れなかったのですが、ポツダム宣言で、日本軍兵士は武装解除して帰国させる、と言ったのが聞き取れて、自分たちも殺されないようだし、負けたら皆殺しではないんだ、兄たちも帰されるんだ、「なんだ、それならいいじゃないか」と思ったのを覚えています。

しかし大好きな上の兄は、ソ連に抑留されて、戦争は終わっているのに病死してしまいました。

翌年、学制が変わって、高等小学校二年を終わると、新制中学校三年ということになったのです。教科書の墨塗りをさせられ、それでも足りないか、と恐れた先生が体力のある男の子に「もし進駐軍が来たら、みんなの教科書を集めて早退するふりをして持ち出すんだ」と命じたりする状態でした。

「あたらしい憲法のはなし」が配られ、私は、これが当たり前のことじゃないか、と思ったものです。

先生たちの態度が変わりました。「民主主義」が口々に唱えられ、今までとは全く違ったことが教えられるようになり、私のことを「非国民」と怒鳴りつけたあの教頭が、臆面もなくアメリカ、アメリカと礼賛するのを聞いて、怒りよりも、人間は置かれた位置でこうも変わるものだということ、価値観はけっして一つではないということを、身をもって知りました。これは同じ世代の人が繰り返し言っていることですが、価値観の相対性を知ったということは、一生の財産になったと思っています。

女学校は新制高校になり、新制中学校三年の私にも進学資格ができて、受験して今度は問題なく合格しました。幸運が二つやってきてくれたのです。

高校受験では一番となり、入学生代表で答辞を読む役でした。

5　高校時代

高校時代、相変わらず体が弱くて休んでばかりだったのですが、反抗期真っ盛りでした。たとえば英語は高校なのに中学一年の教科書を使い、教えているのは「帝大出」という先生なのに、一時限に一パラグラフしか進まないありさまで、業を煮やして意地悪い質問ばかりして困らせようとし

女子高の卒業アルバムの写真

ました。試験の日には、小さな紙をたくさん用意しておいて、自分の解答を素早く書いたあと、解答の写しをたくさんつくって皆に回してあげたのです。なんでそんなことが先生への反抗になるのか、今となればわからないのですが、「あなたの授業内容はできない子でもみんな正解を書けるレベルなんですよ」と言いたかったのかもしれません。

やかましいことばかり言う保健の先生は、五分刈りの頭に同じくらいの長さのヒゲを顔いっぱいに生やしているので、亀の子たわしに見立てて、頭の上に金具をつけて壁に吊るされて水を垂らしている絵を黒板いっぱいに書いて、皆を喜ばせました。

一方、戦後の自由な雰囲気を体現している若い先生もいて、「わが草木とならん日に」と萩原朔太郎の詩を大書して黒板の上に掲げていた数学の先生、詩人山村暮鳥の甥で自分も詩を書く国語の先生などとはとても仲良くなり、ずっとあとまでのお付き合いになりました。

新聞部をつくるというので、その部屋に行ったら、この国語の先生が黒板にいきなり「部長」と書いて、続けて私の名前を書きました。二年生なのに。

学校新聞をつくるのですが、第一号にPTA会長のインタビューを載せるように言われ、会いに行って記事を書くと会長が学校に来て「俺の言ったことをよくまとめた」と褒めてくれました。

前橋にある放送局に行って見学記を書いたときに、メディアの仕事に触れて憧れるようになるなど、新聞部の経験はとても役に立ちました。

あとよかったことは図書室で、八畳くらいの部屋の両側の壁の本棚の本を全部読みました。

ここで、特に自分の人生に大きな影響があったと思うのが、ボグベン『市民の科学』で、いろいろ初めて知ることがあったのですが、特に今も覚えているのは、古代ギリシャのエラトステネという人が、夏至の日に、ある都市の井戸の底に太陽が当たる時刻と、少し離れた都市で同様に井戸の底に太陽が当たる時刻との差から、地球の全周の距離をほぼ正確に算出していたという記述で、事実の論証とはこうして細部の実証を積み重ねて到達する結論によって示すことだと知ったことです。ものを考えること、論証すること、書くことのベースとして、今に至る私の精神構造になっています。

『漱石と微笑』という本から文藝評論というジャンルを知ったこと、アンドレ・マルローの『人間の条件』を読んで、マルローに憧れたのが、のちにフランス語を学ぶ理由になるなど、その後の精神活動に影響を受けることがたくさんあったのです。

高校の三年間はあっという間に終わりました。戦時中は絵など買う人もなく、父は東京の土地の大部分を売ってしまっていて、わずかに残った土地の地目を農地のままにしていたので自作農創設特別措置法で全部とられてしまって、伊香保の家の一部を店舗にしたいという人に貸して、その家賃だけがわが家の収入でした。

大学に行かせてもらう余裕がないことはわかっていたので、小学校の教員になりました。

6　小学校の教員時代

ベビーブーマーが小学生になった時期（一九五五年四月）でした。子どもはいっぱいなのに、戦後間もない頃で教員は不足していたのでしょう。高卒の「助教諭」が大量に採用され、私も採用試験もなしに、高校の成績だけで採用されました。高校に通った同じ渋川町（現在は渋川市）でした。

何の研修もなしに、先輩の授業を一時間見学しただけで、教科書と白墨を渡され、担任するクラスを教えられて、授業をするように言われました。

えーっと思ったのですが、小学校のときに「先生の教え方を見ていよう」と思っていたことが役に立って、平気で授業を始めました。

渋川小学校のクラスの子どもたちと

当時の子どもは純真で本当に可愛かったです。校庭に出るとクラスの子がわーっと集まってきて抱き着くのです。前からも後ろからも何重にも抱き着くので重さに耐えきれず倒れてしまうと、その上からも覆いかぶさる。

担任だというだけで、なぜこんなに慕い寄るのか。わからないけれど可愛かったです。

授業も大好きでした。真っ白な精神にいろいろな知識や考え方を注入していく、それが小さな精神にそのまま受け取られる。その喜びは何ものにも代えがたいと思いました。

学芸会では『ハメルーンの笛吹き男』を「歌劇」に仕立てて歌詞を書き曲をつくって子どもたちに演じさせるなど、楽しくて楽しくて、という日々でした。

最初の年は二年生、次の年は三年生を受け持ったのですが、その二つのクラス全員の名前と顔を何年も忘れませんでした。そのうちの一人とは今も文通しています。

別なことですが、ピアノを弾けたのも嬉しかったです。高校時代に少しだけ教えてもらっていたのですが、この小学校の講堂にグランドピアノがあって行事のとき以外は使われていないので、放課後いつでも弾くことができました。バイエルを仕上げ、「乙女の祈り」や「トルコマーチ」などの小曲を次々に練習していきました。憧れの「カムパネルラ」に手をつけたところで退職して、このピアノとの縁が切れました。

ベビーブーマー時代で、一学年が一五組もある学校で、高卒の若い教員でいっぱいで、「○○ちゃん」と呼び合っていて、放課後講堂に集まって、誰かがピアノを弾いて、皆で合唱したり、キャンプに行ったり、学生時代の延長でした。

本当に楽しい二年間でした。

渋川小学校の講堂でよくピアノを弾いていた。

「第1章　生い立ち」インタビュー

村井　今回は、事前に二葉さんに原稿をご執筆いただいておりますので、その原稿をもとに、お話をうかがっていきたいと思います。

お生まれは伊香保温泉なんですね。

五十嵐　ええ、山の中の一軒家で生まれたんです。

村井　山の中の、風穴を大きな石垣で囲ったところにあった空き家をお父さまがお借りになって、そこで榛名群山などを見ながら、非常に自然児的にお育ちになった。

お父さまは鏑木清方流の美人画や風景画をお描きになっていたということですが、絵描きを仕事にはしていなかったということですか。

五十嵐　どうしてそういうふうに読めたのかな。

村井　そうではないんですか。

五十嵐　売るための絵は描かないと書いたからですか。絵描きしかすることはないというか。だけど、毎日絵を描いていて、ほかに商売していたわけではないから、絵描きなんでしょうね。

村井　私は鏑木清方が好きなものですから、ここに目がいったのですが、お父さまがお描きになったものは今でも残っているんですか。

五十嵐　いや、もうないですね。

村井　二葉さん自身は、絵についてはどうなんですか。いろいろお父さまの影響を受けておられるようなんだけれども、司法修習のときに友達を漫画にして描いていたというエピソードがありますが。

五十嵐　子どものときに父が私に絵を教えようと思って、まずリンゴとかトマトを描かせたんですよ。それで、おまえの絵はどこに光があるかわからないとか言ってものすごくしごかれたので、絵が嫌になっちゃって、もうそのあとは描いていません。

村井　画家の子どもはそういうので絵を描くのが嫌になったという人が、私の知っている人にもいるんですが、そういう傾向があるんですね。

お父さまは、絵画教師をやっていたのに宗教団体に入って教師を辞めたということですが、この宗教団体について、二葉さんの印象に残っていることは何かありますか。

五十嵐　ごはんを食べる前にお経を唱えなければいけなかったんですよね。五言絶句のような短いもので、この食物が多くの人の働きで供されていることに思いをいたし感謝していただきますという内容で、他の人々に感謝して謙虚に生きるというのが我が家の方針でした。そのあとに妹が亡くなったので、ものすごく親が悲しんで、毎晩毎晩お経をあげていて、私もそこにずっと座って聞いていたので、般若心経などは今でもほとんど言えます。

でも妹の死には、父が若い頃信者だったキリスト教への信仰も強くなったようなところもあって、讃美歌を歌うこともよくありました。

村井　全体を通じて、二葉さんはものすごく記憶力がよいという印象を持ちました。小さいときから何度か聞いたらすぐ覚えてしまうという。

五十嵐　記憶力は自然によかったですね。昔の小学校は、記憶力がよければ勉強ができるということになっていたので。だから小学校で困ったことが全然なかった。五年生から歴史が科目に加わるのですが、歴代天皇の名前を覚えるのが大きな課題になっていました。天皇の名前を初めから、神武、綏靖、安寧、懿徳と、一〇代ごとに区切って覚えて、明治、大正、今上まで暗唱するのですが、それを最初に私が覚えて、先生が私に言わせるとクラスメイトがまねして言うような、そういうことを繰り返していました。

村井 さもありなんという感じがします。

幼児期にはメランコちゃんというあだ名を、お父さんのパトロン的な女性がつけたと。

五十嵐 そうです。メランコリックな赤ちゃんというので、メランコちゃんと呼ばれていました。

村井 どういうところがメランコリックだったのですか。

五十嵐 何ですかね。自分ではそう思っていなかったのですが、今見ると、にこにこしている写真なんか一枚もないんですね。みんなぶすっとしていて。あまり陽気な子ではなかったようです。

村井 でも、レコードに合わせて踊っている自分が最初の記憶として残っている。それはかなり陽気ではないですか。

五十嵐 そういうところもありましたね。

村井 非常に子どもらしいというか。そこで踊った曲が「四万音頭」。四万温泉というのが群馬県にあって、伊香保と少し地域が違うように思うのですが、その辺一帯で「四万音頭」がはやっていたのでしょうか。

五十嵐 いや、父の知人がレコードを貸してくれて、その中に「四万音頭」があったんです。そのレコードを親がかけてくれると踊っていたんです。

村井　その地方ではやっていた歌というのではないわけですね。

五十嵐　うーん。どうでしょうね。

村井　四歳になる一カ月ほど前に、「ふうちゃんが　ぎんぎんぐもをみていたら　ほととぎすなくなつのゆうぐれ」という歌をつくられています。これが四歳になる前。すごいですね。

五十嵐　親と腹違いのきょうだいがいて、父の絵のお弟子さんもいるんですけど、その人たちがみんな和歌を詠んで、夜になると持ち寄って合評会のようなことをしていて。私もそこで聞いていたので、何となく五七五というリズムが自分の中でできていて。そういうふうに五七五七七でものを言っていたので、その頃もそういう和歌というか、五七五七七に合わせて何か言っていたんですね。

徳永　しかも文字も自分で書かれたんですか。

五十嵐　はい。

徳永　すごいなと思ったんです。ゆうぐれの「う」の字をお父さまが「ふ」に変えられたと書かれていて。文字も読み書きされていたのですか。

五十嵐　でも、今の子でも三歳、四歳で平仮名は書けますよ。

徳永　そうですか。

村井　書きますがね、だいたい逆さ文字が多いんですよね。「ゆうぐれ」の「う」を「ふ」にするというほどきちんと書かれているというのは、特に三歳ではすごいことだと思うんです。四歳、五歳になるともう平仮名は書くでしょうけれど、うちの孫だと逆さ文字なんですよ。二葉さんにはそれがない。これがもし残っていれば拝見したいです。字が書けることもそうですが、歌もお父さんは自慢されていたようだけれども、「う」を「ふ」に直すというだけで、これだけの歌をふうちゃんが書いていたというのはすごいですね。

五十嵐　でも、今の子どもでもみんな三歳、四歳で字を書きますよ。逆さ文字、私は書けなかった。それも才能でしょう。

村井　いや、うーん。やはり二葉さんの周りにはそういう優秀な子どもが多かったのではないですか。私の孫も字は書きますが、一生懸命判断しようと読んでも、これが何と書いてあるのかわからない。怒らせないように「ああ、よく書けたね」とは言うけれども、読めない字が多いですね。だから、歌を文字で書けるというのは大変なことだなと思います。お父さんはご自慢だったのでしょうね。褒めることばかりになってしまうから、この辺でやめますが。

二葉さんは小さいときから自分が女であることは嫌だったと。

五十嵐　そうですね。今でも嫌です。

村井　今が嫌だというのはあとに本文でも書かれていますが、そのときの気持ちとしてはどういう点で嫌だったのですか。山で自由に飛び跳ねるのが好きだったからですか。

五十嵐　たぶんお話で読んだんです。女の子が「女は嫌だ。男になりたい」というお話を読んでたぶん、自分もああ、そうだ、女なんて嫌だなと思っていたのだと思います。というか、男はいいなと思っていたようです。はっきり覚えているのは、死んだら神様のところへまっすぐ行って、なぜ私を女にしたのかと文句を言おうと思っていました。

村井　特に日本では、ということなのでしょうか、なぜ女に生まれたんだ、嫌だったという人は多いのですが、ずっとその気持ちが変わらずあるということですね。

五十嵐　そうですね。いつでも女だと損していますよね。男なら、ひとが整えてくれる家に住んで、ひとが用意してくれるご飯を食べて、あとの時間は全部自分のものです。それだったら、どんなにたくさんの仕事ができるか、どれだけ多く原稿が書けるか、と今でも毎日思います。

村井　少し飛びますが、「コドモノクニ」を当時よく読まれていた。これは竹久夢二なども挿絵を描いていたでしょうか。

五十嵐　はい。最近、ネットで見たら、「コドモノクニ」がすごくはやっているんですね。復刻版が出たりしているんです。

「コドモノクニ」は月刊なんですが、父親が全部買いそろえていて、いつでもそれを何回も繰り返して見ていました。初山滋とか、ああこれが本当の芸術なんだ、うちの父の絵なんか芸術ではないんだとか思って見ていました。

村井　「コドモノクニ」は僕も小さいときに見たのですが、これが二葉さんの現在をつくった一部というところもあるわけですか。

五十嵐　あります。「コドモノクニ」という雑誌は本当に中の上くらいの階層の都市の家庭の毎日の暮らしのことを書いているような雑誌なんですが、これが本当に自由というのはそういうものなんだという、その頃はそういう言葉では思いませんでしたが、今思うと、人間の自由、幸福というのは、こういうふうに侵されてはいけないものなんだということをそこから学んだというか。この世界の中で、そういうものが壊れたらいけないんだという、何かそういう私の世界観のバックボーンになっています。

村井　今の子どもには「コドモノクニ」のような雑誌、本というのはありますか。
五十嵐　今、子どもの本を見ていないのですが、自分の子どもが小さいときには、いい単行本はたくさんありましたが、そういう雑誌はなかったですね。
村井　今はないですね。「コドモノクニ」の表紙が大好きで、兄や姉が持っていたものをよく見ていました。「コドモノクニ」はおそらく戦後もしばらく出たんですよね。
五十嵐　そうですか。それは知りませんでした。
村井　ええ、確か出ていたと思います。大変きれいな表紙で、それこそ初山滋とか。
五十嵐　武井武雄とか。
村井　描いていましたよね。それに影響を受けて、自由な雰囲気を得られたというのは、それはまた二葉さんのすごいところだなと思います。
小さいときはいじめられっ子だったと。
五十嵐　うん、そうです。
村井　どういう点で。二葉さんが優秀すぎるから。
五十嵐　いやいや。言葉が違うんですよ。私は父親の言葉しか家の中で使ってなくて、つまりは東京の言葉なんですね。伊香保は群馬県で上州弁といわれる言葉で、随分違うんですよ。イントネーションとか少しでも違うといけないんです。今、反省すると、私の持っている雰囲気が小さな閉鎖社会である温泉町とたぶん違うものだったんですね。それで、子どもはそういう違いを抽象的には言えないから、言葉の違いというところで見て取って、それでいじめたと思うんです。
いろいろな人の伝記などにも、小さいときにいじめられたというのがよくありますよね。だから、今となってはその土地の雰囲気から外れていたのが悪かったんだろうなと思いますが、そのときはとても深刻だったんです。

村井 いじめは言葉の問題で、暴力的にいじめられたのではないわけですね。

五十嵐 小突かれたぐらいのことはありますが、それ以上のことはないですね。女の子ですから。

村井 「花」という字がひいきだと。

五十嵐 私は先生という先生みんなに気に入られる子で、先生がとても私を可愛がってくれるんですね。そうすると、「花」というのは分解すると片仮名で「ヒイキ」となる、先生からひいきされているというので、それもいじめの対象でしたね。

小学二年生のときに、町長の娘さんが一番になりたかったのに私が一番になってしまって、修了式で修了証書をもらう役をして、それからがものすごく大変でした。何と言うかな、町長の娘さんに対して失礼なことだと。それがずっと何年も尾を引いていました。

村井 そのいじめっ子が、あとでは友達になるわけですね。

五十嵐 そうです。五年生ぐらいから、マサコちゃんというのですが、その子のほうが私に歩み寄ってきて、仲良くなりましたね。

村井 その頃、大先生とか弁護士というあだ名だったのですね。

五十嵐 そうなんですよ。私が何でも知っているということになってしまって、先生が少し間違ったことを言ったりすると、「先生、それは違います」とか言ったりするので、先生より偉いんだと。まあそれはおおげさで、からかいの意味もあるんですが。それで「大先生」って。弁護士なんて私、知らなかったんですけど、不思議に田舎の子でも知っていて。つまり、口が達者ということなのでしょうね。弁護士と言われていました。

村井　大先生はともかく、弁護士が当時、子どもの間で知られていたというのに驚きました。

五十嵐　今考えると、誰が弁護士なんてことを、どうして知っていたのだろうと思うのですが、とにかく大先生、弁護士と言って、何かあるとみんな、私のところに聞きに来たりしていました。

村井　やはり、それは尊敬されていたということですね。

五十嵐　ある意味では「あいつ、生意気だ」ということなのでしょうけれど。

村井　私の父親などに言わせると、三百代言といって、弁護士を馬鹿にしているというか。商売人の中では多かったのですが、私の父親などはそういうふうでした。弁護士が尊敬されるべき職業と、私は全く思っていなかったんです。むしろ伊香保の子どもたちは知っていた。

五十嵐　なぜ知っていたのか、今でも不思議なんですけど。私に対しては「口が達者」という多少批判の意味を込めて言っていたと思います。

村井　大先生や弁護士にふさわしいというか、女学校の受験に失敗されたことがあるのですが、失敗というか、あえて落ちたのですか。神話ばかりの教科書に違和感があって、わざと問題を取り違えるような答えをしたと書かれていますが。

五十嵐　入試の問題です。あえて落ちたというのではなくて、それでも受かると思っていたんですよ。私は勉強ができるんだから、こんな田舎の女学校、落ちるはずないと思っていたんですが、でも、出題者の意図と全く違うことをしているわけだから、落ちるのは当たり前なんですね。

神国日本教育のようなものが、当時そういう言葉で考えていたわけではありませんでしたが、すごく嫌だったんです。歴史の教科書の一頁目に、「天孫降臨の詔勅」という言葉が書いてあって、それをまずクラス全員で声に出して読んでから歴史の教育が始まるので。その詔勅は今でも言えます。アマテラスが「豊葦原の瑞穂の国は自分の子孫が治めるべき国だ。お前が行って治めなさい」と自分の孫に命じる詔勅で、つまりは万世一系の天皇制の根拠として、歴史教科書の第一頁に書かれているのです。その次からの頁も神武東征など神話ばかりなんです。

私の母方の祖父が考古学をやっていたので、その影響があって、神話なんて歴史ではない、何でこんな馬鹿ばかしいことを、と子供心に思っていたのです。そういう意味で、そのつけが女学校の入試に出てしまったんですね。

村井　当時、神話が嫌だということになると、授業などで先生をやり込める中に、そういう点も出てくるのではないですか。

五十嵐　いや、神話のことで先生をやり込めたりはしません。先生は全く素直な女の人で、神話教育は、先生以前の教科書というか、当時の教育全体の問題だと子どもながら感じていましたから。ただ、授業では神武、綏靖、安寧、懿徳、孝昭、孝安、孝霊、孝元、開化、崇神と、天皇の名前をずっと覚えさえすれば点数がよかったんで、だから、いつも点数はよかったです。

村井　なるほど。小学校の高等科に入られて、すぐに終戦になったのですね。

五十嵐　はい。

村井　高等科に入ったほうがよかったというか。

五十嵐　そうですね。高等科一年のときに肋膜炎になって、ほとんど学校に行かなかったんです。出席日数が足りなくて、本当は留年になるところで、女学校に入っていたら当然留年ですが、町の小学校の高等科なので、まあいいやみたいないいかげんなことで進級できた。高等科二年になったときに新制中学校ができて、新制中学校三年になって、そこから女子高を受けることになった。そこで普通と同じ学年にパっと乗り移れてしまったようなことで、もし女学校に落ちていなかったら、肋膜炎になって留年して一年遅れたと思うので、何が幸いかわからないということです。

村井　中学三年のときに「あたらしい憲法のはなし」が教科書で配られました。僕は少しあとですが、最初に社会科で読んだ覚えがあります。

そういう戦前から戦後への経緯の中で、戦前にそれこそ神話ばかりの教科書で厳しくやっていた教頭などが、終戦後は臆面もなくアメリカ、アメリカと礼賛するのを聞いて、怒りよりも人間は置かれた位置でこうも変わるものだということを知り、価値観の相対性を知ったと書かれています。私などもそういう批判的なところがあったのですが、価値観の相対性を感じたというのは、当時の中学生全般にあったことでしょうか。

五十嵐　多かれ少なかれあったと思いますね。いろいろな人の伝記を読んでも、ちょうどその頃終戦に差し掛かった人は、みんなそのように言っていますね。それはとてもよかったと思うんです。価値観は一つではなくて、いろいろあるんだということを知って、ある時代にはある価値観に従わないと大変な目に遭うんだ。でもそれが過ぎれば、違う価値観で生きてよくなる。それが世界の歴史なんだみたいな、何となくそういうことを感じられたのは、とてもよかったと思います。

村井　僕などはそんな上等な感じよりも、先生が自信なさげに見えて、先生というのはこんなに自信のないものなんだという印象を持ったのですが、その点はどうですか。

五十嵐　田舎の小学校ですから、先生がきちんとした思想を持っていたりはしないんですよ。だから、校長や教頭が朝礼で話すことがアメリカ礼賛ばかりになるんですが、彼らにしても全く思想が変わったんだというような意識すらもなくて、先生たちは全然悩んだり困ったりしていなかったですね。ただ、その頃、短大を出たとか、そういう先生が一人、二人入ってきて、その人たちは新しい時代を体現しているようで、とてもかっこいいなという気はしました。

村井　なるほど。

徳永　「あたらしい憲法のはなし」を配られて、当たり前のことじゃないかと思ったと書かれているのですが、周りの子どもたちもそんな感じだったのでしょうか。「コドモノクニ」の話にも出てきましたが、これが当たり前、自由というのが大事だよねという、そういう価値観を養うといいますか、五十嵐先生自身がそういう価値観になった経緯をおうかがいできればと。

たとえば、「コドモノクニ」を読んだこととか、少し遡りますが、お父さまが学校教育はなってないから学校には行かせないという方針だったそうで、それはご家庭で何かそういう教育がされていたのでしょうか。

五十嵐　父親は別に左翼ではないのですが、戦争になったとき、この戦争は負けると言ったりとか、割と「コドモノクニ」と同じような思想を持っている人だったんですね。私もそういう雰囲気で、父親のところに来る友達とかも、みんなそういう人が多かったので、それが当たり前で、今の戦争はおかしいんだというようなことを何となく感じていたので、「あたらしい憲法のはなし」に、何だこれ、当たり前のことを書いているじゃないかという感じで。

でもほかの子どもはそういうことすら感じないで、何でも教えられることは覚える。覚えるほどでもなくて、ある意味、自由に遊んでいましたね。

徳永　これはあとの話にも関わりますが、たとえば検察庁で被疑者の取り扱いをご覧になって、これは問題だなとショックを受ける人と、そうではなくて、こんなものかと思う人と、ショックは受けるけれども、問題だなと思いながら動かない人とがいると思うのです。

先生のように、これはおかしいといって動くという、そういう人格というか考え方が、どういう教育プロセス、家庭環境から、もしくは生き方から生まれてきたのかなという点に関心がありましてうかがいました。

五十嵐　父親はある意味、社会から外れた人間なんですよね。山の中で一軒家に住んで、東京によく行って、東京の自分の仲間と付き合っていて、地元の人とはあまり付き合わなくて。戦争が始まったとき、この戦争は負けるとぱっと言ったように、割と世の中のことを見ていたんですね。

私も何となく父親の影響も受けているし、それと「コドモノクニ」とか、そのほかの児童文学全集というすごく厚い立派な本もいっぱい買ってくれていたし、大人の本も文学全集とか美術全集とかいっぱいあったので、その本の中の世界と、周りで戦争に傾いていく世界と違うんだということを何となく感じていて。でも、本の中の世界のほうが本当なんだということを何となく思っていて。

だから、戦争になってもどんどん、ちょっと上の学年の男の人がみんな戦争に行って、しばらくすると遺骨になって帰ってきたりするんですね。前橋が大空襲を受けたときに、空が真っ赤になるのが伊香保の町からも見えたんです。その頃はそういう言葉は知りませんが、非人間的なことだと。人間というものはこういう非人間的なこともするし、本の中にあるように、自由な生き方もできるというういろいろな人間がいるし、いろいろな思想・考え方があるなということは、戦時下で起こっている事実と比較して感じるわけです。

自分としては「コドモノクニ」の世界が自分そのものになっているので、それを否定する世界はものすごく悪いことだな、嫌なことだなと思って。そういうことを小さなときから何となく身に付けていて。でも、自分が嫌だと思う戦争とか神話の話とか、そういうものに別になびかなくても生きていけるんだみたいな、何となくそういうことで生きてきた。記憶力がいいとかで、ある意味、学校の成績はよかったので、そういうところで私の考えていることでいいんだみたいなことが何となく自分の中にあったのだと思います。

そういう精神が根底にあるので、手錠を掛けられて、コッペパンの袋を持って歩かされている被疑者を見て、『徒然草』の中で、仁和寺の和尚さんがスズメを獲って食べて、その見せしめにスズメを首から下げさせられて、町中を引き回されたという話を読んだ記憶があって、被疑者という立場に置かれるのは、それと同じように現代の中で行われる見せしめみたいなことだと感じたのです。悪いことをしたという疑いだけで手錠をされて、お昼に食べるコッペパンをぶら下げて、手錠・腰縄で引かれて歩いていく、仁和寺の和尚さんと同じことをされているんだなと。

悪いことをしたことは別な形で、きちんと刑務所に行くとかで償えばいいのであって、こういうところでコッペパンを持って歩かされているようなことがいいとは思えないと、すぐに反応するんですね。私は割とおっちょこちょいな人間なので、それでも処世のためには自分はこうしたほうがいいとか、深刻に考えないですぐ反応してしまうところがあるので、ここが起点になって代用監獄の廃止運動へと、進んでいくわけです。

村井　高校に一番で入られて、入学生代表で答辞を読まれたのですね。

五十嵐　高校を出るときはそんなに成績がよくなかったんですよ。なぜかというと、休んでばかりいたんですね。ちょうどその頃肋膜炎が再発して。

また、自分で蒔いた種のようなこともありました。英語の先生が私に五点評価の三点をつけたんです。私が、なぜ三点ですか、テストの成績を見せてください、私は一〇〇点でしょう、と言って教員室に押しかけて行ったんです。そうしたら、「あなたはとにかく休みが多いからね」。それで終わりだったんです。他にも体育の先生に「生意気だ」と怒られて。体育は二点でした。休みが本当に多かったんですが、成績に二点や三点があって一番とかそういういい成績ではなかったです。

村井　高校時代、意地悪い質問ばかりしていたと書かれていますが、これはどういう質問をしたのですか。

五十嵐　具体的に覚えていないのですが、その英語の先生のときがとても多かったのですが、中学一年生の教科書を高校で使って、一パラグラフしか一時間に進まないんです。それで退屈だし、先生は、ちゃんとした英語教育にならないことをそもそも言っているばかりなので、先生、この言い方を別な英語で言ったらどうなるんですかとか言うと、答えられないんですね。そういう意地悪ばかりしていました。それで三点をつけられたわけです。

村井　休んでばかりいたからというよりか、それが三点の理由なわけですね。

五十嵐　事実、休んでもいました。それから、ほかの先生にもいつもそういう意地悪い質問ばかりして、退屈だから、歴史の先生などをよくいじめていました。

村井　大変な生徒だな。クラブ活動の新聞部に一生懸命になったのは、授業があまり面白くないからということもあったんですか。

五十嵐　というより、新聞をつくるという仕事がすごく面白かったんですね。いろいろな大人のところにインタビューに行けるわけですよ。ＰＴＡ会長だとか、町長だとか。その記事を書くと、俺の言ったことをわかっているんだなと、その人たちがすごく褒めてくれたので面白かったのと、学校の費用でいろいろなところに取材に行けるんですね。上毛新聞というその地方の新聞や放送局などに行って、ジャーナリズムがすごく面白くて、新聞記者になりたいとずっと思っていました。

村井　新聞記者もなりたい職業の一つだったんですか。

五十嵐　はい。

村井　小説家になりたいというのもありましたね。

五十嵐　それは小学校三年のときの担任の先生が、私の作文をすごく褒めてくれて、この人は小説家になる人だと言ってくれたんですね。私が小学校の先生になると言ったら、そんなものになっては駄目、あなたは小説家になりなさいと言われて。自分でもいろいろな小説を読んで、小説家になりたいとずっと思っていました。

村井　少し話が飛びますが、大学受験の口述で小説家になりますとおっしゃって、それに対して試験官から、もし小説家になれなかったらどうするのと聞かれて、それがかなりショックだったと書かれています。

五十嵐　そうですね。なれないことがあるんだと。そのときまでは、なろうと思えばなれるんだと思っていたのが、小説家は自分でなりたいと思ってなれるものではないんだと、ものすごくショックを受けたんです。

村井　もし小説家になれなかったらというのは、聞かれることだろうなと思いますが、どういうショックだったんですか。自分はなりたいものになれるという気持ちを持っていた、小説家というのはそういうなりたいと思えばなれるものだという、小説家だからそう思ったと。

五十嵐　そうでしょうね。文章を書けば小説になるんだと思っていましたから。

村井　なるほど。少し遡りますが、高校時代にアンドレ・マルローの『人間の条件』を読んで、大変に興味を持って、フランス語を学ぶ理由になったとお書きになっています。これはフランス語で読まれたのですか。

五十嵐　いえ。それは訳本です。

村井　フランス語に関心を持ったのは、アンドレ・マルローのような作家になりたいというのではなくて、アンドレ・マルローがフランス語でこういう小説を書いたということで関心を持たれたのですか。

五十嵐　それまで私はいっぱい小説を読んでいて、高校の小さな図書室の本を全部読んだんです。そのくらい本が好きで。でも、その中でアンドレ・マルローの『人間の条件』が、今まで読んだ小説と全く違う視野を開いてくれたような気がしたんです。

当時とても影響を受けたのが、この『人間の条件』とトルストイの『戦争と平和』でした。両方とも、人間がその置かれた大きな環境の中で個人が自己として生きることの意味といったことを考えさせられるものだったのですが、『戦争と平和』のアンドレイ、そして総司令官のクトゥーゾフであっても、ロシアという国家の軍隊という組織の中に置かれたコマに過ぎない。そのコマの立場で自己の生き方を求めるのですが、『人間の条件』の陳は、国家や組織に入っているわけではなく、組織とは関わりなく、みずからの意思だけで社会主義の蜂起のために「テロリスト」と呼ばれる行為者になり、「生きながら焼かれる」最期を迎える。たぶん不可能なことに向かって自己の行為を選ぶのが、その言葉はあとで知るのですが「行動的実存主義」という生き方だと感じて、そこに惹かれたのだと思います。
フランスというのはこういう小説を生むところなんだと、こういう小説を書けるところなんだという感じで、文学をやるのならフランス文学と思ったのです。

村井　それまでにフランス語に接していたわけではないのですね。

五十嵐　ないですね。英語以外にどういう言葉があるかもあまり知らないぐらいですから。

村井　高校卒業後は小学校の教員をやったと。これは代用教員ですか。

五十嵐　そうです。正式な名前は助教諭というのですが。要するに、その頃師範学校という今でいう専門学校のようなものが公立であって、そこを出ないと教諭ではないんですね。高卒はみんな助教諭なんです。でも、私が入った小学校は教員が七〇人ぐらいいた。ちょうどベビーブームで、私の受け持ったクラスが一番多くて一学年が一五クラスあったんです。教員が当然足りないわけですから、その当時はみんな、高校を出ただけで簡単に教員にしてくれたんですよ。
私は前から小学校の先生になりたいとも思っていたし、大学に入れてくれるだけの財力が当時の親になかったので、それで小学校の教員になりました。

第2章　大学時代

1　受験

小学校の教員二年目に、やはり高卒・助教諭で入ってきた青年が同じ学年の担任になりました。文学青年で雑誌「文学界」などを貸してくれ、小説家になるんだと言いました。来年大学を受ける、あなたは大学に行かなければいけない人だ、と誘われ、お金がないと言うと、入学金と最初の下宿代だけあれば、家庭教師をしてやっていける。自分の兄と姉が東京にいるから、便宜を図ってもらえる、と強く誘われました。

大学の情報など私にはなくて、当時「進学適性検査」という現在の大学入学共通テストのような試験を受けていないと、国公立と私立も早稲田大学や慶應義塾大学などいくつかの大学は受けられないシステムでしたが、大学を受けることなど考えていない私は受けていませんでした。

適性検査を受けていなくても、自前で適性検査もしてくれる私立はある、明治大学、日本大学、中央大学などだが、中央大がいい。辰野隆という仏文学の大御所が東大を定年になり、弟子を連れて中央大に入ったからだと教えてくれ、入るなら仏文だと思っていた私も心を動かされました。

適性検査の模試資料から大学の募集要項、入学願書まで全部手配してくれて、受験勉強をするようになり、東京に受験に行きました。

口述試験で忘れられないことが起こりました。

試験官の先生から「フランス語をやりたいのね。それで大学を卒業したら何になるんですか」と聞かれ、ためらいもなく「小説家になります」と言ったのです。

すると先生はとても丁寧な口調で「もし小説家になれなかったらどうしますか」と問い直されたのです。

はっとしました。小説家になりたいと言えばなれるものではないと教えられたのです。とっさに「新聞記者とか放送のお仕事とか」と言ったのは高校時代の新聞部の経験からでした。その後どういう会話があったのかは覚えていないのですが「もし小説家になれなかったら」という一言は衝撃でした。

合格の通知が来て、小学校を辞め、上京の準備に入ったときでした。

「禍福は糾える縄の如し」と言いますが、このとき不幸がきたのです。

当時三歳の末弟がひどい肺炎になり、入院して、忘れもしない名前ですがクロロマイセチンという抗生物質を使わなければ助からない、と言われたのです。抗生物質が世に出たばかりで、とても高価なものでした。

母は文才があり、のちに俳句集を三冊出すのですが、万年文学少女で、家事はからっきしダメ、何よりも金銭感覚がなくて、家賃が入ればいらない物までパッパと買ってしまう。貯蓄など全くなかったのです。

私は一も二もなく、少しだけ貯めていた進学費用も退職金も出しました。

これで大学はだめになった。小学校は辞めてしまったし、と思ったのですが、このときばかりは、父が動きました。昔パトロンだった女性実業家、私のことを「メランコちゃん」と言った人なのですが、この人に頼んでくれたのです。

入学金を貸してもらい、彼女が経営していたベビー用品の工房に住まわせてもらって、そこで働いて入学金を返す、ということになりました。

2　アルバイト

上京し大学に行って、学部を夜間部に変えてもらいました。

女性実業家は昔、林芙美子など多くの文人のパトロンをしていた人で、私がフランス語を習うと言うと、仏文学者の新庄嘉章氏の研究室へ面会に連れて行ってくれました。

工房といっても製造するのではなく、生地などの材料を測って渡して、主婦たちが内職で仕上げてくる製品を検品し、袋詰めしてデパートに納品するのですが、私はデパートに行って、係の店員の前で「一、二、三……」と製品の数を大声で数えながら納品するというのが、まるで数を覚えたての子どもみたいだと恥ずかしくてできませんでした。今思えば変な自意識を持っていたのです。

他の従業員もいる中で、女性社長は私だけを特別扱いすることは難しかったのでしょう。夜学に通う時間以外は仕事をしなければならず、予習・復習の時間もなく、学校で居眠りをする状態で、これではだめだと思いました。夏休み前には大学の環境にも少しずつ慣れて、奨学金をもらうこともでき、アルバイトは掲示板に毎日、短期の募集が張り出されるのを見てやりたいものを選べばいいとわかりました。

訳を言って工房を辞めさせてもらい、借金は毎月少しずつ返しました。

当時下の兄が結婚して東京に住んでいたので、居候させてもらい、短期のアルバイトをいろいろしたのです。

この経験があとで弁護士になってからとても役に立ちました。一番面白かったのが日本社会事業大学の受注先の社会調査をする仕事で、現在のようにRDD方式などなく、決められた区域を全戸回って、口頭でアンケートをとるのです。第一問が「ソープレスソープを知っていますか」という問いで始まるアンケートがあり、現在でいう石油洗剤なのですが、調査の依頼主がしたい宣伝も兼ねているんだ、とわかりました。

3　詩友会と「新聞記者」

短期のアルバイトに変えて時間に余裕ができたので、クラブ活動の勧誘で「詩友会」に入りました。夜学部の学生が主の文芸クラブで、高校時代から詩を書いていたので、その会誌に詩を載せてもらい、「手」という作品が、当時詩の雑誌としては最有力だった「詩学」の「同人雑誌評」で褒められたことがあり、嬉しかったです。

当時T・S・エリオットの「詩劇」が流行の先端で、それをまねて詩劇と称して「一一回目の緑」という作品を書いて、詩友会の仲間がキャストになって大学祭で上演してくれました。戦病死した

大学祭で上演した「11回目の緑」の中の詩の朗読場面

上の兄がモデルです。

部室で夜を明かして語り合ったりしたこの仲間たちとは、今も時々集まっています。

「新聞記者」という募集があって、大喜びで受けました。戦後GHQが東京全区につくらせた住民新聞が、皆なくなっていたその一つを、あとでわかったのですが、区議に立候補する土地の有力者が宣伝の道具にと掘り起こしたのです。

元毎日新聞の記者だったという編集長と、私のほか一人が採用されました。記事を書いても、編集長が次々ボツにしたのですが、区立の幼稚園と私立の保育園の格差を書いたら大きな記事にしてくれて嬉しかったのを覚えています。

しかし通常日刊紙のようなこの編集長のやり方では区議選の役に立たないと思われたのでしょう。半年ほどで新聞は廃刊になりました。

アルバイトを探すうち、掲示板に勤務時間「九時から四時半」とあって給料は最低でしたが、学校に遅れず行ける、夢かと喜びました。

中曽根康弘代議士が「自主憲法期成議員同盟」という団体をつくろうとしていてその事務所でした。「同盟」は事実上動いていないので、事務の仕事は時々できてくるパンフレットの発送以外はわずかにかかってくる電話番だけで、一日中、事実上勉強していられる最高のアルバイトでした。

4　仏文学者の夢

これで勉強が進みました。フランス語は面白く、ネイティヴの発音を習うために、他の授業を休んでもアテネ・フランセや日仏学院にも通いました。

一年はだめでしたが、二年からほぼ全優になりました。

その頃父から「小川さんを訪ねてみなさい」と手紙がきました。

元伊香保で貸席の女将をしていて、父のパトロン的な存在で、私も子どものときから「おばさま」と呼んで懐いていて、あの「二葉ちゃんにお紅茶を」と入れてくれた人です。その後北京に渡って料亭をしていたのですが、敗戦で引き揚げてきて、行ってみると離婚して一人身で、荻窪駅のそばで麻雀屋をやっていたのです。一階はイス席、二階は畳の部屋に麻雀の卓を置いて商売をしていたのですが、当時は一階は使っていなくて、「小さな和室があるからそこに住まない？」と言われました。

あとで考えると、広くもない兄の家に居候を続けていては悪いと父が考えたのかもしれません。ご厚意に甘えて引っ越しました。

「おばさま」には子どもがなく「お客さんがあなたのことを娘さんですかって聞いたの。違うとは言わなかったのよ」と嬉しそうに言ったりしました。アルバイト先にも学校にも近くなり、勉強にはさらにいい環境になりました。

中央大の仏文の主任はスタンダールの『パルムの僧院』などを訳していた秋山晴夫教授でした。この人が東大を定年になった恩師辰野隆氏とその弟子たちを大挙して中央大に招いたのですが、私が期待して入学した辰野氏の講義はボロボロのノートを陶酔したように読み上げるだけで、ひどくがっかりさせられました。

でも他の教授陣は優秀で、私は一心にフランス語を勉強しました。期末試験は、開始三〇分までは遅れた人も入れるので、それまでは試験場を出てはいけないルールでしたが、私は三〇分で正解を書いて一〇〇点をとると自分に課していて、三〇分経つと「出ていいですか」と監督をしていた顔見知りの大学院生に言って、彼が驚く顔を見るのが楽しく、教室を出ていきました。

秋山教授が、そんな私に目をかけてくれました。大学院生を集めて日曜日にやっていた輪読会に、学部生でしかも夜学部の私を一人だけ入れてくれたのです。そしていつも褒めてくれました。自宅にも何度も招いてくれました。

大学三年を終わる頃に輪読会のあとで残されて「大学院に入りなさい。学費免除にしてあげるし、副手にしてあげるから少ないけど給料で生活できるから」と言ってくれたのです。天にも昇る気持ちでした。

副手から助手、講師、助教授と登っていければフランス文学者になれる。

翻訳もしたいし、ゴンクール賞をとった新しい作品を日本に紹介するのがいいな。語学者にもなって「日仏言語地図」をつくろうなどと思っていました。

5 「禍」

そんな幸せのとき、またここで「禍福」の「禍」が回ってきたのです。

小川さんから、共産党に頼まれて、一階の店舗部分を、次の衆議院選挙のためにKという党の元代議士が開く弁護士事務所に貸すことにしたと聞かされました。小川さんは北京時代に共産党に入っていたらしく、当時も党員だったと思います。ただ離婚した時、党の「細胞会議」で、まだ一〇代の女の子から離婚のことをあれこれ非難されたと話して、共産党は嫌なところだというようなことを言っていたのですが、店舗を無料で貸すことを承知したようです。

店舗部分と私が使わせてもらっていた和室は小さな台所で隔てられているし、事務所は昼間だけだから、今まで通りでいいのよ、と言われました。

私は政治には全く関心がなく、共産党といえば、小学校に勤めていた時、渋川の町で徳田球一という人が宣伝カーの上で演説しているのを見て嫌な人だなと思ったことがあるだけでした。

ある日、昼間だったのに私がいたのでたぶん日曜日だったのでしょう。ハンチングを被った男が「小川さんはいますか」と入ってきました。「どなたさまでしょうか」と丁寧に聞いたのに「Kですがねえ」と、この偉い俺さまのことを知らないのかといった横柄な言い方で、嫌な人だなと思いながら取り次ぎました。

しかしKはあとで「一目見てこれが俺の最期の女だと思った」と言いました。それにしてもあの態度。とても悪い印象でした。

まもなく、弁護士事務所が入ってきました。弁護士が他に二人、事務員一人で、私は夜一一時過ぎて帰るのですが、その時刻でも、Kが一人で事務所にいるので、責任者は夜遅くまで仕事してるんだ、と思っていたのですが、あとでKは「お前を見たくて残っていたんだ」と言いました。

またKはあとで「会ったとき、高校生かと思った」と言いました。私は自分で「知恵遅れ」と言っているのですが、いつも実年齢よりずっと下に見られるのです。

Kは「大学生とわかって安心した」とも言いましたが、相手が成人だからと許されるわけではないはずのことを考えていたのでした。

しばらくして小川さんが「Kさんが昔フランスに留学していたけれど、忘れてしまったから、あなたにアルバイトでフランス語を教えてほしいと言ってるから、やってあげれば?」と言いました。

夜帰ってから一時間ぐらいアルバイトすることになりました。

Kは「あなたは本当にフランス語がよくできる」などと褒めていましたが、そのうちに「恋人はいるの?」と聞いてきました。立ち入ったことを聞くなと嫌な気持ちがしたのですが、私はこういう時うまくはぐらかすとかいうことができない性分で、「結婚しようと思っている人がいます」と答えました。

同級生で勉強ができる人で、気が合って、いつも並んで授業を受けていて、第二文学部でイベントをする企画を立てて、一緒にドイツ文学者の高橋健二さんに講師を頼みに行ったりしていましたが、お互い意識してしまって、別れ際に、他の人とは握手をしても、この人とはしないような間柄でした。ただ夜の街を歩きながら「この家はどうですか」と言うのは、将来自分たちで住む家という夢です。両親には写真を送って「卒業したらこの人と結婚する」と言っていました。

Kはあとで「これを聞いて、早くしないととられてしまうと思ったんだ」と言いました。一体そんなことを考える資格があるのかと思いました。Kは二度目の結婚をした妻と二人の娘（あとで実子でないことがわかるのですが）がいる五六歳、自分の年齢の半分以下の二三歳の無傷の若者同士の関係に「とられてしまう」などと言えるのか、と。

しばらくして「アルジェリア代表部の人と会うので通訳してほしい」と言われました。通訳などできない、と断ったのですが、自分一人よりはいい、辞書を見て助けてくれるだけでもいいから、と言われました。日曜日だということなので断りにくく、ネイティヴのフランス語に接することもできるとも思って引き受けました。

場所は横浜のホテルと聞いて、当時アルジェリアはフランスからの独立運動中だったので、日本の共産党幹部と秘密の話があるのか、こういうところでするのかと思ったものです。

会議室のような場所を想像していたのですが、普通の客室でした。少し待ったところで、Kが「アルジェリアの人は来ない」と言いました。驚いて何か変だと感じて帰ろうとしてドアに向かいました。具体的なことは言いたくないのですが、あとは暴力でした。

御茶ノ水の駅の前のほうでずっと立っていて、自分は電車に飛び込もうとしているのかと思いました。駅員さんが「熱いお茶を飲みませんか」と駅務室に連れて行ってお茶を出してくれ、「お国はどこ？　親御さんはお元気？」とか聞くのは、私に親のことを思い出させようとしているのだとわかりました。「送っていきましょう」とホームに連れて行って電車に乗せてくれました。

とにかく逃げなければと思いました。小川さんに引っ越したいと言いました。お世話になってきたのに訳も言わず、もちろん不快に思ったでしょうが、私の態度から何も聞かずに、不動産屋さんに行きなさいと言ってくれました。

とにかく安くて、すぐに引っ越せるところを探して、吉祥寺の中央線の線路脇の三畳間のアパートに翌日引っ越しました。

数日後、前からの約束で私の弟妹が三人、夏休みで東京に遊びに来ました。上野駅まで迎えに行き、アパートに連れて来て夕食をつくって食べさせていると、入り口の戸が開きました。それはKでした。心がつぶれるほどびっくりしました。

Kは平気な顔で子どもたちに「ご飯食べてるの？　おじさんもごちそうになっていいかな？」と言い、入り込みました。子どもたちは何も知らないのでうなずきます。「帰ってください」とか言ったら子どもたちが変に思うだろうと仕方なく、私は自分のぶんを出しました。Kは平然と食べ、「明日はどこへ行くの？」と子どもたちに聞き、子どもたちは「動物園」などと答えています。

夜が更けて子どもたちが居眠りしてもKは帰りません。「子どもたちを寝かせますから」ということは帰ってくださいという意味なのに、平気で「じゃあ隅に行くから」と帰りません。三畳間いっぱいに布団を敷いて三人を寝かせ、子どもが寝入ると横浜の悪夢の再現でした。子どもたちの頭と一〇センチも離れていない、争ったり声を立てたりしたら、子どもが目を覚ましてどんなに驚くかと思うと、子どもたちに触れないようにするのが精一杯でした。

「不動産屋をしらみつぶしにしてここを聞き出した。どこに逃げても必ず探し出して、何をするかわからない。おれは命を懸けているんだ。何も怖くない」と言いました。

翌朝Kが来たりしないうちに、と早く子どもを起こして吉祥寺の駅に行くと、改札にKがいました。「おじさんも動物園に行くよ」と言って子どもの手を引いてホームに向かいます。一日中一緒にいて、子どもたちにお菓子を買い与えたりしてすっかり良いおじさんになり、アパートについてきました。また昨夜の繰り返しです。

翌日子どもを上野まで送って、どうすればいいのかと考えましたが、もうお金がなくて引っ越せないし、「どこに逃げても必ず探し出す」「何をするかわからない」というのは本心だと感じられて、逃げたら殺されると絶望しました。

誰かに相談すればよかったのかもしれないのですが、恥ずかしくて誰にも言えなかったし、今でも言えないでしょう。

終電で帰るとアパートの前にKがいました。「帰ってください」と言っても、平然と部屋までついてきて、押し入ってきます。アパートの人たちに聞こえるし大騒ぎすることもできない、という状態を平気で利用します。

その後も、昼間はアルバイトに出ても、夜は同じことの繰り返しでした。ずっとあとでKは「あのときはお前に逃げられないように必死だった。ほかのことはすべて放り出して毎日行ったんだ」と言いました。

私はすっかり無気力になって、どうするかと考えることもできませんでした。二カ月ほどして、Kが「部屋を借りたから荷物をまとめなさい」と言いました。

毎晩Kが来て、鍵を閉めていると開けるまでドアをドンドン叩きます。このアパートの人たちから奇異の目で見られていて、逃げたい気持ちもあり、もう仕方がないという気持ちで言う通りになりました。

同じ吉祥寺の反対側、劇団前進座と同じ番地の古い家の離れ二間でした。

6　弁護士事務所の事務員の仕事

Kは弁護士事務所を中野に移して、弁護士も事務員もみな辞めてもらったから、お前が事務員をしなさい、と言いました。

朝Kが出て行ってしまうと、泣き出してしまい、泣き声が隣接する大家さんに聞こえそうで、ラジオを大きな音にしてかけながら大声で泣き続けました。

五年後にこの貸家を出るとき、ここで流した涙が溜まっていたら、どのくらいの深さになっていただろうかと思ったことが忘れられません。

こうなる少し前に、新聞で「円形劇場」の報道を見ていました。大阪にある劇団のアクションで、円形の舞台が劇場の中央にあり、客席はそれを環状に取り巻いていて、ギリシャ劇のようにコロスもある劇を演じているというのです。

演劇に興味がありました。卒論にはモリエールを選んだり、自分の書いた脚本を大学祭で仲間に演じてもらったりしていたので、ここを逃げ出して円形劇場に行こうと何度も思いました。

でも大阪までの旅費もない。それだけではなく、住むところの確保、劇団はどこでも団員が外で働きながら劇団活動をしていることは知っていたので、仕事をみつけるまでの生活費も必要なわけで、アルバイトしていた「自主憲法期成議員同盟」の事務所を辞めてしまって収入がない私自身のお金はないと思ったのです。

引っ越ししてすぐにKは、「会計はお前に任せるからヨシコ（Kの妻）に毎月三万五〇〇〇円送りなさい」と言って通帳を渡したのですが、中を見ると残額五万円だけでした。これでどうして貸間と事務所の家賃を払っていけるのか、と気が気でなく、おかずは一人前だけ買って、私は漬物だけでご飯をすませていました。Kは平気で一人前のおかずを食べていました。

そのあと少しずつ弁護士業からの収入が入ってくるようになりましたが、K名義の貯金通帳の残額もわずかだし、それを下ろして大阪に逃げたら持ち逃げということになる。それはできなかったのです。

大阪に行こうと思いながら、だめだと考え、毎朝泣いていて、でも事務所に行くのが遅くなると依頼人が事務所の入り口の階段に腰かけて待っていたりすることが思い浮かんで、「いけない」と思い直して顔を洗って冷やし、急いで吉祥寺の駅に急ぐのでした。

事務所では、掃除をして、お客さんにお茶を出し、そのあとで、依頼人から事件の話を聞いて聞き書きをつくって渡すようにKに言われました。

話を聞かせてと言っても、「高校生？ アルバイト？」と聞いてきて、お茶を出す女の子と思っている相談者は「先生に話すから」と言って話してくれません。それを何とか聞き出していくには、事件の意味をよくわかっていることを質問で相手に示すほかないと考えました。意見を言うことは弁護士でない自分には許されないことだと思っていましたから。

そのうちにだんだん信頼して話してくれるようになりました。

相談に来る人の話を聞く経験はとても役に立ちましたし、とても面白かったのです。世の中で人はいろいろな不条理や失敗の中で事件に巻き込まれていく、そうしたいくつもの人生を知ったのです。

一生懸命事情を聴いていくと、相談者が信頼して頼ってくることがわかりました。相談に来る人はどんどん増えて、半年ほどで事務員を雇えるようになりましたが、私がいないと相談者が「あの女の人はいないの?」と聞かれると事務員が言っていました。

Kは裁判所に出す書類をつくる仕事を私にさせていました。Kが手書きで書いた書類を当時はワープロもコピー機もないので、薄い複写紙の間にカーボン紙を入れて、民事の準備書面なら最低四枚、刑事の控訴趣意書なら最低七枚、上からボールペンで強く書いて複写をとり、綴じて正本、副本などのゴム印を押し、弁護士の割り印を押して仕上げるのです。

事務員が来るとKは、機械的なことは事務員にさせ、原稿そのものを私に書けと言いました。民事と刑事の書式全集があって、依頼者から聞き取ったことをその書式に合わせて書くのです。今思えば空恐ろしいことです。法律も知らないのに、です。

実はK自身、戦前に九州帝国大学で刑法の教授をしていたので弁護士資格を得たというだけで、民事法はもとより、刑事訴訟法も知らない、刑法も、いわゆる新派と旧派の理論闘争の部分だけしか興味がなく、実務で必要な刑法各論や、総論でも実務では度々使わなければならない心神条項なども全く知らないのでした。

民事事件で、今でも忘れられないのが民法三七七条の条文を知らないで借家人たちに競売に掛けられている借家を買い取らせ、十数人の依頼人が抵当債権の全額を払って土地を買い取るか、それができなければ強制執行ということで明け渡しになってしまった事件です。そういう時、敗訴側の代理人弁護士は明け渡しの立会いをしなければならないのに、Kは自分では行かないで私に行かせました。明け渡しされる人たちとすれば恨み骨髄という感じです。「あんたはそんないい服を着てるけど」と言われました。高価な服ではなく、相手の弁護士も来るのだから、きちんとした服装でなければと思ってスーツを着ていただけなのですが、共産党の偉い人なのだからと依頼した弁護士が役に立たないどころか、住んでいた家から立ち退かされるんだという口惜しさを前に、何も言えませんでした。

7　死刑にしてしまった

私自身のしたこととして、今でも慙愧に堪えない事件があります。

Ｋは国選事件をよく受けてきたのですが、次第に上告事件ばかりを選んでくるようになりました。一・二審事件では法廷に出なければならないけれど、上告事件なら上告趣意書を出すだけですむからで、それを私に書かせるのです。

その事件は、戦後の混乱期に田舎から出てきて港湾の荷役の労働をしていた男が昼も夜も荷役をするために、当時文人なども濫用するなど、流行っていたヒロポンを使って中毒症状の中、行きずりの女性を襲って死なせ、財布を奪った事件で、強盗強姦致死罪として、一・二審とも死刑判決でした。Ｋに言われて、ヒロポンのせいで正気ではなかったというような上告趣意書を書いたけれど、上告棄却で死刑が確定してしまったのです。

数年後、司法試験の勉強をするうち、どうしても気になっていたことを調べたのですが、被告人はヒロポンの中毒症状で無我夢中で首を絞めて強姦してしまったあと、被害者が放り出していたハンドバックに目が行き、財布を奪ったので、素人ながら強盗ではないのではないかと思ったのですが、私はそれを上告趣意書にきちんと書けなかったのです。

初めての死刑事件だったので、慙愧に堪えず、被告人に手紙を書くようになりました。もちろんKの名義ですが、文通してみると本当に素朴な田舎の人という気がして、力不足で助けられなかったことが申し訳なくて、心を込めて手紙を書きました。一度大きな袋でいただいたサラシ飴を送りました。当時はそんなことが許されていたのです。「飴毎日一粒ずつ押しいただいてなめています」と返事がきました。

そのうち拘置所長から「×月×日旅立ちました。本人に代わってお礼申します」と手紙がきました。死刑を執行されたのです。泣いてしまいました。

あとで、法律を勉強したら、やはりこの事例なら強姦致死罪と窃盗罪でよかったのです。法律も知らない私のために、死刑にしてしまったのです。

ただ、今思うと、一・二審の弁護人とも、このことを主張せず、死刑の判決が続いていたのです。弁護士になってからも、このような下級審の弁護過誤といえる事件にいくつも出合いました。被告人は裁判所を選べないだけでなく弁護士も選べない。国選だけではなく、私選だからといって完全な弁護ができる弁護士がどこにいるのか知ることができる人はまれです。

現在でも多くの冤罪事件で、一・二審がきちんとできていた事件は少ないのです。恐ろしいことだと思います。

8　仏文を諦め

こんなありさまで、大学は授業も、日曜日ごとの輪読会も出られなくなり、休んでいたのですが、たまたまKが留守で、日曜日の輪読会に出て、小さくなって隅のほうに座っていました。ある文脈で出てきたleが、何を代用しているのか議論になって、誰も答えないので、時間の無駄だと思って、隅のほうから「○○ではないですか」と前文に出ていた動詞の不定形を言いました。

定冠詞のleには、さまざまな用法があって、中性代名詞として、既出の動詞不定形の代理をすることがあります。秋山先生が「そうだ」と言ってその議論は終わったのですが、散会するとき、先生から呼ばれて残され「休んでいたから心配してたけど、相変わらずちゃんとできるね。大学院の準備はしておきなさいね」と言われました。仕方なく事実を話しました。先生は「がっかりだけどしょうがない。幸せになりなさいね」と言ってくれました。水道橋の駅に向かって涙を流しながら歩きました。

ほとんど授業には出なかったのですが、卒論は「平土間の笑い」と題したモリエール論を出し、年末試験だけは出ました。卒業式の日、どうしようかと思ったのですが、最後だからと思って行きました。

後ろのほうに座っていると「優等賞」として私の名前が呼ばれ、驚いて出て行って賞状を受けました。それから「総長賞」など二つの賞で呼び出され三度受け取りのために壇上に登りました。第二文学部では賞を受けたのは私だけでした。

三度目に少し落ち着いてきて、壇上に秋山先生がいらっしゃるのが見えて、先生に向かってお辞儀をしたらにっこりしてくれました。賞品を受け取りに事務局に来るように言われて行くと「電報を打ったんだよ。賞状を受けるとき時間をとらないように前のほうに座っているように言っておきたかったのに」と言われました。住所が変わっていて、電報を受け取っていなかったのです。

前進座のそばの貸家には五年いて、三年目に岩波書店から『犯罪と刑罰』の改訳の話がありました。

「第2章　大学時代」インタビュー

村井　小学校の助教諭をやったあとに大学に入ったときには、正規の教論になる気持ちはなかったのですか。

五十嵐　教職課程というのがありましたよね。それはとりました。ただ、フランス語の免許になるので、フランス語を教える高校とか中学は、その頃東京に一つか二つくらいしかなくて。だから、なろうと思ってもなれなかったでしょうけれど、でもやはり教員免許は一応取りました。

村井　大学は仏文学者の大御所が来るというので中央大がいいと。これは二葉さん自身の希望ですか、もしくはどなたかからの助言があったのですか。

五十嵐　同じ助教諭の仲間で、私より一年遅れて入ってきた男の子が、あなたは大学に行かなきゃ駄目だ、駄目な人だよ、と言って、いろいろ情報をくれたり、模擬テストのようなものを教えてくれたりして。その人が、私はフランス文学が好きだと言ったら、ならば辰野隆が東大定年で中央大に入ったからあそこがいいよ、と言うのです。僕も中央大を受けるから、あなたも受けなさいと言って一緒に受けて、受かったわけです。

村井　最初はメランコちゃんと言った女性実業家のベビー用品の工房にお住みになったわけですね。

五十嵐　はい。大学に入るためにお金をためていたのと、あと小学校の退職金をあてにしていたのですが、ちょうど私の一番下の弟がひどい肺炎になって入院して、忘れもしないのですが、入院してクロロマイセチンという高価な抗生物質を使わないと駄目だと言われて、医療費がいっぱいかかって、私がためていたそのお金を全部出してしまったので、昼間部に入れなくなって。

私に大学を勧めた人が、昼間部でも下宿代も駄目になってしまって。それで私のことをメランコちゃんと言った女性実業家のやっていた赤ちゃん用の子供服などをつくる工房に住み込みで世話になって、そこから夜だけ大学に通いました。

村井　この場所はお兄さんの家とは違うわけですよね。

五十嵐　その工房にしばらくいたのですが、そうすると、他の従業員もいるし、予習復習もできないんです。自由がないのでそこを出て兄の家に居候させてもらいました。それでいろいろなアルバイトをしながら暮らすようになり。そうしたら結構休みもとれるわけですよね。図書館にも行けるし、いろいろなことができて、だいぶ自由になっていろいろなことをしました。

村井　大学入学後、割とすぐにお兄さんの下宿に居候という形となった。

五十嵐　半年ぐらいですかね。そして、奨学金がもらえることも知ったし、それから大学にアルバイト募集の紙が張ってあって、行きたいのを選べて、何日だったらここ、とか選べるようになったのです。東京に来る前に、こういうアルバイトの手段があることを知っていたらよかったのですが、全然知らなかったので、初めはベビー用品の工房に入れてもらったんですが、だんだんいろいろなことがわかって、いろいろなことができるようになったわけです。

村井　大学はおうちのことを考えて夜間部に入って、仏文学者の新庄嘉章氏の研究室に入られた。

五十嵐　いや、それは違うんです。新庄さんというのはパトロンの女性実業家が研究室へ面会に連れて行ってくれただけで、私はまだ学生だから研究室に入ることなどできなくて。秋山晴夫さんという人が中央大の仏文の主任で、その人からすごく可愛がってもらって。成績も一応すごくよかったので、大学院に入りなさい、副手にしてあげるから、学費も免除にしてあげるから、そして副手になって大学院が終わったら助教授にしてあげるから、と言われていました。道が開けたという感じだったわけです。

村井　詩友会に入って、いくつか作品をつくられているんですね。「手」「一一回目の緑」、これらの作品は現在でもお持ちになっているのですか。

五十嵐　いや、何度も引越しているうちになくなってしまいました。

村井　そうですか。残っていたら読ませてもらいたかった。これは「詩学」の同人雑誌評で褒められたと。詩友会の雑誌があったのですね。

五十嵐　そうです。そこにいろいろ詩を載せていたら、そのうちの一つが、その頃詩人の登竜門といわれていた「詩学」という雑誌に同人雑誌評という欄があって、そこで認められるとだんだん詩人への道が開けるんです。そこで褒められたので、嬉しかったわけです。

村井　それは大変なことなんですね。そうすると、この作品は現在でもどこかで見ることができますか。

五十嵐　いや、「詩学」という雑誌のバックナンバーを見れば、同人雑誌評という欄はあると思うのですが、論評だけで、そこに対象になった詩が掲載されているわけではないんです。

村井　そうですか。残念だな。「二一回目の緑」というこのタイトルも非常に面白いですね。

五十嵐　私はもともと演劇に興味があって、卒論は演劇で出しています。詩友会に入った頃T・S・エリオットというイギリス人なんですが、その詩劇、ポエットの劇ですね、詩劇というのがはやっていて、だからこれは詩劇だと言って書いて、それを詩友会の人たちに演出だと言ってやらせて、大学祭で上演したわけです。

村井　そういう演出家的素質もあるわけですか。

五十嵐　いや、素質があるわけではないけれど、みんなが、やろうやろうとやってくれたので。

村井　その傍らで新聞記者でもあった。

五十嵐　新聞記者になりたくて。マッカーサーが、東京の各区に一つずつ区民新聞をつくったのがみな廃刊になっていたのをその中の一つに江戸川新聞というのがあって、その株を買った人が、自分が江戸川区長になりたいのでその宣伝のために使おうと思って週刊の形で出すことにしたんです。私はその頃江戸川区に住んでいて、「新聞記者募集」の一行広告を見て大喜びで応募しました。そこで私と毎日新聞の記者だった人ともう一人カメラマンになりたい人の三人が雇われて、大喜びで新聞記者のまねごとをしました。その頃は新聞記者が面白くて、あんなに好きだった学校もほとんど休んで、一年ぐらい新聞記者のまねをしていました。

村井　でも、結局その新聞は廃刊になるわけですね。

五十嵐　そうです。

村井　その一方で、アテネ・フランセや日仏学院に通ったのは、それと並行してですか。

五十嵐　そうですね。それは、学生のときずっと続けていました。どうしてもその頃、大学にネイティブの先生がいないんですよ。だから、ネイティブの発音を知らなければと思って。アテネ・フランセは、中央大のすぐそば、お茶の水にあったんですよ。だから、大学の合間にちょっと行ったりとか、あるいは大学の授業のほうを休んだりとかして、一生懸命行っていました。日仏学院は、今の中央沿線の市ヶ谷と飯田橋のちょうど中間ぐらいのところにあったので、そこも歩いて行けるぐらいだったので、両方行っていました。

村井　お兄さんの江戸川の家から荻窪駅のそばにあった小川さんの麻雀屋の一階の和室に移られたのはこの頃ですか。

五十嵐　はい。

村井　それで輪読会などにも参加されて、語学者にもなって日仏言語地図をつくろうということも考えていた。この頃は大変希望に燃えていたわけですよね。

五十嵐　はい。

村井　ここからつらいところに入りますね。

五十嵐　私もここは書きたくなかったんですが、でも、結婚していたということは事実なので、そのことを全く触れないわけにもいかないし。弁護士になるのもそれが契機で、私が弁護士にならないと事務所が立ちゆかないというか、Kは法的に間違ったことばかりして依頼人にすごく迷惑をかけたりしていたので、まず法律を勉強しないと依頼人に申し訳ないと思って、法律を勉強するために中央大に学士入学したのです。その結果行きがかりのように司法試験を受けて弁護士になったわけです。

そういう一生の経過をたどるときに、そのことに触れないわけにいかないんですね。だから、どうしようかなと思って、でも一応書いたんです。

村井　私は、文庫の『犯罪と刑罰』を読んで大変感動した。そういう意味でお二人は、私の気持ちの中では大変な人だったわけです。

大先生と思っていたその人が、その行状が聞くに堪えないというか、ある意味では犯罪だといえるような所業で、二葉さんが被害者で。そういう意味で大変にショックで、私がこのインタビューをやるのはふさわしくないと思ったわけです。

だけど、それを書いている二葉さん自身が大変つらい思いをしていることを思えば、これを出さないわけにはいかないだろうということで、私が逃げるわけにもいかないし、しようがないというか。改めて二葉さんの大変な人生を知ったことで、だからそれを、何と言いますかね、そのままお書きいただく以外なかろうという判断をして、このインタビューにも臨んだんですけれどね。

五十嵐　そのことを全部カットすると、なぜ弁護士になったかということもわからないし、一部カットするって、どこをカットすればいいのかという。全部つながっているので、これが出たら私という人間に対する見方が随分変わってしまう人もいるだろうと思うし、自分の恥をさらすことだからどうしようかなと思ったんですが。ただ、一応書いてみないと、私の歴史の長い間の間隔、この間隔が抜けてしまうんですよね。だから、しようがないから一応書いたので、どうしたらいいか、村井さん、知恵を出してください。

村井　私は、二葉さんの恥になるというよりか、むしろKさんに対する思いが、「えっ」というところなんですね。こんな人だったのかというのが、次章の『犯罪と刑罰』の翻訳作業でもそうですが、大変ショックだったんです。私はKさんに可愛がられたこともあるので、その評価が大変下がらざるを得なくなった。

だから、二葉さんに対する評価は、非常に大変なことがあったんだなという思いです。修習でお会いしたときに明るく輝いていた方が、こんな人生だったのかと、改めて二葉さんの大変さを少しでも思いやることができるというだけで、むしろKさんに対する評価がガタっと下がったというか。いや、当時はK信奉者がたくさんいたわけで、その信奉者にとっては大変ショックなんですよ。二葉さんがKさんを奪ったという評価もありましたね。

五十嵐　そうなんですよね。

村井　当時、Kさんと親しい弁護士の中ではそういう評価をしている人がいます。Kさんが若い女性に走ったという評価と、その若い女性が奪ったという評価があった。そうでないということを、今回書かれたことで初めて知ったわけです。それは、プラスになるということはないけれども、評価は全然違ってくるでしょう。でも、二葉さんの評価が下がるということではないと思いますね。

五十嵐　評価が下がってもいいんですけれど、やはりものすごく恥ずかしいことだから人に知られるのが嫌なんですね。ただ、今言われたように、私が偉い先生を籠絡したんだというようなことを、特に共産党には自分たちの偉い人を籠絡しておいて捨てたんだと、そういうことを言う人がいて、あなたたち、何を知っていてそう言うのかという気持ちです。だから、本当のことを言いたい気持ちもあるし。でも、ものすごく恥ずかしいことだから、嫌だなという気持ちもあるんです。

最近朝日新聞で池上彰さんが「日本共産党は誤りを認めない政党です」と書いていました。その通りなのですが、その無謬主張は、対外的にも増して対内的に強いのです。「党中央は絶対に間違わない」ということで、党内を統一していて、そこから進んで「党の偉い人は間違ったことなどするはずはない」となるのです。下部の党員ほどそう信じている、というか信じなければならない。

しかしその「偉い人」たちは実は党の誤りも知っている。知っているけれど誤りだと認めると、下部の党員たちに信じさせていたことが一挙に失われる。党が瓦解してしまう。幹部たちのいわば「党を守る」ための共犯関係でそれによって党を維持している。誤りは認めて正しいことを探求していくのが難しいことは、組織一般に言えることですが、共産党には特にそれが強い。治安維持法による弾圧で、そうしなければ組織を維持していけなかったのかもしれません。

しかし政権を取ったあとの今のロシアや中国をみていると、同じその体質は共産主義政党の本質なのかと思ってしまいます。ある程度の期間、共産党を間近に見ていた私の感想です。

Kは、ほんとうにいろいろな人のところへ私を連れて行きました。戦利品が嬉しくて見せ歩いているという感じでした。

共産党の幹部たちのうち一人だけ「奥さんをどうした」とKを面罵した人がいましたが、他の人は皆愛想がよかったです。宮本顕治という人は、青光りする出来立ての冷たい鉄鋼のような人だと思いました。志賀義雄という人とは気が合うらしく、何度も家に連れて行かれました。「党中央」の人たちは、Kのこれまでの女性関係のことはある程度知っているので、私のことをとやかく言いませんでした。学者では團藤重光先生がとても丁重に挨拶してくださり、これが紳士なんだ、と感心しました。

村井さんは、Kと「親しい弁護士の中にはそういう評価をしている」人がいると言われましたが、その人たちは、それほど近しくない人です。ほんとうに近くにいた人は違いました。たとえば荻窪横浜で何があったかの事務所で一緒だった弁護士の人たちはずっと私の味方になってくれました。横浜で何があったかなど知らなくても、私が「籠絡」などしていないことはよくわかっていましたから。

また住所が近くて親しくしていた上田誠吉さんなども同じでした。

理由も言わずによくしていただいていた小川さんの家を出たわけですが、真っ先に「Kさんはなんということをするのか」と怒ってくれたのは小川さんでした。横浜のことを話したわけではないんですけど。

徳永 私も、先ほど言われたように、弁護士になるきっかけとしては、この部分は省けないと思いました。

あと、私は、Kさんご自身を存じ上げておりません。昨今、非常に社会的に評価されている大御所とされるような男性陣が、こういう暴力について告発されることが相次いでいて、私はこの男性もそういう古臭い女性蔑視的な考え方をする人の一人だったのだなと、そういう感想を持ちました。

一方で、五十嵐先生は私にとってはやはり国際的に活躍され、人権のために闘っておられる印象がありましたので、そうやって闘ってこられて、ある意味強いイメージを持っていた先生でも、恥ずかしいとか、今まで言えなかったんだとおっしゃって、こういう被害を受けることの深刻さを強く感じました。

女性たちにとっては、こうして書いていただくことは一つのエンパワメントのようになると思うのです。事実はこうなんだということを残していただくほうがいいと思いました。

第3章　『犯罪と刑罰』改訳

Kは、戦前に訳して岩波文庫として出版されていたベッカリーア『犯罪と刑罰』を改訳することを岩波書店から提案されていました。

それを私にやれと言うのです。原書はイタリア語ですが、フランス語訳があり、Kは自分も仏訳を主に見て訳したのだから、お前でもできる、というのです。

翻訳は好きなので、言われるままにやり始めました。

初めは、Kの旧訳と原書と仏訳を三つ並べて読み比べていたのですが、すぐに原書と仏訳だけになりました。Kの旧訳は全く役に立たなかったのです。一九三八年の訳ですから、文章が古いのは当然として、日本語として意味がよくわからない文章もありました。岩波書店が改訳を言ってきたのがよくわかりました。

外国語を訳すのに、一番難しいのは詩で、次が文学、自然科学のことは知りませんが、社会科学の中でも法律は最もやさしいと思っています。法律用語を日本語として使われている言葉に正確に置き換えれば、文章は直説法・現在で、複文も小説のように入り組んだものはほとんどないからです。『犯罪と刑罰』には現在のような専門的な法律用語もありませんし。

イタリア語は初めてでしたが、フランス語と同じラテン語系で、語幹が同じものも多く、動詞の活用も似た法則です。

事務所の仕事、家事、Kの世話で時間がない中、一寸の暇を惜しんで翻訳をしました。

この間も、一人になると泣いてしまい、ここを逃げ出して大阪の円形劇場に行こうと、繰り返し何度も思いました。

今思えば次第に増えた収入も、私が一心に依頼人の世話をし、書面を書き、裁判所に出し、開け渡しの立会いや二〇〇万円以上あった借金の返済をして、働き続けた結果なのですから、そのお金を旅費にして大阪に逃げても許されることなのですが、当時は自分のお金ではないと思い込んでいたので、大阪に行こうと思っては諦めることの繰り返しでした。

そんな気持ちで一人になると泣きながら、でも翻訳にかかると面白くて我を忘れてやっていました。

私は何でも面白くて夢中になるところがあって、今でも、時間がなくて嫌だなあと思いながら食器洗いを始めると、お皿がきれいになるのが面白くて夢中になってやってしまうなど、なんでもやるのが好きなのです。得といえば得な性分、損といえば損な性分です。

ずっとあとでイタリア法の専門家とされている森下忠氏から「ベッカリーアのあの長い文章をよくぶつぶつ切った」と言われましたが、初学者も読むような、高校生から読んでほしい本なのでわかりやすく、平易な文章を心掛けたのです。

森下氏からは、ハンブルク会議のあとで言い掛かり的なことも含めて批判文を書かれましたが、この翻訳については非難されることはなかったのです。

岩波文庫『犯罪と刑罰』の改訳は一九五九年に出版されました。

この版は、参考文献などの「邦訳への覚書」部分だけは、旧訳本を新しい文章に直したのですが、あとは本文はもとより、あとがきに当たる「解説」まで全部私の書いたもので、Kの文字は一字も入っていません。

改訳ができ上がって、当然Kが見直して、手を入れるものと思って、その日数をみて、一心に仕上げたのですが、日が経っていくのに全く手をつけません。

岩波書店からは、巻末に現在の読者にこの本の意義を理解させるような解説をつけるように言われていて、これは翻訳とは違うのだからKが自分で書くものと思っていたのですが、日が迫っても書きません。なんと「お前が書け」というのです。下書きをさせておいてKが手を入れて書き直すものと思って、それでもこれまで翻訳して理解してきたことをまとめて渡しました。

しかし岩波書店から催促がきても放り出したままで、ついに編集者が家までとりに来てしまい、Kはそのまま渡していました。

校正刷りができて、そこで手を入れるものと思っていたのですが、ここでも全く手をつけません。仕方なく私が校正をして、見直してくださいと言ったのですがそれもせず、また岩波書店の編集者が校正刷りをとりに来たらそのまま渡してしまいました。

再校のときも同じことで、とうとう最後まで一度も見ないという信じられないやり方でした。裁判所に出す書類と同じです。

一体この人はどういうつもりなのか。私を信用しているといえば聞こえはいいが、それにしても、自分の名前で出す本に、自分の書いた文字が一字も入っていないことになぜ平気なのか。今でもわかりません。

そのことは、まず岩波書店に、また本を公表する社会にとっての不信行為だと思ったのですが、一方、私にとっても、一字残らずすべてやらせておいて、平気で自分の名前で出すのはおかしいではないかという気がしてきて、せめて共訳にしてほしいと言いました。するとあっさり、いいと言って、岩波書店に手紙を書きました。そこに私のことを「上告趣意書もきちんと書ける実力がある」と書いているので、法律も知らず「きちんと書ける実力」なんてないのに、無責任、と思ったことを今も覚えています。

岩波書店はあっさり共訳にしてくれました。今思うと、編集の人は翻訳原稿も、校正も、解説も、すべて私の文字であることを見ていたと思うのです。

現在は共訳の名前だけを見て、「どういう関係?」と人に聞かれるのが悩みの種といったところです。

「第3章『犯罪と刑罰』改訳」インタビュー

五十嵐　『犯罪と刑罰』の前のK訳の文庫本は持っています。まるで違う文章というか、翻訳の姿勢が違うんですね。石塚章夫先生から、改訳版は「平仮名が多すぎる」と言われましたが、私はとにかく高校生にも抵抗なく読めるように、という気持ちでした。

今は残っていないでしょうけれど、その頃の私の原稿を見れば全部私の文字です。本文にも書きましたが、共著にしたいと言ったときに、岩波書店ですぐにOKが出たんです。それは編集者が私の文字だとわかって見ているからだと思ったんです。

だけど、なぜ自分は一字も書かないで、見もしないで、自分の名前で出す気になったのか、本当に不思議なんです。ある意味、私をすごく信用していて、何でも難しいことはお前に任せるみたいなところがあったので、それだけ信用はしていたのだと思うんですけど。でも、無責任ですよね。自分で見もしないで出すというのは。

村井　大学教員の中にもそういう人はいるんですよ。弟子が書いたものをそのまま自分の名前で出すという人が。だから、その類いの人だと考えると理解はできるんですね。

私はKさんを尊敬していましたから。一緒に『刑法改悪』を書いたりもして。当時、Kさんは、われわれ若者がまだ原稿を書いていないときに、ぱっと原稿を持ってきて話をされるので、私などは非常に恥ずかしいと思ったことがありました。

その人が、非常に大事な『犯罪と刑罰』の改訳に全く手を加えなかったとは。しかも解説までもでしょう。

五十嵐　旧版の解説を私が現代語に直したというので、もともとはその解説は旧版のものが下敷きになっているんです。それでも、自分が書いたものをどういうふうに文章を直されたのか、普通は気になるではないですか。それも見ないんですよね。本当に今でもわかりません。

村井　そこが私も信じられない。二葉さんにとってはギャップはなかったのかもしれないんだけれども、私にとっては、「いやいや、あのK先生が……」なんですよね。そこは信じがたいという思いです。

二葉さんの書かれた文章を読むと、ああ、そういう人だったんだというのが納得できるのですが、そうでなく『犯罪と刑罰』はこういういきさつで出たというだけだったら、それは違うのではないかと、K信奉者としては感じるだろうとは思うのです。この本が出ると、うーん、そういう人だったのか、と納得されてしまう。失望したなというのがあってもです。

五十嵐　Kの個人的なことについて書けばもっといろいろなことがあるんですよ。だけど、この本では、自分が弁護士になるとか『犯罪と刑罰』の翻訳とか、それに必要なことに最低限絞っています。

村井　では、『犯罪と刑罰』については、この辺で終わりにすることにしましょう。

第4章　法学部と司法試験

1　法学部学士入学

実は法律に興味を持ったのは、文学部二年生のとき、小説を書こうと思って刑事訴訟法の本を読んだら面白かったのです。

K事務所で裁判所に出す書類を書かされ、法律を知らない者が、こんなことで人の運命を左右することをしていていいのかと、知れば知るほど薄氷を踏む思いというか、申し訳ないという罪の意識にさいなまれていました。

それでKに法学部に行きたいと言ったのです。あっさりいいと言われました。

私がもっと役に立つようになることですから。

学士入学するなら、文学部を出ている中央大学が容易だろうと決めました。入試の書類をとってみると、外国語は英語となっていました。あの高校の英語ですから、文学部入試のとき少し勉強しただけで心配でした。

秋山先生に会いに行って、フランス語も加えてもらえないでしょうか、と相談しました。先生は法学部に話してみる、と言われましたが、どうなったか連絡がないので英語を勉強したのですが、入試の日に行ってみるとフランス語も選べるようになっていてフランス語で受けました。

それで合格して、一九六〇年四月、法学部に学士入学しました。

秋山先生にお礼に行くと、にこにこして「よかったね。弁護士になるんだね」と言われました。

その頃、K事務所の事務員は、司法試験目的で入ってきた人で、司法試験の二〜三カ月前、最後には半年前から休んでしまうので、そうすると私一人で事務員の仕事をしなければならず、入学しても、事務所の仕事があり、あまり大学に行けませんでした。夜なら出席できるから夜学にしようかと思ったのですが、Kが「じゃあ誰が夕飯をつくるんだ」と反対したので昼間は事務所の仕事を休んで大学に行くということになって、あまり行けないので、憲法と、実務で最も必要と思って民事訴訟法と二科目の授業だけはなるべく全部出て、あとはほとんど出られませんでした。

民訴は小山昇の「請求について」という論文を読んで法律学にも詩があるんだ、と感激しました。ゼミも民訴をとり、当時新訴訟物理論の隆盛期でいろいろ論戦して楽しかったのですが、実務では役に立たないことはあとでわかりました。

ただ、刑訴は両当事者といっても検察と裁判所は国家側で、被告人側は一人でその権力作用と闘わなければならないのに、民訴は原告と被告は平等で、そこに国家権力が裁判所としてどう作用していくのか、露骨ではない国家権力のあり方がかえって面白いのです。

司法修習生になったとき、民訴ゼミの教授だった木川統一郎先生に紹介してもらって民訴学会に入り、今でも会員のままです。

憲法と民訴以外の授業はほとんど出ないままで、教科書を斜め読みして期末試験を受けていて、とくにこの先生の授業は聞くに値しないと思った商法は、面白くなくて、試験がKの母親の葬儀と重なって再々試験になり、生まれて初めて「可」という点をもらって、ショックに耐えきれず、電車に乗る気になれないまま、学校の近くの「主婦の友」の売り場を意味もなく歩き回っていたのを覚えています。

そんなことで一九六二年、法学部を卒業しました。

2 司法試験──二回目まで

司法試験は四回受けました。一回目は法学部を卒業した年。中央大の法学部はほとんどの学生が司法試験を意識していて、皆が受けるので、私は事務所の仕事でほとんど学校に行っていなくて、憲、民、刑の三科目もちゃんと読んだことがないのに、受けてみて、何とかなりそうかどうかみてみようと思ったのです。

その体験で、まあ私にできないこともないだろうという感触で、三科目の「基本書」をきちんとその気でノートをとりながら読み始めました。事務所の仕事と家事をしながらで、一度も本を開けない日も多かったのです。

「真法会」の答案練習の講座は、日曜日なので受けたのですが、それ以外は、自分で勉強できる時間が限られているので、四回目に受かるまでの間、すべての科目「基本書」を一度読んだだけでした。ただ自分でわかったと思えるまで読んだので、日によって数頁進むこともあれば、一行の意味がわからなくて、注記されている論文を図書館で調べて読むなどして一行進むのに一週間かかることもありました。

Kは人を家に呼ぶのが好きで、そのたびに私にお酒と食事を出させ、家を建てて貸家を出てからは、二階につくった客間に、客人を泊まらせることも多く、翌朝も食事を出さなければならないのでした。

いろいろな人が来ていました。菅生事件、メーデー事件、松川事件、三鷹事件などの弁護をした共産党系の有名弁護士も来ていたのですが、尊大で嫌な人が多く、私は、共産党は弱い者の味方ではなかったのか、と思ったものです。ただ上田誠吉さんと竹澤哲夫さんだけは違いました。

女性で一人だけ、川田泰代さんという「婦人画報」の編集者が、いつの頃からか一人でしょっちゅう来るようになりました。Kが特高警察に追われていたとき、押し入れの中にかくまっていたという人です。私にいろいろ話しかけてきて、Kがいなくても上がり込んで話し込み、食事をしていく人でした。そしてKの女性関係のことを逐一教えてくれるのです。いろんな「民主的」会合に私を連れて行き「あの人がそうよ」などと教えてくれるのです。

神近市子が始めたという「婦人文藝」という同人雑誌を当時事実上主催していて、私に小説や詩を書かせました。その小説に新潮社の編集者が目を止めて、新潮に書かないかと言いに来ました。すると川田さんはとても怒って、そういうことは許さないと言い出し、私も忙しいのに争ってまでそうする気はなく、断ってしまいました。「婦人文藝」は女性ばかりの集まりなので、女性のもの書き同士、嫉妬心が渦巻く世界なんだと知りました。

タカクラ・テルさんは、ことのほかうちがお気に入りでよく泊まっていき、共産党が都知事候補にしようとしたとき、K家を選挙中の宿にするなら受けてもいいと言ったのです。このときは私が司法試験を受けていることを知りながらで、Kもさすがに「どうする？」と私に聞きましたので「困る」と言ったら、都知事選のことはなしになりました。

二回目の司法試験、短答式の前日のことでした。

何の前触れもなく木田純一という刑事法学者がやってきたのです。

このときも夕食を出し、そのままKと二人でお酒を続けていたのですが、木田氏はいつまで経っても帰ってくれません。Kが「受からないだろうけれど、明日試験を受けるので」と言ってくれればと思うのですが、何も言わないどころか、夜が更けると「俺は寝るから」とさっさと二階に上がって行ってしまうのです。普通、家の主が寝ると言えば客人は帰るものだと思うのですが、木田氏に全くその気配はなくお酒を飲んで、「あなたと話をするのは面白い」と言って私にいろいろ話かけ、終電の時刻も過ぎ、日付が変わってもやむところなしといった状態です。

私は変に気の弱いところがあって、「終電は○○時です」とか「お床をとりますから」とか言えないのです。たぶん今でもこんな状況では言えないのでしょう。午前三時を過ぎて、やっと「あっ、こんな時間か」と言うので「お床をとります」と言って、客間に布団を敷いて寝てもらいました。

山のような食器を洗い、朝食の準備をすると夜が明けてしまい、寝るわけにもいかず、九時頃だったか、Kと客人に朝食を出し、木田氏が帰ってくれたあと自分も食べて後片付けをしてKの昼飯の用意をすると、お茶の水の試験場に行くのにぎりぎりでした。

短答式は当然うまくいかず、徹夜のあとですし、できなかったときは疲れるし、意気消沈で帰ってくると、玄関に靴が並んでいます。なんと木田夫人が、無断外泊した夫が、本当にここに泊まったのか夫を連れて確かめに来たというのです。Kはまた「夕飯を出しなさい」と言います。

その買い物に行きながら涙が出ました。
鶏肉のモモ焼きをつくって出しました。木田夫人が「私は鶏は好きじゃないけれど、これはおいしい」と言って完食してくれたので覚えているのです。
また深夜まで飲んで、木田夫妻は機嫌よく帰ってくれました。

3　司法試験——合格まで

次の年の三回目。また一年経っても、三科目もなかなか終わらず、こんなことでいいんだろうかと迷っていた時期がありました。そんな時、真法会の答案練習で、民訴ゼミの教授だった木川統一郎先生に会い「あなたが受からないなんておかしいよ」と言われました。自分に、自分の勉強方法に自信をもっていいんだ、と思えました。嬉しかったです。三回目の短答式までに、ようやく三科目の基本書を読み終わっていて、短答式が通りました。

このときが一番嬉しかったです。翌年全部受かったときより嬉しかったのを覚えています。ただ論文式は、実務についてから勉強する暇は到底ないからここで勉強しておこうと考えて、民訴、刑訴、と不利といわれる選択をして、これは読み終わっていなかったので、落ちました。

翌年四回目で、選択科目も一応読むことができて論文式まで通りました。

ところがここでまた不運がきました。

父が亡くなったあと、弟妹を東京に住まわせて、一人で伊香保にいた母が、人の借金のしなくてもいい保証をして、担保にとられた実家の家屋を差し押さえられ、責任を感じて失踪してしまったのです。手をつくして探し、私も伊香保の山の中を探し歩くなどしても見つからず、今頃どこかの山の中で薬を飲んで死にかけているのではないかと思うと夜も眠れず、試験どころではなかったのです。一週間ほどして、北海道から電話してきました。子ども等のことを思うと死ねなかったと言います。

弟に迎えに行ってもらい、私が引き取ったのが口述試験の一週間前でした。

試験はもう駄目だ、と思ったとき、ここで負けるかどうかは、自分の人間的価値の問題だという気がしたのです。あとで書いた「受験新報」の体験記に「男がすたると言えないのは残念だけど」と書いています。

とにかく自分でつくったノートにざっと目を通して、口述試験に行きました。不思議に陽気で、控室で受験仲間相手に冗談ばかり言っていました。

私は勉強時間がないと思って、条文を自分で読んでテープに録音し、家事をしながらでも何回か聞こうと思いながら、結局一度も聞けなかったのですが、民法が相隣関係で、その条文がスラスラと口から出てきて、試験官が「君できるねえ」と言ってくれるなど、幸運が重なって合格しました。ビリに近いと思っていたのですが、成績をもらってみると真ん中よりちょっと上でした。

第5章　司法修習

司法修習は当時二年間で、前期と後期各四カ月は司法研修所での講義、その間の一年四カ月は修習地での実務修習で、民事・刑事の裁判所、検察庁、弁護士事務所の四カ所を回るのです。

1　前期

二〇期は修習生五二五人で女子は二五人、一〇クラスに分けられて、私は一〇組で、戦後初期に建てられた紀尾井町の古い建物のうち講堂が一〇組の教室でした。

修習期間が短縮された今はどうなのでしょう。二〇期の頃は、修習期間にゆとりがあり、前期修習は、列車試乗や運動会などで楽しい始まりでした。

運動会で女子はスプーンレースなのですが、自分の番がきて走り出したとき、ピンポン玉を落とすまいとそろそろ走るより、木杓子を垂直にして風圧でピンポン玉を貼り付けるようにして走ると速く走れると発見して、そうしたら、生まれて初めて駆けっこで一着になりました。あとで五十嵐敬喜が「あのとき見てたんだ」と言いました。

授業は民裁（民事裁判）の伊東秀郎先生の講義はさすがと思わせる充実したもので、一心にメモをとりながら聞きました。しかし教官によって差が激しく、弁護教官でも、元裁判官の民弁（民事弁護）はよかったのですが、特に刑弁（刑事弁護）教官の授業は授業になっていないと思いました。当初は高校時代の英語の教師に対してしたような意地の悪い質問をしていましたが、質問されている意味もわからないこともあり、虚しくなってやめました。

経歴に箔をつける弁護教官の選定は、弁護士会の派閥の既得権割り当てのようにして決まるという噂でした。その後弁護士になって三〇年目の頃、同期生の一人から、刑弁教官をしているんだがと電話があり、お世辞にもできる修習生ではなかったので驚きました。

私が当時取り組んでいた刑事弁護のある問題について講義するから教えてほしいと言われ、何度教えても理解できないままで、研修所の教官がこんなことでいいのかと暗澹たる気持ちになりました。

司法研修所に入ってすぐに開催された運動会のスプーンレースで一番になり、所長から賞品の白砂糖をいただく。

ただ数年前、埼玉のよくできる女性弁護士が刑弁教官になったと聞いたので、現在は改善されているのだといいのですが。

前期中にクラスメイトから「あなたは、質問しているか、おしゃべりしているか、居眠りしているかだね」と言われ、それはちょっとまずいと思って、あとの二つをやめて、漫画を描くことにしました。

クラスメイトの一人ひとりを子どものときどんな子どもだったか想像して一コマ漫画にするのです。今でも覚えているのは、阿部隆彦さんは大きな頭の中にサイン・コサインがいっぱい詰まった中学生、裁判官になった中根勝士さんはひな祭りの日に女の子のお雛様がほしいと駄々をこねている幼児など。描いた漫画はモデルさんにあげました。

誰だったか忘れたのですが、「自治会がないから自治会みたいなもの」と言って誘われて青年法律家協会（青法協）二〇期修習生支部に入りました。何も知らなかったのですが、前期中はとても「正統派」的な人が議長で、あっ、これは共産党組織なのかも、と気が付きました。

Kはなぜか私には「共産党には入らなくていい」と言って、私はその方面の知識が全くなかったのです。

2　実務期

(1)　検察修習

実務修習は、私は東京三班ということで、村井敏邦さんと一緒でした。村井さんは、二〇期の卒業式で総代を務めた優秀な人でした。

東京三班は検察修習から始まる修習で、後期のために有利といわれた順番でした。

初めて東京地検（当時は現在弁護士会館のある場所の旧庁舎）に入ったとき、手錠をかけられた手に昼食用のコッペパンの入ったビニール袋を持たされ、腰縄で引かれて行く被疑者を見てショックでした。「徒然草」に、京都仁和寺の僧が雀を罠で捕らえて焼いて食べていたことが発覚して、雀を首からぶら下げさせられて京都市中を引き回された話があったのを思い出させられ、見るに堪えないと感じていました。

その後、被疑者らが検事の取調べを待つ「同行室」を見学して、背もたれもない木の長椅子に一日中座らされ、取調べに行くときでもいつでも、昼食のコッペパンを、規定の時刻以外は食べることも、預かってもらうこともできないのでビニール袋に入ったのを持ったまま行くのだと知りました。

黒い細かい網の掛かった「押送車」に乗せられて、そこから数珠つなぎの状態で同行室に入っていく姿を見て、青法協のイベントのとき、先輩弁護士に聞いたら「警察に留置されていて、警察と検察の両方から取調べを受けるのだ。代用監獄というので、東京三弁護士会合同代用監獄調査委員会（三会代監）というのがあるから、弁護士になったら入ったらいい」と言われ、その時初めて「代用監獄」という言葉を知るなど、実務修習で一番学ぶことが多かったのが検察修習で、たぶん刑事人権の運動に入っていくきっかけだったと思います。

一八期の人たちは、法曹資格がないのに取調べをするのは違法だとして、取調修習拒否運動をしたのですが、私は検事がするよりいい取調べをするんだ、と決めて、一問一答式でして、その通り調書に書きました。担当検事は少し嫌な顔をしたけれどそのまま通してくれました。

工事用に路上においてある電線を盗んで、コーティング部分をはがして、中の金属部分を売って生活費にしていた若者の事件でした。この人はちゃんとした環境に置けば、犯罪をしないですんだ人だし、今からでもそうなれる、と感じて会話し、相手もそれをわかってくれたと思いました。弁護士になって刑事事件を比較的多く扱うようになったきっかけも検察修習にありました。

検事の取調べの仕方に関心を持ちました。大部屋中の空気がビリビリ震える大声で被疑者を怒鳴りつけることを繰り返している検事もいたし、黙秘権告知などしない検事がいるのを知って、あることを思い付きました。

実務期に入るとき、青法協も実務体制ということで、議長もその他の部署も在京者で担うことになり、私は機関誌を担当しました。

この機関誌の仕事として、各地で検察修習をしている同期生にアンケートをして、検事の取調べの実態を収集して二〇期青法協機関誌（「きずな」という誌名）に載せる、という企画で、まず、最初に検察修習に入っている修習生（全体の四分の一の人数）にアンケートしました。

とても刺激的な結果が集まりました。

「黙秘権告知をしない」検事はもとより、「黙秘権ってものがあるんだ。けど、お前はしゃべるよな」という「告知」などなど。

二回分のアンケート回答、修習生の半分までのぶんを集めて集計して「きずな」に載せました。検事が実際にどういう取調べをしているかという情報。これは現在でも得難い情報です。

修習生になったときに日本刑法学会にも入っていて、その年の刑法学会大会に持って行って、この「きずな」を一冊五〇〇円で売りました。刑事法学者は、こういう実態を知っておくべきだと思ったのです。平野龍一先生のところに持って行くと五冊買ってくれました。これが平野先生とのお付き合いの始まりでした。

「きずな」を田宮裕先生等何人もの学者にも買ってもらいました。

その後、当時平野先生の院生だった三井誠先生が、平野先生の紹介で、その後のアンケート結果を見せてほしいと言ってこられ、現在までのお付き合いが始まりました。

(2) 民裁修習

東京地高裁も現在は法務・検察庁舎が建っている場所にあった旧庁舎でした。

民裁修習でまず驚いたことは、事件の数に比べて裁判官の数の少ないことで、裁判官は皆過労状態で、滞留事件が山積みになっていることでした。配属された部では、裁判官が異動で変わるたびに更新手続だけしてはそのまま滞留、また次の裁判官の交代で更新手続だけ、と繰り返している事件がいくつかありました。その一つで公害事件だったと思いますが、原告の中老の男性が、アレルギーとのことで、目だけ出して全身を覆い手には手袋をはめて、早く裁判をしてほしいと訴えたことです。分厚い記録が山のようにあり、主任裁判官になった人がそれだけにかかりきっても何カ月もかかりそうで、私がいる間は手付かずだったことが忘れられません。

もう一つ印象的だったのは、判決書の書き方で、判決文の後に「証拠の標目」という欄があるのですが、判決内容と矛盾しないように選択して挙げ、そのあとに「その余の証拠は措信しない」と書くようにと教えられたことです。

これでは、裁判官が書くべき判決を書かなくてもすんでしまう。書きやすい判決にするために妨げになる証拠を排除すればいいのだから。

裁判は自由心証主義だけれど、証拠裁判主義でもある。信用できない証拠があれば信用できない理由を書き、信用できる証拠を詳しく引用して、その結果としての判決文を書くべきではないか。そう思いながら民裁修習を終わりました。

最後にお別れコンパがありました。

その席で、当時東京地裁民事所長代行だった矢口洪一裁判官（のちの最高裁長官）が、私の隣にドンと腰を下ろして「お前がこの班を赤くしてるんだろう。歌を歌え」と言ったのです。当時カラオケなどなく、コンパの席で参加者は、いわば接待の一つのように、無伴奏で歌を歌ったものでした。歌声喫茶が全盛期でロシア民謡がその主流だった時代で、私は「せわしき流れの川」という故郷を思う歌を、一番はロシア語（口真似です）で、二番を訳詞の日本語で歌いました。一番でロシア民謡であることを伝え、二番でロシア民謡は革命歌ばかりではないんです、と矢口裁判官に伝えたかったのですが、伝わったかどうか。

歌ってから「私が歌ったんですから、矢口裁判官も歌ってください」と言ったら、流行歌のような歌を歌いました。

ずっとあとでこの話を、裁判官を辞めて弁護士をしている人に話したら「修習生に言われて歌うなんて矢口さんは偉い」と言いました。「修習生に言われて歌うなんて」裁判官はしなくてもいいんだと、民主的といわれた元裁判官が思っていることがショックでした。

(3)　弁護修習

弁護修習は、尾崎陞事務所でさせてもらいました。当時、弁護士側と修習生側が合意すれば希望を通してもらえたのです。尾崎先生は、戦前「赤化判事第一号」として逮捕され実刑で服役した経歴の方で、百里基地訴訟で知り合い豪放磊落な一面繊細な方で、法律家としての能力が高く、尊敬していたのです。

「あなたに教えることはないよ」と言って何でも好きなことをしていていいことにしてもらえたので、当時とても忙しかった青法協のことばかりしていました。先生はベトナム解放運動を支援していて、その関係のフランス語を訳すお手伝いもしました。

事務所には若い弁護士が何人もいたのですが、その指導には厳しく、いつも叱られている人もいました。私は一度だけ上告趣意書を起案するように言われて書いたところ「何も言うことはない。実務家として十分だ」と言っていただいたのはよかったのですが、叱られていた弁護士を呼んで「修習生でもこれだけできるのに、あんたは――」と言って叱るので、私はその人に悪くてうつむいたままでした。

二〇期青法協活動に忙しかった理由ですが、実は私は青法協の当時の活動に疑問を持っていました。「上」から与えられる課題は政治的な運動でした。当時の課題に南ベトナム民族解放戦線への支援があり、私も「家に居れば家ごと　村に居れば村ごと　僕らは焼かれるから――」という詩を書いてペンネームで「きずな」に載せたりしました。

しかしそうした「政治問題」とともに、修習生という立場は、司法実務の中に入って、その実態をその目で見ることができるかけがえのない機会の中にあるのだから、その実務の問題点を新鮮な目で観察して、司法を改善するためにできることをするべきだ、と考えたのです。

検察官の取調べの実態をアンケート調査して「きずな」に掲載して刑法学会にも提供した経験から始まったことでした。「実務問題」と名付けて在京の仲間に説明し、賛成してもらえたと思っていました。

二〇期青法協活動はこの頃、危機に瀕していました。そのときは私にはよくわからなかった「上」から下りてくる課題を、実務期には、在京の修習生だけで、全国の会員に伝えて集約する活動は量的にも大変でした。前期の議長は「正統派」の典型のような人だったのですが、実務期に議長になった人は、勉強ができるだけでなく、音楽や文学の造詣も深く、東大セツルメントの実務経験もある人で、皆の信頼を集めていました。しかし実際に議長を支えて活動をするのは数人だけで、あまりにも忙しく、議長が体を壊してしまったのです。

議長の仕事は大変なことがわかっているので、誰もなり手がない。最後に自分がなると言ったのが五十嵐敬喜でした。

(4) 夏季合宿

この頃、夏季合宿がありました。課題が出ていたのに、青法協のことばかりで、全く勉強しないで、その上遅刻して参加しました。

教官の谷口正孝裁判官が、私を名指しして、課題について質問をしました。何度か答えても次々質問され、最後に答えられなくなると「変な活動ばっかりしていて勉強しないからそういうことになるんだ」と叱責されました。谷口さんはできる裁判官でしたから、勉強しない修習生を許せなかったのでしょう。

本当にその通りで、一言もなかったので、合宿会場だった赤倉温泉は今でも鬼門です。しかし研修所側が「変な活動ばっかりしている」修習生を把握していることは驚きでした。

(5) 刑裁修習

最後が刑裁（刑事裁判）修習でした。

最も印象深かったのが合議部で、部長は厳しい裁判をしたために、被告人に恨まれて、裁判所の廊下で刺されたという人でしたが、修習生には優しく、子ども時代の話などをよくしてくれました。

当時有名だったアバンギャルド芸術家というのか、紙幣を模造したとして通貨模造罪で起訴された人の事件が、すでに結審になっていて、判決を起案する段階だったのですが、本人尋問の調書に「ダブレナチュール」という言葉があるのだが意味がわからないと、裁判長から相談されました。「ナチュール」がフランス語なので、私は仏・仏辞典を引いて、書記官が「プ」を「ブ」と聞き違えたのだとわかりました。日本人によくあることです。それは「ダプレ・ナチュール」のことでしょう。被告の人は「自然に従う」（のが芸術だ）という主義で、紙幣もこの世に存在する自然の一部だから、そのまま描くのが芸術だから、自分は芸術をしただけだという主張でしょう、と言うと裁判長は「わかった」と大変喜んでくれました。

驚いたのが「合議」でした。民裁修習では合議の場面を見せてもらえなかったので、裁判官の合議はどのように行われるのか、楽しみにしていたのです。

その合議部の部室は旧庁舎のお堀に面した部室で、裁判長と左右の陪席がお堀に向かって開かれた窓の前に机を並べているのですが、一〇歳の少女を強姦したとして起訴された男の事件で、審理が終わったあと、三人がお堀のほうを向いたまま、裁判長が「あれは（懲役）五年ですかね」と言い、両陪席は無言でうなずき、裁判長「じゃ、〇〇君、その線で書いてください」、左陪席「は、はい」。これで合議が終わりでした。有罪・無罪、証拠の評価の合議もなく、二言の会話だけで終わったことがいつまでも記憶に残りました。「〇〇君」は、そのときは左陪席で、裁判長に気を使って部室ではいつも道化のような役割を演じて見せているのが印象的でしたが、そのあと東京地裁の行政部、そして最高裁判事になったのですが、在任中に亡くなり、新聞でその記事を見て、裁判官になった人の一つの一生を感慨深く思ったものです。

配属された単独部の裁判官は「牧場主になって馬で草原を駆け回るのが夢だったんだ」と言っていました。なぜ裁判官になったのかは話されませんでしたが、家庭のことで辛いのだと、修習生の私に打ち明けて涙ぐんだことがありました。これも裁判官の一生を考えさせられました。

刑裁修習では、もう一つ忘れられない思い出があります。

当時裁判所にはまだ自由な空気が残っていて、修習生は自分の配属部以外の部屋にも自由に出入りしていて、友達の指導裁判官と話をしたりできていました。

五十嵐敬喜の配属部の部長だった刑事法理論家としても知られたある有名な裁判官が誘ってくださり、食事に行くとき、旧庁舎のお堀に面した正面ロビー（あの田中角栄氏が「や、」と手を上げ入ったあのロビー）を見下ろしながら、広い階段を降りていく途中のことでした。その裁判官が「裁判所は世間の先を行こうと思ってはいけない。世間の一歩あとをついていくものだと思っているんですよ」と言われたのです。

その少し前、アメリカの六〇年代公民権運動の中で、ある裁判官が、その地域で白人だけが通っていた小学校と、黒人だけが通っていた小学校の生徒を半分ずつ入れ替える命令を出して、人種差別の教育現場を強制的に変えた、という報道があって、アメリカでは、まさに世間より何歩も先を行った裁判官が、公民権運動の推進に大きな役割を演じたのであり、裁判官たちの大小さまざまなこうした行動が、アメリカの歴史をつくっているのだと感銘を受けていたので、日米の裁判官のあり方の違いを、まざまざと知った気がしたのです。

刑裁修習はなぜか裁判官個人との思い出が深く、今でも懐かしく思い出します。

3　後期修習と二回試験

後期修習は、修習生たちは二回試験（卒業試験なのですが、法曹資格を得るための司法試験に続く二回目の試験という意味だと教えてもらいました）に向けて、浮足立っているという感じがしました。

そんな中で二〇期青法協の全体会があり、「実務問題」は退けられ、議長は再び「正統派」らしい人になりました。

二回試験のあと、同じクラスの女子修習生から、「カンパン（簡易裁判所判事）なら採用する」と言われた、同じクラスの男子修習生は、二回試験のとき、時間中に答案を書くことができず、メモを付けて出しているのを隣席で見ているのに「彼は判事補で、なんで私はカンパンなのか、教官に言っても納得のいく返事がない」と訴えられました。その人はできない人ではなく、女子差別だったのでしょう。

裁判官教官のお覚えが目出度い人は、裁判官になるように勧められるのは前期から始まっていることでした。当時は検察官志望者が少なくて困ると言われていたのですが、現在はとても多くなっているとのことです。

夏季合宿のことがあったので二回試験に向けて勉強もしたので、元裁判官の民弁教官から「成績のことは言ってはいけないんだけど、あなたは全体の五〇番以内だ、とだけ言う」と言われました。

卒業を前に、クラスで実務に就いたら何をしたいか、抱負を語る会がありました。私は「行政事件をやりたい」と言いました。当時、ドイツなどで実務化されて話題になっていた「義務付け訴訟」などに惹かれていたのです。

無事卒業して一九六八年、弁護士登録をしました。

4 離婚と再出発

司法研修所で私の一〇組の教室は講堂で、その前に空きスペースがあるので、昼休みなど修習生たちがクラスに関係なく集まって雑談していました。そんなときいつも私のそばに座る修習生がいました。なんでこの子は私のそばにいつもいるんだろうと思っていて、名前がわかると三組で五十嵐敬喜ということでした。実務期に入って在京者ですべてをしなければならなくなった青法協活動のときも同じで、いつも私のそばにいました。

江田五月さんと同じ三組だったこともあり、江田さんの東大闘争の同志である横路孝弘さんと四人で食事やお茶をしながら長い間議論するなど、議論と勉強が好きな子という印象でした。

当時「民科」（民主主義科学者協会法律部会）で渡辺洋三先生が中心になって、若い法律家世代を育てる組織としてＮＪ（Neue Juristen：新しい法律家）を立ち上げ、勉強会などを開いていたのですが、五十嵐に誘われて私も参加しました。そこで「国家独占主義体制下の法」という冊子をつくるので、五十嵐と私が「治安立法」という章を担当することになり、ＮＪの合宿や勉強会によく参加しました。

五十嵐からはそのほかいろいろな勉強会に誘われました。一番記憶に残っているのは、小田中聰樹、清水誠、江藤价泰等々の若い学者の皆さんとの集まりに、修習生で五十嵐と私だけが入れてもらっての研究会がとてもおもしろかったことです。中でも影山日出弥さんの国家論の報告がとてもためになり、現在でも私の法学の基礎にあります。

あとで弁護士になってからですが、五十嵐が私淑する野村平爾先生の労働法の講義を聴くために、早稲田の大学院に聴講生の登録をして通ったこともあります。

そんなことで五十嵐と一緒に行動することが多くなっていったのですが、あるとき私のことを「みんなと一緒だと元気そうにしてるけど、一人のときはとっても悲しそうな顔をしてる。かわいそうで見てられない」と言いました。私は「見てられなければあっち向いていればいい。五十嵐君には関係のないことよ」と言いました。自分の不幸に、無傷の若者を巻き込んではいけない。その被害は私が一番よく知っていることだ、と思ったのです。

実務期によく山登りをした。前列左が著者、後列左が江田五月氏、右が五十嵐敬喜。

五十嵐はそのときは黙ったままでしたが、相変わらず私のそばについてきます。私の家には修習生がたくさん遊びに来て、Ｋは気分次第、相手次第で「帰れ」と言って追い返したり、私に「お酒を出しなさい」と言って、一緒に飲んだりするのですが、いつ来ても機嫌よく家に上げる人が二人いて、岡村親宜君と五十嵐でした。

修習を終わる頃、私は五十嵐に修習した事務所に行くように言ったのですが、五十嵐はKに「先生、僕は先生の事務所に入ります」と言い、Kは喜んで「ああ頼むよ」と言います。

私が修習と青法協の仕事で事務所に行かなかった二年の間にK事務所の事件はなくなって、私の修習と入れ替わりに弁護士になってK事務所に戻った元事務員の人の事件だけになっていました。Kは全く事務所に行かず、好きなことだけしているのですから、当然なのでしょう。もともと弁護士の仕事などできないことは自分でもわかっているので、元事務員に事務所を明け渡した状態でした。

私は弁護士になったけれど、待っていたのは、収入は全くない、Kの生活の面倒をみながら、生活費も稼がなければならない状態でした。

私は五十嵐と労組（労働組合）を回ってお茶汲みをしたりして仕事をとろうと努めました。

そんなところに、私が住居の近くで顔見知りだった人が関わっていたボウリンク場建設反対の市民運動からの依頼がきたのです。

次々に東京で四件のボウリンク場反対運動を受けて、行政訴訟を起こし、書面を書いたり、法廷での証人尋問などは私が、その後の市民集会は五十嵐が担当して、熱心に取り組みました。そんな中で市民運動の人たちととても仲良くなり、後々まで続く関係ができ、その紹介で一般の民事、刑事事件もどんどん増えて忙しい毎日になりました。

前にまだ吉祥寺の借家にいたとき、Kが「愛している」と繰り返すので、思い切って一度だけ「本当に愛するということは、相手の幸せを願うことじゃないんですか」と言ったことがありました。その答えは「それは小説の中の話だ。現実は俺のように力がある者が、好きなものをとるんだ」と身もふたもない本音でした。「力がある者」って何？　元代議士？　もしかして暴力のこと？　臆面もなく言うと感じたのです。

それからは二度と言わなかったのですが、修習中もう一度だけ、「ちゃんと水を入れた花瓶に生けることができないのに、なぜ野原に咲いていた花を折ってきたの」とKに言ったことがあります。このときKは一度だけ「すまなかった」と言いました。初めてでした。

しかしそのあと続けて言ったのです。「でも、お前はいい女だから、いくつになっても貰い手はある。俺が死んだら再婚すればいい」

「すまなかった」と言いながら、自分が何の償いをするのでもなく、相手が「いい女だから、いくつになっても貰い手はある」からいいんだ、とは何ごとか、犬や猫でもあるまいに、とまず思いました。そしてそのあとで「俺が死んだら再婚すればいい」が心に突き刺さってきたのです。考えてみれば、それまで「いつまで」とか考えることもなく、日々の目の前のことに追われていたのです。このとき初めて「俺が死んだら」と言われて、この人は、私のことを自分が生きている間は占有するのが当然と思っているのだ、と突き付けられたのです。

「すまなかった」ことの代償は「自分が死んでから再婚することを許す」ということなのか。

初めて直面したのです。なぜ「この人を死ぬまで」面倒みなければならないのか。「結婚してください」と言われて「はい」と言ったのでもないのに。突き付けられたショックをそれからずっと抱えていました。

五十嵐がK事務所に入ってから、家に来ることも多くなりました。するとKは「五十嵐が来たよ」と、娘に恋人が来たように取り次ぐのです。

今思えば、Kは、私と五十嵐の「間を認めれば」二人で「死ぬまで自分の面倒をみてくれる」と思っていたのではないか、ということです。

住民運動の人たちは、私と五十嵐のことを親身になって考えてくれました。

私が離婚したいというと、柏木さんという人がKへの使者になってくれました。太平洋戦争中マキン・タラワ撤退作戦の参謀長を務めた柏木中将の息子さんで、音楽に造詣が深い人でした。私がKの家を出て書いた手紙をKのところへ持って行ってくれました。「さすが！　少しも動ぜずいいと言われた」「あの二人、弁護士でやっていけるのか、と言われるので、住民がついています、と胸を張って言ったんですよ」と報告してくれました。

翌日離婚届を持ってKの家に行きました。朝早く行って、朝食の準備をして待っていると起きてきて「ありがとう」と言って、食べた後で離婚届に署名をしてくれました。「ピアノも持っていっていいよ」と言いました。最後はきれいでした。

住民運動の人たちの中には、私たちに持ち家を使っていいという人がいて、しばらくお世話になったあとで貸家をみつけて移転しました。

離婚してしばらくして、どこで調べたのか、Kの最初の妻の妹の夫という人から電話がきました。「Kはひどい奴だ。最初の妻はKが、妹である私の妻と関係していることを苦しんで自殺したんですよ。いろいろな女を渡り歩いたあとで、あなたが離婚したら、さっそく私の妻とよりを戻した」と言って電話口で泣くのです。「私はもう関係ないので」と言っても言っても、「あなたならわかるでしょう」と言ってまた電話してくるのです。何カ月か続きましたが、いつとなく途絶えました。年月が流れ、あの人たちももう亡くなったのでしょう。たくさんの人生を垣間見た思いです。

実はまだ文学部の学生だったとき、院生らとの輪読会のあとで女性の院生から「Kさんて知ってるわよ。前、隣に住んでたから。奥さんが自殺した人ね」と言われたことがあったのですが、それは本当だったのかと知りました。

Kはその後、刑法学会などで、私のところに寄ってきてしきりに話しかけ、「五十嵐は元気か」などと当たり障りのないことを言うだけなのですが、皆離婚のことを知っているので、奇異の目で見ている中、本当に困りました。一度は田宮先生と代用監獄問題で世界へのアンケートの大事な話をしているのに、構わずに割って入って話しかけるので、田宮先生が遠慮して離れて行ってしまったこともありました。

ウィキペディアで見てみると、Kが亡くなったのは一九八九年でした。私は五六歳、それまで待てば、子どもを持つことはできなかったのです。それを当然のように「俺が死ぬまで」と考えていたKの人格を、このオーラル・ヒストリーによって今更ながら考えました。

「第5章 司法修習」インタビュー

村井 司法修習は二〇期で、前期修習、後期修習は一〇組ですね。実務修習は東京三班で、検察庁から出発ですね。

五十嵐 はい。村井さんも一緒ですよね。

村井 一緒です。修習中に検察庁が一番面白かったと書かれていますが、その雰囲気が自由だったということでしょうか。

五十嵐　面白かったというのは、それまで捜査のこととか知らなかったので、捜査の実務がわかって面白かったです。

村井　私も検察実務や検察修習が一番面白かったです。裁判修習よりも面白かった。取調修習について書かれていますが、私たちは取調べはやろうというのをどこかで決めたんですかね。青法協ですか。

五十嵐　青法協というより、一八期は取調べは修習生で司法資格がないのにやるのはいけないと言って、やらないという運動をやったのですが、そういう運動をやらなかったかというか、やろうよというふうに決議したわけでもないと思うんですよね。一八期のように拒否しなかったというか。私個人としては、検察官がやるよりもいい取調べをやってやるという気持ちでしたけど、ほかの人たちに取調べ拒否をやらないで取調べをやろうよとか、特にそういう申し合わせはなかったと思いますけど。

村井　そうでしたかね。私もなるとしたら弁護士だったし、だとすれば、修習のときしか取調べは経験できないので、やろうという気持ちでした。取調べのおかしなところを是正してやろうというような意気込みで、二葉さんは取調修習に臨まれたのですか。

五十嵐　はい。供述調書にまとめられるんだということは知っていたので、それは答える側からすればすごく不本意なことだろうと思って、一問一答式でやるべきで、それをそのまま書くべきだと思っていたので、そういうふうにしました。

村井　そのまま書いたのは、検察官は何も言わずに通したということですね。

五十嵐　私の指導検察官は割と温厚な人だったので、「えっ」みたいな顔をしたけど、まああそれで通してくれました。村井さんはどうでしたか。

村井　私もそうでしたよ。何の文句はなかったですね。

五十嵐　やはり一問一答式ですか。

村井　基本、一問一答式ですよね。まとめるのは作文ということなので。ほかはどうですか。私は、手錠のまま取調べをしていたことに疑問を持って、おかしいではないかと言ったのですが、それについてはどうですか。

五十嵐　その点はあまり記憶がないので、そこはスルーしてしまったのかもしれません。

村井　修習のときの文集などを見ると、手錠のままの取調べに違和感を持ったというような文章が載っていて、私もそうであったのですが、その点はあまり関心を持たなかった。

五十嵐　違和感は持っていても、手錠を外すべきだとか外せとかいうことは、たぶん言えなかったのでしょうね。

村井　僕が、連行の警察官に手錠を外してくれと言ったら、鍵を忘れました、と。鍵がないのでは、今日は取調べできないから帰ってくれと言ったら、廊下へ出たと思ったら「ありました」と戻ってきた。そのような経験がありました。

五十嵐　すごい。村井さんのほうが偉い。

村井　いや、偉いというのではないけれど、取調べのときに手錠をするのは問題だという意識はあったと思うんですよ。

五十嵐　みんなにね。

村井　そこをそのままやっていると。ほかの検事さんはやっていますよというのは、私はおかしいのではないかと。でも全体的には、本当に自由にやらせてくれましたよね。

五十嵐　そうですね。割合ね。

村井　刑弁修習についてはかなりからい点をつけていますが、裁判修習についてはあまりお書きになっていませんね。

五十嵐　民裁のときはたぶん合議部で大きな部だったので、裁判官があまり修習生と交流してくれなかったんですよね。本文に書きましたように、公害訴訟らしいのですが、何年も何年も先送りにして、裁判官が代わるたびに手続更新だけして、先送りにしているという事件があって、そういうのをひどいなと思ったんです。

とにかく民裁は裁判官が忙しかったですよね。あまり修習生のことなんか構っていられないという感じで。刑裁に行ったら、割とその頃の刑裁は暇で、よく修習生のことを構ってくれましたけど、民裁は全くそういうゆとりもないみたいで、何となく外側から眺めるだけで終わってしまった。私の場合は、そうでした。

村井　それでちょっと思い出したんですが、前章の司法試験のところでお書きになっている、民事訴訟法、法律にも詩的な要素がある、詩のように感じたというのが面白いのですが、どういう点が詩的なんでしょう。

五十嵐　民訴はその頃、新訴訟物理論というのが台頭してきたところで、その意味で、民訴学自体が戦国時代のような時代だったんですね。

私が民訴を面白いと思ったのは、刑訴は検察と裁判所が一緒になって、国家の側で被疑者、被告人と対峙するみたいな二方向、権力が一方的なんだけど、民訴というのは両当事者がいて、そこの調整役で裁判所があるんだけれど、その裁判所がそういう間接な形で国家権力を体現しているという、その三角関係が面白かったんですね。

大学のゼミも民訴をとって、民訴の本をたくさん読んだ中で、小山昇という先生が「請求について」という論文を書かれていて。それを読むと、従来の法律学、きちきちっとした論理だけのではなくて、いろいろな人間性から発想した理論というか、記述をされているんですね。それで、民訴法にも詩があると思って、いろいろなところでそれを書いたり言ったりしていました。

村井 すごい感じ方だなと思いました。私も新訴訟物理論は面白いとは思ったけれど、詩的であるとは感じなかったので、やはりそこの辺は特殊な、二葉さんの感受性と言いますか、文学少女の点なんだろうか。非常に面白い感じ方だなと思いました。

五十嵐 民訴全体が詩的だというのではなくて、小山さんの論文が、ですね。

村井 そうですか。修習時代には、修習生をモデルに漫画を描いていた。その中に阿部隆彦さんと中根勝士さんが登場しています。阿部さんは私も大好きな人なんです。

五十嵐 あの人は三班でも一緒ですよね。

村井 そうそう。三班で一緒だった。『頭の体操』の多湖輝と友達ですよね。奇術をやったり、なぞなぞが大好きな人で。それをサイン・コサインというふうに。

五十嵐 それが、頭の中に入っている漫画。

村井 サイン・コサインが頭の中に入っているような人だというのは、謎解きが好きだというところからですか。

五十嵐 普通あまり関心を持たないところに関心を持って、それに細かい理屈を言うんですよ。

だから、カチカチした数学の原理、サイン・コサインだと言って、頭の中にサイン・コサインを書いて漫画にしたんです。

村井　僕は奇術とかなぞなぞの印象で、サイン・コサインと感じたというのは、二葉さんの文章で初めてそうかと思ったのですが、なかなかいい人でしたよね、温厚で。

五十嵐　そうですね。一昨年（二〇二〇年）亡くなってしまったんです。

村井　亡くなったんですね。大変残念なんだけれども。僕もあの人とは年賀状のやりとりをずっとやってきていて。その年賀状もなかなか面白かった。中根さんは裁判官になったんですか。

五十嵐　そうです。検察官の子どもで、裁判官になったんです。

村井　私は中根さんについてはあまり知らないんです。

五十嵐　これは一〇組で、三班ではなかったから。

村井　ああ、そうか。そのほか修習生としては、五十嵐敬喜さんはもちろんですが、五十嵐さんとの関係で江田五月氏、横路孝弘氏などとの親交を書かれているんだけれども、私は彼らとは麻雀友達で、それしか付き合いはなかったんです。どういうことでの付き合いがあったんですか。

五十嵐　五十嵐敬喜が三組で、江田さんと仲よくなって、江田さんと横路さんは東大闘争の同志なので、何となく四人で集まるようになって、私は麻雀とかではなくて政治議論をしていましたね。その頃左翼がいくつにも分かれていて、新左翼がまたいくつにも分かれている状態で、割合に政治議論を若者もやっていた時代だったと思うんですよ。四人でよくご飯を食べたりお茶を飲んだりしながら、長い間、政治議論をしていました。

村井　五十嵐敬喜氏も早稲田大学で学生運動をやっていたわけですよね。

五十嵐　大学闘争でみんなが機動隊に捕まったときに、そばの神社に逃げて自分は助かったんだということをすごく負い目に思っていて、ずっとそのことを言っていました。

村井　そうですね。そういう時代だった。

あとは実務修習とクラスでの修習ですね。私は実務修習は大変面白かった。前期・後期の修習はどのように感じましたか。

五十嵐　本文にも書いたのですが、教官の能力の差がすごくて、民裁の伊東秀郎先生はすごくできる人で、とても心酔しましたが、特に刑弁の教官が全く駄目で、あとで知ったのですが、弁護士会で刑弁・民弁の教官は派閥の既得権みたいで、この派閥から何人出すみたいなことで決めていたらしいんですよね。今はどうかわかりませんが。

その刑弁教官はとてもできなくて。初めは高校のときのようにいろいろ意地悪を言っていたのですが、それもむなしくなってやめてしまったぐらいです。検察教官は、前期はとても頭のいい人でよかったのですが、後期の人が駄目で、その人にも意地悪していました。

村井　検察教官とは、取調べについてやりとりはなかったですか。

五十嵐　いや、そういうことは授業でなかったので、それを特に取り立てて、こちらから取調べというのはよくないのではないですかみたいなことは言いませんでしたね。この人に言っても仕方ない、という感じで。

村井　僕らのときは弾劾的捜査観なんていうのはあるけれども、糾問的捜査観でなければできないんだというので、修習生との間で侃々諤々の議論があったんです。

徳永　検察修習をしている同期生の皆さんにアンケートをとって、どのような取調べをしているかを青法協機関誌に掲載されたと書かれています。こういう若手が司法を変えていかなければいけないという機運がすごく強かったんですか。そういうと、今は強くないように聞こえますが、こういうアンケートは珍しいことなのかなと思ったのですが、実際はどうだったのでしょうか。画期的な実態調査だったのでしょうか。

今現在このような、どういう取調べをしているかとか、修習生から実態がわかる機会はないと思うのですが。当時も少なかったのか、割とこういうのをやろうよという機運があったのか、教えていただけますか。

五十嵐　一八期、一九期、特に一八期は、修習生の立場から司法を見て、いろいろな意見を出していましたが、私は意見を出すというより、修習を機会に検察庁がどういうことをしているのかを、実は世の中の人はもちろん、弁護士も知らないのではないかと思ったんですね。

どういうふうに取調べをしているかということ、まず黙秘権をどうやって告げているのかということで、それを考え付いたのは、私が取調修習をしたのは大部屋で、いろいろな検察官が修習生と一緒に取調べをしている取調実務の修習だったんですね。そうすると、自分の担当検察官だけでなくて、いろいろな検察官が何をしているか見えるんです。部屋中にとどろくような大きな声で被疑者を怒鳴りつけ続ける検察官もいるし、いろいろな取調べがあるんだなということを実感して。まず、一番大事な黙秘権の告知を、隣の検察官を見ていると全くしていなかったりするのです。

徳永　隣では別の事件の取調べをやっているわけなんですね。

五十嵐　ええ、そうです。

徳永　それで隣の声が聞こえてくる。

五十嵐　大部屋で机がずらっと並んでいるんですよ。だから、ほとんどみんなにその部屋の声が聞こえる。検事たちがどういう取調べをしているのか、外部には全く知らされていない刑事制度の実態の重要なことがわかるわけです。とてもいい、二度とない機会だったと思うんです。

それで、黙秘権を全然告知しない者もいれば、黙秘権というものがあるんだけど、お前はちゃんと話せよなみたいな、そういう言い方をしたりとか。それはある意味面白いけれど、手続としてはとても問題だなと思ったんですね。東京地検だけではなくて、ほかの地検はどうやっているんだろうということで、そういうことを知ることができるのは修習生だけなんですね。

だからこれはとても貴重な情報だと思って、そのとき最初に検察修習に入った修習生に手紙を出して、アンケートの項目を送って、回答を返してもらって、それを分析したのが連載の第一回なんです。

「きずな」という二〇期修習生の青法協機関誌を私が志願して編集していたので、そこにアンケート結果を載せたんです。この「きずな」を刑法学会の大会に持っていって、一冊五〇〇円で先生方に売ったんですね。それはお金の問題ではなくて、刑事学者はこういうことをきちんと知っていなくてはいけないのではないかという気持ちでした。そうしたら、平野龍一先生が五冊、ぱっと買ってくださったんです。それから平野先生と仲よくなったというか、亡くなるまでずっと続くお付き合いがここから始まったという感じです。

その取調修習をどうやっているかというアンケートは、本当は実務修習が変わるごとに検察修習に入る修習生に対して、全部で四回実施しなければいけないんです。実務する側が検察に行くのが四回に分かれて全国でやっていますから。ところが、だんだん修習のいろいろなことで、二〇期青法協の仕事が忙しくなって、結局三回しかやらなかったんです。二回目は載せたけれど、三回目のぶんはアンケートはとったけれど、結局、雑誌には載せられなかったかという感じだったと思います。

徳永　それこそ五十嵐先生が始められて、すべて編集されたのですね。

五十嵐　はい。私は新聞とか雑誌に興味があったので、青法協は修習の期ごとに機関誌をつくっていたんですが、二〇期の機関誌は誰がやるかといったときには、「私、やるやる」と言って。一生懸命、原稿集めから割付から全部やっていて、ある意味、自分で載せたいと思うものはどんどん載せられるので、そのアンケートを載せました。それは今でも貴重な資料だと思っています。

村井　私も「きずな」は全部持っていますが、このアンケートのようなことを当時、普通にやっていたというわけではないと思うんですよね。

五十嵐　はい、全く。

村井　二葉さんだからやったのであって、そのあと、特に最近はできないのではないでしょうか。修習生がそういったアンケートをする、特に研修所で、というのはなかなか難しい。というかできないし、それを公表することも無理ではないか。

僕らのときは、青法協の勉強会なども研修所でできましたよね。それから数年後には、研修所で勉強会の場を持つこともできなくなったのではないですかね。

五十嵐　そうですね。その後というか、ちょうどその頃東大闘争とかがあって、司法界もものすごく硬化していきましたよね。

村井　そうですね。恵庭事件の勉強会もしましたよね。恵庭事件の勉強会の結果について、これも「きずな」に出ていますが、私は書かなかったんですよ。その書かなかったことのお詫びの意味で、判例時報社の「私の心に残る判決例」という小冊子で恵庭事件について一文をしたためたんです。

書かなかったことを二葉さんにかなり責められた。「あなた、逃げたわね」と。覚えていますか。

五十嵐　忘れていました（笑）。

村井　だから、怖かったです（笑）。

五十嵐敬喜さんが配属された部の部長で、刑事法理論家としても知られる「ある有名な裁判官」のところへ行ったりしたということが書かれている。これは横川敏雄さんですね。

五十嵐　はい、そうですね。

村井　横川さんのところの勉強会に、私は一度も出なかったんですが、出る人が多かったように思います。ここではどういう話題が多かったんですか。

五十嵐　私の記憶では、そんなにきっちりした勉強会ではなくて、雑談のようなことをしていた記憶しかないんですけど。何々をちゃんと勉強するみたいなことはなかったんですよね。

村井　横川さんは修習生みんなに尊敬されていましたよね。書いているものも立派だし、勉強になった。

五十嵐　そうですね。その頃、新刑訴派といわれる裁判官が何人かいて、中にはそこから権力寄りになって、最高裁に入ったりした人もいたんですが、横川さんはそういうこともなく、理論家で通した人ではありましたよね。

村井　そうですね。一方で、最高裁判事になっていった谷口正孝裁判官には注意されたと。当時の刑裁教官の首席だったと思うのですが。変な活動ばかりしているから駄目なんだと言われたそうですが、谷口裁判官のイメージはどうですか。

五十嵐　やはりすごくできる人で、厳しい人だと思ったんですね。クラスの教官ではなくて、夏季合宿というクラスも班もばらばらにして集めて、どこかの温泉とかで合宿をやりましたよね。そのときの担当教官でした。課題を出していて、それをあらかじめ勉強していくことになっていたのですが、青法協はその頃具体的に作業する人がほんの三、四人しかいなくて、私はそういう作業ばかりしていて、合宿に遅れて行った上に隅っこのほうに座っていたら、「おまえ、答えろ」みたいな感じで課題のことを言われたんですね。全然勉強していなかったからよく答えられなくて、それでもあてずっぽうで言っていたら、どんどん追及されて、最後に何も言えなくなってしまったら、「変な活動ばかりしているからこういうことになるんだ」とか言われて。

それは当たり前で、私のほうが悪いので、谷口さんは正当なことをしていらっしゃったんだけど、なぜ私が変な活動ばかりしているのを知っているのかな、研修所というのはみんなそうやって把握しているのかな、と思ったことがあります。

村井　研修所からは、そういった一種の思想調査をしている点について、追及されたことはないんですか。

五十嵐　それはないです。

村井　われわれのときからでしたか、その前からあるのかな。特に女性が裁判官になることについて、いろいろ嫌味を言われたり、今でいうセクハラあるいはパワハラですが、そのようなことを言われたことはあると思いますが、谷口さんはそういうことではないわけですね。

五十嵐　それはクラスも違うし、わかりません。ただ私のクラスで割とできる女性が、裁判官になりたいのにカンパン（簡易裁判所判事）になれと言われたんです。二回試験で同じクラスのある男子修習生と隣席で、彼は答案が全部書けないで、メモ用紙を付けて出した（そんなことができるのか知りませんが）。それなのにその彼は裁判官になれたけれど、私はカンパンならさせてやると言われたと、すごく悔しがってがっかりしていて。結局、カンパンでも仕方ない、裁判官になりたい、と言ってなった。あとで通常の裁判所の裁判官になったんですが、そういうことはありましたね。その隣席の男子修習生は、私とも割合親しくしていて確かにできる人ではなかった。ずっと年賀状のやりとりもしていましたが、最後はある政府機関のトップになりました。体制に逆らわなければこうなっていくんだな、と思いました。

村井　女性差別というのは、われわれのときにも問題になったと思うんですよ。

五十嵐　私のクラスは女子が三人だけで、私と、先ほどのカンパンにさせられた子、もう一人はすごく元気のいい子で、検察教官と『愛しちゃったのよ』という歌でデュエットしようよとか言うような、そういう子だったので、そういう差別はされなかったですね。

裁判官になろうとしてもしてくれなかったということ以外は、女子差別というのは私の知る限りなかったと思います。

村井　あとのほうがそのことが露骨に出てきたということでしょうかね。

五十嵐　教官個人にもよりますよね。

村井　刑裁修習のときに扱った事件で、当時有名だったアバンギャルド芸術家が紙幣を模造したとして通貨模造罪で起訴された事件を挙げている。これは有名な赤瀬川原平の千円札模造事件ですね。

五十嵐　刑裁で、私が配属されたときには公判自体は終結していたのですが、判決を書くときに、被告人が言った言葉でわからない言葉があると。「ダブレナチュールというのだけれど、どういう意味だ」と裁判長に言われたんですね。

それで、仏仏辞典とかを見て、「ダブレ」でなくて「ダプレ」（ドゥ・アプレ）でしょうと。要するに自然に従うという意味なんですね。アプレというのはアプレ・ヴー・ムッシュー。「どうぞお先に、私はあなたのあとから行きます」というときの「アプレ」だから、従うという意味なんです。だから、自然に従うという意味です。

それは紙幣をそのまま模写か撮影したというので、通貨模造罪だったんですが、だから自然に従う、紙幣もここにある本も全部自然にあるものなんだから、自然に従うという思想なんでしょうということを話したんですね。

するととても喜んでくれて「これで判決が書ける」と。

その裁判官は、個人的にはとてもいい人だったのですが、きつい判決をして廊下で被告人に刺されたんですね。それで、今の東京地裁の裁判所を建てるときに、一般の人の通行する廊下と、裁判官が法廷に来るときに通ってくる廊下を別にしたという、そのきっかけになった人ですが、私たちには優しかったですね。小さいときお稚児さんの役をやらされてとか、いろいろなそういう昔話をしてくれました。

だから裁判官というのは、個人として個人に付き合うときと、裁判官として被告人に向き合うときとは、全然違う人格になるんだなということを、そのときすごく感じましたね。

村井　これは大学の授業でもよく使う事例です。赤瀬川原平は、尾辻克彦というペンネームで小説も書く人で、私が大変好きな芸術家ではあるんだけれど、奇妙なことが好きで、奇妙な存在を見つけていくというか、たとえばあちこちでマンホールのデザインを収集するといったようなことをやっています。

そういう意味では大変面白い人です。この千円札模造事件は模造と偽造の違いを話すのに一番いい事例ですし、それをやったのが有名な芸術家であり、かつ作家であるということで、授業でよく話に使うものです。

第6章　代用監獄・弁護士会活動

弁護士になってから現在（二〇二二年夏）まで、私が弁護士としてしてきたことは、弁護士業よりも弁護士会活動のほうが多かった気がします。始まりは、司法修習の実務修習の最初に出会った、手錠をかけられた手にコッペパン入りのビニール袋を持って腰縄で引かれて歩く被疑者の姿を見てのショックで、たぶんこれがその後の私の人生を大きく方向づけたのでしょう。

1　東京三弁護士会合同代用監獄調査委員会（三会代監）

弁護士になって東京弁護士会に入り、そこで三つの委員会に入って、六年目、記憶は薄れていたのですが、今回このオーラル・ヒストリーのために、自分の書いた原稿が載った雑誌などを整理したら「東京弁護士会会報」一九八二年二月号（六一号）「特集　女性弁護士」のうち「弁護士業務の現状と将来」の中の女性委員長の体験談として、私の「委員長の経験から東京三弁護士会合同代用監獄調査委員会」の中で「一九七四年にこの委員会（通称「三会代監」）に入った」「私が登録した頃は、登録直後は委員になれなかったようで」「せっかく正義感に燃えて入会してきたフレッシュマンを……」という記述があったので、修習生のとき、教えられていたのに、それまで入れなかったようです。

そんな制限の割には、休眠会員が多くて活動が低調だと、この原稿の中で嘆いているのですが、私が入った当時、この委員会では代用監獄問題といっても、接見室の被疑者側の小部屋の後ろの戸が開けたままで、警察官が接見の内容を聞いているとか、弁護士側の机がなく、メモをとるのに不自由だとか、施設の問題の「調査」議論をしていました。

私はなんとなく、もっと本質的な問題、つまり警察が長期間被疑者を身体拘束し、支配下に置いて取り調べるということが、非近代的で、法制度としておかしいのではないかと感じていました。そこで弁護士会の図書館で調べても、最高裁の図書館まで行って調べても、その本質問題については文献がほとんどなかったのです。ただ「ジュリスト」（一九五九年四月一五日号六四頁）に、平野龍一先生が一九五九年の国際法曹委員会第二回大会の報告をされている記事があって、その第三部会決議「デリー宣言」の「三　逮捕と訴追　(5)司法官憲に引致された後の拘禁は警察に委ねてはならない――わが国のように、警察の留置所を代用監獄に使用するのは、最低基準に達していないわけである」とあるのを見て、やはりこんな非近代的なことは国際的には許されていないんだ、と意を強くしたのです。

今思えば平野先生は、こうした国際的な刑事手続の情勢をご存知で、それを前提にしながらも、日本で可能な理論活動をされていたのでしょう。その後代用監獄について、いろいろご一緒することがありました。

一方、なぜ「代用」というのかについて、それは明治四一（一九〇八）年の監獄法一条三項に「警察官署ニ附属スル留置場ハ之ヲ監獄ニ代用スルコトヲ得」という一文があるからで、それはこの立法を審査した第二四帝国議会での政府答弁「成ルベク留置場ハ将来ニ於キマシテモ監獄トシテ用ヰナイ方針ヲ採ル積リ」を条件に成立した条文だったことがわかり、日本でも正規の制度として立法されてはいないのだと、ややほっとしたのです。

私はこの委員会に入った年から、代用監獄の本質に迫るデータを集めるために提案して、①外国で代用監獄のような制度が許されているかの調査、②代用監獄の実態を明らかにするために、体験した人からのヒアリング、の二つを始めました。①については、三会代監に入る前から田宮裕先生にご相談していたことで、入った年の一九七四年から、先生が協力してくださる刑事法学者を九人集めてくださって、まず三会代監で主な国の刑事制度の勉強会をして、外国に出すアンケートの日本語版をつくり、協力者の中の庭山英雄先生の英訳で、二度に分けて二七国、一一二カ所の官庁や大学、人権団体に発送しました。一二国、二五カ所からの回答が得られた段階で、一九七七年一二月、三会代監編『諸外国における未決拘禁の実態——代用監獄をめぐるアンケート調査』として冊子にしました。

考えていた通り、外国に代用監獄のような制度はなく「代用監獄は日本だけ」ということができる画期的な資料になりました。

②は委員会のメンバーが扱った事件から始めて、報道された冤罪事件の被害者などを次々呼んで、ヒアリングのインタビュアー、速記録の整理と原稿への構成も私がすべてやりました。

三会代監の予算は少ないので、当時①の冊子で使い切ってしまい、この原稿はまず一九七八年一月に、日弁連代用監獄廃止実行委員会編『体験者が語る代用監獄の実態——体験聴取速記録八例』として冊子が出版され、次に一九八二年三月、日弁連監獄法改正問題対策委員会・三会代監『体験者が語る代用監獄の実態その（二）――体験聴取速記録六例』、一九九二年六月、三会代監編『DAIYO KANGOKU　体験者が語る最新の実態――体験聴取速記録九例』として冊子になりました。日本での逮捕、代用監獄での取扱いから取調べまでの実態が赤裸々に語られているこの記録は、現在でも資料的価値があり、刑事手続に関与するすべての人に読んでほしいものです。

三会代監に入った翌一九七五年、当時の委員長が私を副委員長にしました。

この委員会は東京の三弁護士会が持ち回りで当番会として、委員会の場所、事務局、委員長を出すことになっていて、次の一九七六年、当番会が東京弁護士会になります。すると東京弁護士会の理事者から「○○先生を委員長にするから」と言ってきました。○○先生はこれまで一度も委員会に出席したことがない、いつも出席する委員が顔を見たこともない人です。なぜこういうことが起こるのかそのときは知らなかったのですが、弁護士会にはそれぞれいくつかの派閥があって、派閥が名誉職である委員長の枠を持っているのでした。○○先生はある有力派閥の有力（？）メンバー。普通はこれで通ってしまうのでしょう。

ところが、このときの三会代監には、以前と違って代用監獄の本質を理解して熱心に活動している委員が数人いました。その人たちが、○○先生ではなく、これまで会の活動を一心にやってきた私を委員長にするようにと、東京弁護士会の理事者に強く働き掛けてくださったのです。それで理事者が折れて私が委員長になりました。

その数人のうちの一人は元最高検次長検事だった人で、検察実務についていろいろ教えてくださり、当時の布施健検事総長に会わせたいと言って最高検に連れて行ってくださいました。検事総長は代用監獄廃止には反対なのだろうと思って行ったのですが、布施氏は、ただ「予算が難しくて」

という話をされただけだったのが印象的でした。

記憶では一九七六年、七九年、八一年と三期九年（八四年の「月刊サーチ」という雑誌には四期一二年となっていますが）三会代監の委員長をして、前述のさまざまな意見書を出しました。

その活動をどこで知ったのか、青峰社という出版社の青年社長が「何でも出すからうちで出版を」と言ってきたのです。こんな利益を出さない本など出さないだろうと思って、冤罪者集会をしてその記録を本にするのはどうかと言うと、出します、と言うのです。

そこで当時知られていた冤罪事件の被害者に片端から声をかけて、まずその人たちに代用監獄での拘禁日数とか、自白の有無とかをアンケート調査した上で、私が司会をして冤罪者の集会を開き、このテープ起こしをして、私が資料とともに編集して『ぬれぎぬ――こうして私は自白させられた免田から土田・日石まで三〇人の証言』として一九八四年一月に青峰社から出版しました。

今回偶然ネットでその古本が一〇〇一円以上として売られていることを発見しました。感激しました。

一九八一年七月には「代用監獄廃止意見書」を発表して、その記者会見の写真を記者の一人が送ってくれたりしました。

こんな活動で充実した九年でしたが、あまり長期の委員長席独占はよくないと思って後輩に譲ったのですが、これがよくなかったのです。

その後、第二東京弁護士会の人が委員長のときに、三会代監を廃止してしまいました。この人は現在原発事故の訴訟を担当するなど、目覚ましい活躍をしている人ですが、あとでお話しする監獄法改定と留置施設法に対して日弁連が反対して国会で五回も廃案にして闘ったのに、その拘禁二法案対策本部を刑事拘禁制度改革実現本部に変えての事務局長のときに、二〇〇五年、二法を合体した刑事収容施設法の成立に同意してしまったのです。

現在日弁連をはじめ弁護士界は、国連の人権条約審査では代用監獄廃止を言い続けているものの、具体的廃止の運動はしていない。学者の方々も具体的な行動をしてはくださらないので「代用監獄廃止」は眠れるスローガンといった形です。

2　刑事施設法・留置施設法：拘禁二法反対運動

明治四一年に制定された監獄法は小河滋次郎博士が監獄の近代化を図って、それまでの「監獄則」を抜本的に改めたもので、法案のすべてを自ら起草したもので、文章も美しく、博士の人道主義と近代主義が当時の国際レベルでも恥ずかしくない立法だったと思います。しかし規定が抽象的なので、司法省、その後法務省内は通達や規則でそれ以前の明治期の実務を踏襲していて、実務は明治期のままの前近代的なのが実態でした。たとえば被拘禁者の接見の権利は監獄法では「面会ヲ請フ者アレバ之許ス」という条文しかないのに、実務は面会者、回数、時間をはじめ制限だらけの運用がされています。法務省には早くからその実態の法律への格上げのための監獄法改定の動きがあり、大きなものでも一一回にわたっていました。

法務省が今度こそはと監獄法の改定を始めていることがわかり、日弁連は対応すべく一九六七年に「司法制度調査会」内に「監獄法部会」を設けました。

私は一九七五年からこの「調査会」と「監獄法部会」に加わって、七八年には「刑事拘禁法要綱」

をまとめる作業をしました。

法務省が監獄法の改定を法制審議会にかけたのが一九七六年、これに対して日弁連が「代用監獄廃止実行委員会」をつくるにあたって、当時日弁連の事務局長だった岡田さんに呼ばれて「執行部があなたを委員長にと言っているから受けて」と言われました。三会代監で長く委員長として実行してきた実績が買われてのことなのですが、当時の私は弁護士会内の事情がよくわからないまま「私なんて」と謙遜して断ってしまいました。今考えると断らなければよかったのです。がんばってずっとこの組織の中枢にいれば、代用監獄廃止の運動が事実上、弁護士会、ひいては日本国から実質的に消えてしまうことを阻止できたのでは、と残念で申し訳ない気持ちです。

監獄法改正問題について、日弁連をあげての運動になり、法務省に対して申入書を送り「国民の基本的人権に関することであるから国民各層の意見を聴いて法案に反映させること、法改正過程の公開性」などを要求しました。当時の日弁連の法律に対する積極性はめざましいものでした。それに先立つ「刑法改正反対」の運動での成功＝治安立法的な改定に反対して、刑法の口語化に止めた結果＝が日弁連に自信を与えていたこともあったのだと思います。

法務省がこの日弁連に対して行ったのは、まず「監獄法改正について意見を聴く会」を東京と大阪で開いたことで、私は一九七九年九月一〇日の東京会に「参加者」として呼ばれました。

日弁連は、このときも意気高く口々に二法の問題性を指摘しました。

ここで驚いたことは、有名な刑事裁判官であり、裁判所の中でも大きな力のある人が「公判段階における立証活動を前提として供述調書を作成し、証拠を収集する必要があることを裁判官としても認めざるを得ず」（議事録四六頁）と言って代用監獄制度の継続を主張したことです。これが日本の裁判官なんだ！というショックは今も忘れられません。

法務省は法制審監獄法改正部会に「監獄法改正の骨子となる要綱案」を出し、これは実質的な法案要綱でした。私はこれに詳細な反論を作ることが必須だと考えて、日弁連「監獄法改正問題対策本部」内に「事務局内研究会」通称「一一人委員会」を設置してもらいました。実はここでも座長を、と言われたのですが「人の上に人をつくらず、座長なんかなしにしようよ」と言ってそうしました。ここはそれで非常にうまくいったのです。

この「研究会」で監獄法についてずいぶん勉強しました。旧監獄則から現在の監獄の施設内規則まで集めて勉強したのです。外国法については、法務省資料として出ていた各国の行刑法をすべてコピーして、文字通りハサミとノリで条文ごとに貼り付けてみると、外国法のヒューマニズム、日本との発想の違いが浮き上がってくるのです。

それをまとめて一九八一年一〇月に冊子「監獄法改正の骨子となる要綱に対する意見書」をまとめました。

一九八二年四月三〇日、刑事施設法案・留置施設法案がセットになって国会に上程されました。日弁連は翌五月の定期総会で、拘禁二法案の反対（刑事施設法案は抜本的改定がなければ廃案、留置施設法案は即時廃案）を決議、「代用監獄廃止実行委員会」を「監獄法改正問題対策本部」に格上げしました。「本部」と名のつく委員会は、日弁連会長が本部長となり、各単位会から委員を出す大きな組織で、その事務局長が事実上の責任者です。ここでも「事務局長に」と言われたのですが、また前と同様に断ってしまい「事務局次長」になりました。その反省は前と同様です。

ただ、ここで日本の監獄法制が国際的な人権基準とあまりにも違うことを日弁連の幹部に理解してもらうことはできました。

今、資料を見返してみると、この二法案上程直後の五月二〇日付の読売新聞の記事があって「『代用監獄は人権条項違反』国連に緊急通報へ　日弁連」とあります。「経済社会理事会一五〇三号による通報は認めているが、事務総長への直接手続は制度化されていない。しかし通報手続には時間がかかりすぎることから」として理事会決定までしたのです。この時の通報文はまだ私の手元に残っています。当時の日弁連（会長山本忠義氏）が、あげて人権を守ること、日本の法制を国際水準で考える姿勢を持っていたことが、今、多数の関連資料から記憶を呼び戻されました。

日弁連にはこのあと、法務省ついで警察庁から意見交換会の申入れがありました。この当時の日弁連には、法務省にそうさせるだけの会一丸となっての姿勢とその重みがあったのです。

法務省との「監獄法改正問題意見交換会」は、一九八三年二月九日を第一回として始まりました。私もその一二人のメンバーの一人として終始出席しながら、「監獄法改正に対する対策本部試案」をまとめていました。その内容を次々に「意見交換会」の場で法務省側にぶつけていました。

二法案は国会で審議されないまま翌一九八三年一一月に廃案になりました。法務省は法案再提出を見込んで、留置施設法案の切り離しも考えましたがうまくいかないまま八四年一一月に二二回をもって「意見交換会」を打ち切りました。

警察庁も日弁連に繰り返し意見交換会を持ち掛け、日弁連が応じることになって一九八六年七月から「留置施設をめぐる意見交換会」が始まり、私はこれにも委員として出席しました。二つの意見交換会を通じて感じたことは、警察庁のほうが、人間的にもしっかりした人がいて、組織としても柔軟だということで、これは警察庁が大きな予算と権力を持ち、当時上級公務員試験の最上級の合格者が集まるとされていたことからだと、政府内部の力関係も知りました。

今でも覚えているのは、日弁連の説得に対して、警察庁の委員が「そうしたいんですが、それだとわれわれが霞が関で居場所がなくなるんですよ」と言い、帰ってきてから日弁連の大物委員が「日弁連は霞が関の中に入っていないんだ」と嘆いたことです。この人たちも「霞が関で居場所」がほしいんだと感じたものでした。

この頃、日弁連も単位弁護士会も市民集会を開いて、拘禁二法の人権侵害を市民と共有しようと努めていた（1982年7月23日、渋谷・山手教会）。

この「意見交換会」は一九八七年四月、一〇回で打ち切られました。

二法案再提出必至となって、今度は日弁連から法務省に「意見交換会」を求めました。力関係が変わってきたといえるでしょう。三～四月に四回開かれましたが打ち切りとなりました。

拘禁二法案は一九八二年第九六回国会に提出されましたが、継続審議となり、八三年第一〇〇回国会では、衆議院解散により、審議未了のまま廃案になり、八七年第一〇八回国会に一部修正して再提出され継続審議、九〇年第一一七回国会の衆議院解散で審議未了で廃案、九三年第一二六国会も衆議院解散、審議未了、廃案となり、五回の国会提出でも成立させることができず、法務省と警察庁は二法の形の成立を断念しました。

これによって日弁連の反対運動に一種の弛緩が起こるのは無理のないことかもしれません。私はこの好機に代用監獄廃止を実現するために強く運動するべきだと主張するのですが、平時になると弁護士会の中には「霞が関での居場所」が大切だという考えが広くなります。もともとニュアンスの違いがあった「監獄法改正問題対策本部」（後に、拘禁二法案対策本部）の事務局長との間で不協和音が大きくなり、私はしばらく対策本部に行かなくなりました。

そこである事件が起こりました。マスコミの世界では、相変わらずというか、日弁連は代用監獄廃止で頑張っていると思われていて、朝日新聞から当時の「論壇」という欄に書くように言われて「司法も歪める『代用監獄』は廃止せよ」という原稿を書き、一九九五年七月五日付で掲載されたのです。私の肩書は「日弁連拘禁二法案対策本部事務局次長」となっていたのですが、日弁連事務局から肩書を偽称したといわれたのです。なんと知らない間に事務局次長を解任したというのです。何の通知も、もちろん同意もなく。

この掲載にはもう一つ困ったことがありました。私は代用監獄に入れられる期間として「23日」と書いたのですが、当時朝日は算用数字は使わないと言われ「二三日」と直されて承知し校了となった後、担当者の有名編集委員が断りなく「二、三日」と点を入れて掲載してしまったのです。「二、三日」なら外国と変わりなく、長期警察拘禁の人権侵害はないことになる。原稿の全体の趣旨から「二、三日」はありえないことを朝日の有名編集委員が理解していないのです。これも驚きと怒りでした。

最後の廃案から五年、法務省と警察庁は二法の形での法案提出に見切りをつけて方法を模索し、新たな方法をとりました。

旧監獄法を受刑者部分、未決者収容部分と分けて、まず日弁連の反対があまり強くないとみた受刑者部分から手をつけました。

法務省にとって、折よくでもないでしょうが、二〇〇一年名古屋刑務所の刑務官が受刑者の肛門に高圧の水を注入し死亡させた事件について二〇〇三年、法務省内に「行刑運営に関する調査検討委員会」を設置したのを皮切りに有識者による「行刑改革会議」などいくつもの委員会や顧問会議を設置して、二〇〇五年その提言の内容を踏まえたとして「刑事施設及び受刑者の処遇等に関する法律」を第一六二回国会で成立させました。つまり監獄法のうち受刑者部分だけを切り離して廃止し、監獄法の残りの部分は「刑事施設ニ於ケル刑事被告人ノ収容等ニ関スル法律」と名称を変えて残し、まず廃止部分のみを立法する形を取ったのです。

これによって、代用監獄廃止をシンボルとして反対してきて、受刑者部分には相対的に弱かった弁護士や学者の関心を低下させることに成功したといえるでしょう。

ついでその監獄法の残りの部分「刑事施設ニ於ケル刑事被告人ノ収容等ニ関スル法律」の「一部を改正する法律」を成立させ、未決拘禁者・死刑確定者の処遇も規定する一つとして代用監獄を「留置施設」として「受刑者・死刑確定者を除き、刑事施設への収容に代えて留置施設に留置することができる」と規定（改正後一五条）して、拘禁二法を一つの法律にして代用監獄を代用ではない法律上正当な施設にする立法を作ってしまったのです。

説明が長くなるので省略しましたが、旧監獄法一つの改定を次々に細切れ的におびただしい数の立法を重ねるというテクニックで最終的に全面改定し、刑事施設の運営について法務省が、旧監獄法の精神とはかけ離れた実務をもって積み重ねてきた規則や通達の法律化を達成するとともに「代用監獄」を「恒久化」（日弁連など反対のスローガンでした）したのです。

反対運動の事実上の敗北でした。動きが遅い日弁連が対応できなかったというその体質、そしてあの当初の意気込みが消えていき、拘禁二法案対策本部の実質的指導者となった人（「三会代監」を廃止させたあの人です）の方針がこれらの立法を受け入れてしまったことによります。

3 代用監獄廃止運動の今

このようにして「刑事収容施設及び被収容者等の処遇に関する法律」は二〇〇五年成立しました。日弁連はこれに対して同年九月「未決等拘禁制度の抜本的改革を目指す日弁連の提言」を出しその「第二章　代用監獄の廃止とそれに至るまでの課題」で、第一　代用監獄廃止の必要性、第二国際人権法による警察拘禁に対する規制、第三　代用監獄廃止への道筋・方法、の記述がありますがその方法として挙げた「全国に拘置所を新増設し、拘置所の収容力を増強すると同時に、代用監獄の所管を警察から法務省に移し、無用な勾留を廃し未決拘禁者の絶対数を減らすべきである」としていますが、その提言に見合う運動はしていません。

その後日弁連が代用監獄についてしていることは、「市民的及び政治的権利に関する国際規約」（自由権規約）の締約国として政府が規約委員会に定期的に提出する報告書の審査に際して日弁連が提出する報告書（いわゆるカウンターレポート）に日本政府が依然として代用監獄制度を維持し続けていること、その弊害を記入することだけに事実上とどまっています。

代用監獄廃止の具体的な運動や法改正運動はどこにもみられなくなっています。

日弁連はこのようにして代用監獄廃止運動を事実上しなくなってしまいました。

「第6章　代用監獄・弁護士会活動」インタビュー

徳永　刑事弁護をなさる原点が、司法修習時に検察庁で手錠を掛けられた、手にコッペパンの袋を持って歩かされていた被疑者の姿を見てのショックだと書かれています。

修習時代には代用監獄の委員会があることはご存じだったそうですが、実際の東京三弁護士会合同代用監獄調査委員会（三会代監）に入ったのは一九七四年で、弁護士登録されてから六年後なんですね。その間も代用監獄については、活動はされていたけれども、委員会には入っていらっしゃらなかったという形なのでしょうか。

五十嵐　活動って、できたわけではないんですが、代用監獄というのは日本だけの独特な制度ではないかなと、何となく思ったんですね。最高裁の図書館などにも行って一生懸命調べたけれど、そういうことを書いてある本が全くなかったんですね。

弁護士会というのはいろいろしきたりというか、既得権のようなものがあって、派閥から委員会に人を出すことが行われていたんですよ。今でも若干そういうところがあるんですが。私はどこの派閥にも属していなかったので、三会代監に入りたいと言ってもなかなか入れてもらえなくて、入れてもらえるのがだいぶ遅くなったということがありますので、その間は自分で勉強していることが主でしたね。

徳永　もっと本質的なところに問題があるとお考えになって図書館で調べて、平野龍一先生の論文に「デリー宣言」について書かれているのをご自身で調査されつつ、その後に委員会に入られて、委員会では実態調査という活動を即始められたと。

五十嵐　はい。

徳永　司法修習時代のアンケート調査もそうですが、まず実態はどうなっているのか明らかにしようとデータをとろうとなさるので、五十嵐先生は実証的だなという印象を受けました。一つに、新聞報道にご関心があって、実態を明らかにするというところに関心が向けられるのかなと思いましたが、いかがでしょうか。

五十嵐　どこかで通じているかもしれないですが、私が法律学に入っていって論文を読むと、どういうところが何パーセントでとかきちんと書いている論文は少なくて、特に刑法は割と観念論だったなという感じがしていて。何の裏付けもなくて、学者さんはこういうことを勝手に言っていいのだろうかというような、そういうことも思っていました。自分としては代用監獄というこんな特殊な制度は日本だけだろうと、何となく思ったんですね。

でも、何となく思ったでは何にもならないので、それを実証しなければいけないと思って、田宮裕先生にご相談して学者の方を集めていただいて、アンケート文をつくって、それを庭山英雄先生が英語に訳して、宛先はどこに出すというのもその先生方が知恵を絞ってくださって、アンケート調査をして。回答ぶんの和訳もその先生方がしてくださった。中には井上正仁さんもいたのです。

アンケートの回答を見ると、そういう制度は世界に全くないんだと。イスラエルだけは警察の留置施設と拘置所が一緒だけれど、警察と軍隊も何もかも一緒だったので、そういう特殊性がある以外は、日本以外はもうきっちり警察と未決拘禁というのは分けて、警察にとどめておくのは非常に短い期間なんだ、日本のように建前は二三日だけれども、追起訴とか時には起訴後の勾留でも代用監獄を使って、何百日も警察留置場に入れられ続け、取調べを受けることがあるのは日本だけなのだということがわかったのです。

特に私が司法修習の頃には学生事件がいっぱいあって、左翼のいわゆる学生事件とか冤罪事件で、ものすごくたくさんの人がほとんど無期限に警察留置場に拘禁・勾留され続けているような事件があったので、こういうことは何となく文明の進んだ国ではやっていないのではないかみたいなことを思って、それを実証したくてアンケートをしたんですね。それが実証できたのです。

少し余談になるのですが、実は最近も取調べのやり方とか弁護人立会いについて、日弁連の刑事法制委員会で、私が案文をつくって、世界中にアンケートをして集めたものが、二〇二二年五月にようやく刑法通信一一八号として刊行できました。日本とはあまりにも違う人権尊重・公正手続の実務をぜひ読んでほしいです。

徳永　ありがとうございます。国外調査も行われて、国内調査も行われて、体験者の速記録も出版されているんですね。これらは現在でも資料的価値があるとお書きになっていて、実際その通りだと思うのですが、国立国会図書館に入っているのが一九七八年の調査と九二年に公表されたもので、検索してもデータベースに出てこなかったりするんですよね。これはデジタル化してアーカイブ化するなど残していただきたいです。

五十嵐　弁護士会というのは縦割りでして、三会代監はその後、廃止されてしまうんですね。今それをどこでできるかというと、委員会がないんです。

一九八二年に拘禁二法案対策本部が日弁連にできて、留置施設法と刑事施設法という拘禁二法に対して、長いこと反対運動をやっていたのです。そういう組織があればいいのですが、今はもうすべてなくなって、刑事司法関係の委員会も多数あるのですが、みな縦割りになってしまって、三会代監の仕事を引き継ぐ委員会はなくなってしまっているのです。

本当にそれらは今でも貴重な資料だと思うんですよ。一人の人が逮捕されて起訴されるまでのことが、ずっと記述体で、被疑者が話した言葉をそのまま収録していて、なかなかそういう記録はないので、もし復刻できればすごく貴重な資料になると思うんです。

徳永　いくつか委員長に推薦されているのですが、お引き受けにならなかったことが一度、二度あって、現在は後悔されているとお書きになっていますが、どうして引き受けなかったんですか。非常にお忙しかったからでしょうか。

五十嵐　いや、そこは私の育ち方に関係しているのですが、しゃしゃり出てはいけないみたいな、いつでも人の一番あとについていなさいみたいな、そういう育てられ方をしたんですよね。その割には、自分の思うことをずけずけ言うんですけど。でも、委員長と言われたときに、私なんか女だし、とか思ってしまったんですね。

その頃、女の人が委員長になるというのはほとんどなかったんですね。もし私がそれを受けていれば、拘禁二法反対運動がある時点でぱっと無しになってしまうようなことにはならなかったのに、と今では後悔してもしきれないという感じです。

本文に三会代監を廃止した人のことを書きましたが、実は有名な人で、ほかにいろいろな、とてもいい仕事をしているのですが、拘禁二法についてだけは、その人が今の刑事施設法を容認してしまったんですね。刑事拘禁制度改革実現本部に体制を改め、その事務局長として刑事施設法に賛成してしまったのです。
私が委員長や事務局長になって拘禁二法反対運動を続けていれば、そういうことは起こらなかったのかもしれない。くだらない親の教えに従って、私なんか別にそんな大した者ではありませんみたいなことを言って、断ってしまった。それを本当に、そんな浅はかな理由で断らないで、きちんと拘禁二法反対運動を続ければよかったなと、ずっと後悔しています。
徳永 ちょっと意外な、でも半分は意外ではない感じですね。やはり女性があまり前に出ないようにというのは、私もずっと強くそういう文化の中に育っていたのでわかります。
五十嵐 徳永先生の時代でもそうですか。
徳永 私は特に田舎で育っているからかもしれないのですが、目立たないようにしろという、一歩引いたほうがいいんだという空気感の中で育ちましたね。
五十嵐 私の親はキリスト教と、一燈園という新興宗教まではいかないけどそういう団体で、とにかく出しゃばってはいけない、目立たないでということを、国是とはいうけれど家是のようにして育てられたんですね。
私自身は理屈っぽいし、我が強い面もたぶんあると思うんですが、それが役職に就くとか上席に座るとか、そういう形式的にところになると、自分の親の教えが何となく出てきてしまうんですね。これは人に言っても、「あなたがそんな遠慮をするの?」というように言われると思うけれど、実際はそういうところが今でも非常にあります。
徳永 そうなんですね。
最初、法務省や警察庁から意見交換会の申入れが日弁連にあって、そのあとは日弁連のほうから協議を申し入れるようになっていって、力関係はどうなっていったのでしょうか。

五十嵐　それはだいぶ時間的な経過があるんです。

まず監獄法改正から始まったのです。監獄法は一九〇八（明治四一）年の立法ですが、監獄学者で、社会事業家、死刑廃止論者でもあった小河滋次郎博士が一人で起草したもので、私は以前「とても美しい法律」と書いたことがあります。それまで一度も改定されなかったのですが、一九七六（昭和五一）年に法制審議会に監獄法改定が諮問されました。

日弁連はその頃の会長の性格もあるのですが、日弁連一丸となって、監獄法の改悪に反対するという体制をつくって、すぐに日弁連代用監獄廃止実行委員会を立ち上げ、私もその委員になったことは前に申し上げた通りです。

日弁連側は当時、意気軒高といった状態でしたから、法務省のほうから日弁連に協議してくださいということを申し入れてきたんです。たぶん二二回だったと思うのですが、継続して、私も日弁連側の一人として入っていたので、言いたいことを言っていました。

監獄法の改定法案は、一九八二年国会に出されましたが、一九九三年まで継続審議、廃案を五回繰り返して成立せずに終わったのです。

その情勢の中で一九八二（昭和五七）年警察庁が「留置施設法案」を立案し、日弁連は「国会上程の閣議決定がなされるときいている」としてその当日（四月二七日）に「国会上程には反対であって、これを廃案とするよう求める」との会長声明を出しました。それだけの勢いがあったのです。

そんな日弁連でしたから、警察庁のほうから意見交換会の申し入れがあって、私はこれにも日弁連側の一人として参加しました。留置施設法に今はなってしまっているのですが、その法案までの頃は監獄法の第一条第三項に「警察官署ニ附属スル留置場ハ之ヲ監獄ニ代用スルコトヲ得」と一文あるだけを根拠に、全国の警察の留置場を未決拘禁用に用いていて、それが警察による被疑者取調べのため、自白を獲得するために用いられていたのです。警察の思い通りに自白しないと自白がとれるまで別件勾留を繰り返し、起訴後の勾留まで使って、この頃でも三三〇日も代用監獄にとどめられていた人もいました（土田・日石・ピース缶爆弾事件）。

その代用監獄は「世界で日本だけ」ということを外国アンケートで明らかにしているのに、監獄法の「代用」から、正規の施設にする法案なのですから、日弁連は「代用監獄恒久化」として猛反対の体制になったのです。

二つの意見交換会ですが、法務省側はただ官僚的な発言だけを繰り返すのに対して、警察庁のほうがずっと柔軟で自由な発言をしていました。当時国家公務員一種合格者が最も多く行くのが警察庁だといわれていただけあると実感しました。

「警察署に付属する留置場は当分の間、監獄に代用する」というその一カ条だけだったのを、そのあとで留置施設法という大きな法案にして、代用監獄を代用ではなく正規の法制度にするという動きがあって。それは警察庁主導の法案でそれに対して日弁連が猛反対したので、やはり警察庁からも申入れがあって協議をするということになりました。それだけその頃は日弁連が一丸となって反対する力があったんですね。官庁のほうから協議しようと申し入れてくるだけの日弁連のまとまりもあったし、力もあったんですね。

それを何回も繰り返して、結局拘禁二法案を法務省・警察庁は五回、国会に出したけれど、日弁連は反対運動で廃案にしているんです。

その後「五五年体制」が終わるなどして、社会が変わる中で日弁連も変わりました。「何でも反対の日弁連といわれるのはまずい」という人たちの発言が強くなり、その中で拘禁二法反対運動は、急速に衰えました。

一方官側は、法務省と警察庁が一緒になって、まず警察庁は後に引いて、法務省だけで旧監獄法の既決部分だけを一本の法律にするわけですね。一九八〇（昭和五五）年に法制審が「監獄法改正の骨子となる要綱案」を答申したときは、私が中心になって外国の監獄法を切り貼りして「監獄法改正の骨子となる要綱に対する意見書」の冊子をつくるなどしたのですが、既決については、その頃の日弁連の担当者は全然関心がなくなってしまって、あまりそれに対してものも言わないで法案を通してしまうわけです。それから拘禁二法の未決部分を同じようにしてつくるわけですね。そのあとで、留置施設法をつくって、最後にそれを合体して刑事施設法にしてしまう。

そういう立法のテクニックがあったのと同時に、日弁連の中でだんだん、その時々の会長の性格もありますし、先ほど言った拘禁二法案対策本部の事務局長になった人の性格もあって、妥協してしまうわけです。

その間ずっと長い間、私はただもうばかみたいに反対ばかり言い続けてきたのですが、最後に拘禁二法案対策本部から外されてしまうんですね。その間に日弁連は法案を通してしまった。

もし私が最初から事務局長を引き受けていれば、そんなことにならなかったのかもしれないのに、長い闘争のあとで全面敗北のようになってしまって、今の刑事施設法ができてしまった。とても残念な歴史です。

徳永　事務局次長はなさっていたのに、ですか。

五十嵐　本部長というのは日弁連会長なんですね。事務局長が事実上、一番権限を持っているのです。その事務局長になりなさい、と言われたのだけれど断って、事務局次長でいいですからと次長になったのですが、事務局長になった人が途中から妥協してしまって、私はその路線に全く反対で、しばらく委員会に行かなかったんですよ。それも悪いんですけれど。

そして、朝日新聞の「論壇」に代用監獄のことを書いたときに、肩書きを事務局次長と書いたら経歴詐称だと言われて、「何で?」と言ったら、いつの間にか外されていたんですね。

結局、私のやり方は突っ張り過ぎだということで、私みたいなのは外したほうがいいということになったようですが。そういうことで日弁連も随分様変わりしたんですね。

最初の一九七八（昭和五三）年頃は、本当に人権のために闘うんだという日弁連だったのですが、だんだんそれがマイルドになって、官庁とうまくやるのが日弁連だみたいになって。実は今もその路線と、会長選挙で争っている人の路線が対立しているのですが、会長選挙を争っている人のほうはごく少数なので、今回の会長選挙でもほんのわずかな票しかとれなかった。日弁連も賢くなったというか、丸くなったというか、そんな感じです。

徳永　そのような変化があったのですね。当時、名古屋刑務所事件があり、平成の半ばぐらいに犯罪認知件数がものすごく高くなり、法案が通った頃には下がり気味ではあったのですが、この頃、今後過剰収容が起きるのではないかという当たらなかった予測がなされている時期で、そういう時代的なものも、この法案が通ることに影響があったのかなと思ったのですが。

五十嵐　そうですね。日本全体が、世界的にみてもそうなんですけど、第二次世界大戦ののちに国連ができて、人権ということに世界全体で取り組むような国連の人権部門が強くなっている。でも、だんだん各国の行政のほうが強くなって、今もまたロシアのウクライナ侵攻（二〇二二年二月）から第三次大戦になってしまうのではないかと言われているように、いろいろな国の中でも国家・為政者の力が強くなる。世界全体もそうですし、日本の中もそうですね。

だから、人類は戦争をしてそのひどい惨禍をみて、ヒューマニズムに立ち返るのだけれど、また平和の時代が続くと軍事的政治権力に強い人が権力を握って、今のように大国同士、実はアメリカとロシアの対立がウクライナで火種になっているけれど、もしかしてロシアが窮地に立てば、原爆を使うと初めから言っているわけですから、そうしたら全人類の惨禍になってしまう。

人類は本当にそういう愚かな歴史を繰り返しているんだな、代用監獄問題も、その歴史の流れから突出して正しいことができるわけではないんだなということですね。

代用監獄問題が、今どうなっているかということですが、国連規約人権委員会では、五年ごとの政府報告書提出に際して、少なくとも一九九三年の第三回審査以来、もう三〇年も審査後に出す「結論的見解」（「総括所見」）などとして、日本の刑事人権で是正すべきことを勧告する中に、必ず「代用監獄廃止」を入れています。「次回審査のときはこの勧告についてどうしたか報告しなさい」とまで言っているのですが、日本政府は全く知らん顔です。日弁連も、政府報告書に対する意見をいわゆるカウンター・レポート、ＮＧＯ「報告書」として出すのですが、その中に「代用監獄は相変わらず使用されています」と報告するだけで、国内での代用監獄廃止運動は全くしていません。

あの反対運動は歴史の一齣、というのが実態です。

徳永　ほかの国で代用監獄のような制度がなくても、ヨーロッパの国々もはるか昔には自白を強要していたり、警察に長期間留め置くこともやってきた歴史を経て、でもこれはやめておきましょ

う と近代になって変わったんですが、日本はなかなか変わらないわけですよね。それはどこにその原因があるのかなと、非常に不思議なんです。すごく抽象的ではあるのですが。

五十嵐 やはり、島国で周りが海で国境がないところが大きいと思うんですね。いろいろな国に囲まれていればいろいろな人が入ってきて、その人がどういう扱いを受けるかとか、あっちの国ではこういうことをやっているとかで、文化が相互に影響するわけですが、日本は島国で、特に徳川幕府が鎖国をしていたので、その小さな島国の中でどうしたら上から憎まれて殺されたり牢屋に入れられたりしないで生きていけるかという小さな安全だけを庶民は守るようになって、その国民性がすごく大きいと思うんですよ。

国連に行ってみても、日本人は日本人だけで固まっているんですね。本当にそれは「あっ」と思いました。皮膚の色の違いとか、国連へ行くと、これは人種の見本市だなと思うような、本当に見たこともないいろいろな人種の人がいるんですね。でもお互い平気で、通じる言葉だけで、英語だけでなくてフランス語を混ぜたり、イタリア語もスペイン語を混ぜたりして、手振り身振りで交流しているんですね。

その中で、日本人は日本人だけで固まっているんです。同じ国連の職員であっても、日本人だけで食事に行っているんです。それを見て、ああやはりこれは国民性なんだなと。

その国民性が根幹にある限り、代用監獄だけでなくて、刑事訴訟法も特殊だと思うのですが、それを是正することはできないんですね。小さな自分の幸せを壊されない程度でお上に従っていくという、それが平和を保つことなんだという、言葉では言わないけれど、そういうマインドがなくならない限りは、日本は本当に人権を改める国にはなれないんだなということを、国連だけでなくていろいろな国の監獄や警察や裁判所を見に行っているのですが、非常にそれを感じますね。

徳永　その一方で、国民性なので仕方がないでは困るので、それを徐々に変えていくことも視野に入れたほうがいいわけですね。

五十嵐　そうですね。だから、代用監獄反対運動とか今の冤罪支援運動とか、その小さな突破口から、何とか少しでも日本の人々の考え方を変えられないかなということなんですけど、日本にも多少、全くそういうことにとらわれない文化人のような人が出てきています。ただ、それは文化人なんですよね。一般の市井の人ではないんです。何とかして普通の市民がそういうふうになってくれないかな、そのためにはどうすればいいかなという感じです。

徳永　大学生に話をするときも、よその国がどうなっているかは全く知らないので、死刑がないのはむしろ常識ということすら知らなかったりします。取調べに関しては、せいぜい数時間ということも全く情報として知らずですが、話を聞けば、日本はおかしいんだなという評価をするんです。お話をうかがっていて、やはり大学生とか大学生を通して市民に情報を発信することが、長期的には大事なのかなと思いました。

五十嵐　徳永先生に期待します。

徳永　ＩＰＪ（イノセンス・プロジェクト・ジャパン）では学生ボランティアをつくっていて、学生の側から日本の刑事司法の課題や改善策などを発信してもらおうではないかという活動をしています。われわれが何かシンポジウムをするよりも、大学生のほうが一般の人と同じ目線だったり同じ言葉だったり、関心をより引くかもしれません。

もう一点、私はこういう代用監獄問題なども、裁判官さえそれはおかしいと言ってくれれば、変わるのではないかと思うのですが、裁判官は議論の中になかなか登場してこない。一九六〇年代の横浜の裁判官の方々が、代用監獄について原則は拘置所なんだと。きちんと憲法秩序を守って判断しなければいけないよねという座談会をされていて、確かにそうだよなと思うことをたくさんおっしゃっているのですが、六〇年代の頃から七〇年代の後半、八〇年代に入ってくると、裁判官の姿勢もだんだん変わってきているのでしょうか。

五十嵐　一九六〇年代から七〇年代にかけてだと思うのですが、東京地裁の一四部勾留部でも、代用監獄が原則ではないのだと言って、勾留場所を拘置所に指定する裁判官がだいぶあった、そういう時代もあるんですよね。その頃、東京地裁の刑事一四部というのは、輝きの星みたいな時代もあったんです。だけど、いつの間にかだんだんそれが薄れていくんですね。

だから、木谷明先生とか石塚章夫先生とか裁判官が頑張ってくださっても、それが全体運動にならないんですね。それがなぜなのかなというか、日本の縮図みたいな感じなので。

今の刑訴法であっても、裁判官がしっかりしていれば、少なくとも外国の半分ぐらいの刑事人権はきちんと守られると思うんですね。だから、裁判官に変わってもらうにはどうすればいいのかが、この国の課題ですよね。

第7章　代用監獄・刑事拘禁問題から国際人権へ

代用監獄廃止については、弁護士会（東京三弁護士会・日弁連）で委員会活動として行ったことについては前章の「弁護士会活動」の部分でお話ししましたので、ここではその他の場面での活動をお話しします。

1　日本刑法学会報告

前章でお話しした一九七七年一二月に出版した東京三弁護士会合同代用監獄調査委員会編『諸外国における未決拘禁の実態――代用監獄をめぐるアンケート調査』は、田宮裕先生にご指導いただいて実施したアンケートでしたが、その作業を通じて、田宮先生は日本で代用監獄問題をもっと取り組まなければいけないという思いを強められたと思います。私に日本刑法学会で報告するように言われ、学会にアレンジしてくださり、一九七六年一二月三日の刑法学会大会の全体会で報告させていただきました。

代用監獄という制度の本質的な問題とこれに依存している捜査機関・司法機関の問題、明治四一年以来その体制を続けてきた日本という国家の問題性です。

この報告内容を田宮先生が監修するという条件で「ジュリスト」に掲載するようにも交渉してくださり、一九七七年のジュリスト六三七号に「代用監獄問題について」として掲載されました。

2　国際刑法学会第一二回大会第三部会決議（ハンブルク決議）

(1)　パリは「合わぬ勘定」

『諸外国における未決拘禁の実態』アンケートには、多くの刑事法学者が協力してくださったのですが、その中で、作業が終わっても何かと連絡が絶えなかったのが庭山英雄先生でした。

一九七九年のたぶん春頃、庭山先生から、ドイツのハンブルクで開かれる国際刑法学会で、代用監獄を訴えるスピーチをしないかと誘われました。前年にウイーンで開かれたこの大会の準備会議で、自分がこれを議題にするようにアレンジしておいたので、あなたが本会議でスピーチして代用監獄反対決議をとろう、というのです。

「えっ？　なんで庭山先生がご自分でしないのですか」と言ったら「弁護士がしたほうがいい」ということでした。

国際刑法学会は、フランスの学者が始めた学会で、スピーチはフランス語でもいいということなので原稿をつくり、ネイティヴに見てもらってそのコピーをたくさん用意し、庭山先生とご一緒にパリに着きました。初めてのパリでした。

庭山先生が何か用事をすませている間に一人で探し歩いてDocumentation Française（日本でいう政府刊行物センター）へ行ったり（でも土曜日で休館でした）、七日続く大会では毎晩のようにレセプションがあるので、そのためのドレスが五枚必要であと一枚足りなかったので、セーヌ川の岸辺のブティックで「日本円で払える?」と聞いたらいいというので買ったのですが、あとで計算してみるとレートをごまかされていました。私を裾上げ用の台に立たせて《Tournez madame tournez》(回ってください)と繰り返した女店主の弾んだ声を今でも時々思い出します。

ただ「合わぬ勘定」には逆もありました。セーヌ川に沿って歩いていると橋のほとりで見も知らないベリーのような果物を売っている青年がいました。

どんな味がするのか試したくなったのですが、一キログラムいくら、と値段が書いてあります。一キロ買っても仕方ないので「四分の一キロ買えますか」と聞いてみました。「いいよ、マドモワゼル」と言うので、くださいと言うと、ざっと計って新聞紙の袋に入れてくれました。紙幣で払ってお釣りを見ると一キロの値段の四分の一よりお釣りが多いのです。「これ余分」と言って返すと「いいんだ、いいんだ」と言って受け取りません。押し問答しても「それは君のものなんだ」の一点張り。とうとう「どうもありがとう」と言って厚意に甘えました。考えてみると「買えますか」《Puis je acheter?》という言い方は、日本でなら「いただけますか」という丁寧な言い方になるので、お兄さんは異国の「マドモワゼル」から丁重に言われたことに気をよくしたのかもしれないと気がつきました。川岸のベンチに座ってその果物を食べました。

もう一つ、これは勘定のことではないのですが、パンを買おうとパン屋に入って「プチパン二つください」と言いました。バゲットを短くしたような小さなパンです。女店員が「食べるの?」と聞きます。食べるに決まってるのに、と思いながらうなづくと脇のイスを指して「待って」と言います。掛けて待っていると次々に客が来てプチパンも買って行きます。なんであとから来たお客さんを先にするのか。だんだん嫌になってきて「私のほうが先に来たのに」「ここにあるこれ、プチパンじゃないの?」「これは食べないプチパンなの?」と嫌味な言葉を言おうと思うのですが、女店員は時々私のほうを見てにこっとして見せます。悪意のある様子はないので我慢していました。しばらくすると奥のドアがサッと開いて職人らしい人がパンを大きなトレイに山盛りに持ってきました。女店員は私を手招きして、そのトレイからプチパンをとって袋に入れて渡してくれました。彼女は焼き立てのパンを私に売ってくれたのです。歩きながら熱々のパンを食べました。

(2) ハンブルク大会

翌日、庭山先生と落ち合って夜行のユーローレールでハンブルクに行きました。寝台車で寝ているのに国境を越すたびに「パスポートを」と起こされたものです。あとハンブルクの駅の今でいうエキナカで、日本と同じ大根を売っていたので驚いたことも。

大会では第三部会で、日本からは石原一彦最高検総務部長(当時)が代用監獄必要論のスピーチをするとのことで、日本からも学者など多くの参加者があったのですが、その参加者の間で、こんなところで日本人同士代用監獄でもめるのはよくない、両方やめたほうがいいと言われるなど、いろいろ経緯がありました。

それで私も人を介して、石原氏に「そちらがやめるなら、私もやめてもいいんですが」とメッセージを送ったのですが、返事はありませんでした。あとから思えば、ウイーンの準備会議で日本人としてただ一人参加した庭山先生の奮闘ですでに七条e項(代用監獄禁止)が準備草案に入っていたので、黙っていたらそれが通ってしまうと思ったのでしょう。

石原氏側から返事がこないまま時間がどんどん過ぎて、発言通告ができなくなるかもしれないとなって、発言通告をしました。認められて持って行った原稿を読み上げました。自分で緊張しているなと思ったので、こんな機会はまたとないんだ、楽しまなくちゃと思い替えしたことを覚えています。あとから、何かと口やかましく、帰国してから「罪と罰」に決議七条e項について異論を書かれた森下忠さんが、このときは「きれいなフランス語だった」と言ったと聞いて安心しました。

私の何人かあとで石原氏がスピーチしたのですが、その中に「日本は南北に長い国土で、そこに多くの拘置所をつくるのは経済的でない」というくだりがあり、通路を隔てて座っていた若者（たぶん北欧の人）が「エコノミック！」と言って私にウインクしました。当時、日本人を「エコノミック・アニマル」と揶揄する言い方が世界に広がっていたのです。

石原氏は日本の刑訴法を英訳したものを配っていたのですが、熱心に読んでいたこれも北欧の人ではないかと思われる二人の若い会員が私のところに来て、そのコピーの勾留理由開示のところを指さして「これはよくない。被拘禁者のための remedy（救済措置）になっていないだろう?」と言いました。配布した石原氏に聞かないで、私に聞くところがおもしろかったです。

当時私は代用監獄と取調べのことばかり考えていて勾留理由開示のことは頭になかったので、「ちょっと待って」と言って条文を読むと、確かに勾留の理由を告げられるだけだ、理由がないとわかれば解放されるのでなければ、不当に勾留された人は救済されないと気がつきました。戦後憲法に合わせて改正された刑事訴訟法は、英米法を取り入れ、勾留理由開示は、ヘィビアス・コーパスに由来すると習った記憶があるので、私はそのときとっさに、昭和二九（一九五四）年に大幅に行われた改悪で解放の部分が削られたのだろうと考え、さっきの二人のところに行って“I think

ました。

it's changed, bad change〟と言いました。二人は「なるほど」と言った感じで深くうなずいてくれました。

ただ帰国してから念のため改訂歴の入っている六法全書で見たら、改変は細かい手続だけで、被拘禁者解放の制度は制定時から入っていなかったのです。

気になって現行の刑事訴訟法の制定過程を調べると、第一次案の第一編総則第九章「被告人の召喚、勾引及び勾留」の部分に「三二条（新設以下各条すべて新設）勾留された被告人、その弁護人又は被告人の法定代理人、保佐人、直系尊族、直系卑族及び配偶者は、勾留に対し、勾留状を発した裁判所に異議の申し立てをすることができる」となっていて、現在のように被疑者・被告人が「勾留の理由の説明を聞く」制度ではなく、勾留されたことに異議を申し立てて、解放を求めるまさにヘィビアス・コーパスとして起草されたもので、その最後の条文は「三五条　異議の申し立てに理由があるときは、決定で勾留を取り消さなければならない」となっていました（法学協会雑誌九三巻四号一五七頁）。

團藤重光先生が深く関わって行われたGHQとの新刑訴法の制定は、冷戦の始まりで早々に帰国した民政局との最後のやりとりで、日本側に実質丸投げされて、GHQが最初に用意した法案とは全く逆で、当時の司法省刑事局の思惑がほとんど通ったことは知っていましたが、この部分もそうだったのです。

石原氏のスピーチののち、会場の廊下で石原氏から呼び止められ「あんたはいい。あんたはいいが、庭山は許さんと言っとけ」と言われました。

庭山先生からは、会場では接触を避け、離れて座ることを言われ、そうしていたのですが、法務省はそれくらいのことでは「共謀」関係を見逃さないということか、と思いました。

なぜ「あんたはいい」のかは今もわからないのですが、庭山先生にそう話すと、顔を曇らせられたので、あっと思いました。

代用監獄禁止の七条e項はこのあとの討議で無事採択され、朝日新聞の記者（同姓の五十嵐だったので、あとで平野龍一先生から「あなたが書いた？」と言われたので覚えています）から電話取材があり、日本では九月二四日付の朝日新聞に、国際刑法学会で「監獄代用制度を禁止する決議を賛成多数で可決」と記事になりました。

この最後の夜は、一日だけ公式のレセプションがない夜でした。この夜、平野先生がお弟子さん数人との会食に私を入れてくださいました。このとき、平野先生が私の毎夜のドレスのことを「女の人は、そういう用意も必要で大変なんですね」と言われたので、あの平野先生がこんなことを言われるのか、と心中びっくりしたものです。今思えば、その夜は、法務省が日本の学者たちを呼んでの会食をしたので、平野先生は敢えてそれを欠席されたのだと思います。庭山先生は前日にイギリスに向けて発っていました。中山研一先生も来ておられたのですが、どうされたのか。あの人は？　この人は？　と今も思い出します。

(3)　その後

翌日、大会が終わった日、日本の学者の方々が、石原氏の前に長い列をつくって一人ずつ進み出て、丁重に挨拶してから帰国する姿を見て、刑事法学者の法務省との関係に目を開かれた気がしました。

庭山先生が「弁護士がしたほうがいい」と私にスピーチをさせた意味はこれだったのか、とわかった気がしたのです。法務省の考え方では、代用監獄廃止を言うことは、日本の国家に弓を引く行為であり、法務省の傘下にあるべき刑事法学者のしてはならない行為だったのでしょう。

その中で、あえて予備会議で代用監獄問題を提示して、本大会で私にスピーチをさせるようにアレンジされた庭山先生の覚悟、法務省の会食を欠席された平野先生の矜持を今にして思います。

ずっとあとで、庭山先生が亡くなってから、庭山先生の父上が警察でひどい取り調べを受けて夢遊病のようになって帰ってきたことがあったのだと聞きました。

ハンブルク大会では、エクスカーションで古都リューベックへ行ったとき、バスが言語別だったので、フランス語のバスに乗ったら、École normale de la Magistrature（日本のように法曹三者の養成所はなく、裁判官だけの養成所）の教官の裁判官と知り合って、大会の間中、隣に座ったりしていろいろ話をし、帰国してからも二〇年くらい文通していました。

大会が終わってからロンドンに飛行機で行きました。庭山先生からイギリスを見ておいたほうがいいと言われたのです。ドーバー海峡は飛行機なのにとても揺れて大変でした。客室乗務員に〝Do you have some airsick remedy?〟とやっと聞いて薬をもらいました。

ヒースロー空港に夜着いて、庭山先生からは地下鉄でこれこれの駅とだけ聞かされていたのですが行き方がわかりません。途方に暮れているといかにもイギリス紳士といった三人連れの人が、「どこへ行きたいの？」と聞いてくれ、それなら○○行きのバスで○○まで行って地下鉄に乗るのだと教えてくれました。

バスはまだよかったのですが、当時の地下鉄は鉄格子だけのドアを自分で閉めて深い地下から地上まで自分ひとりで上がっていくので、こんなとき襲われたらと生きた心地がしなかったし、地上に出てもタクシーを捕まえることができず本当に怖い思いをしました。

やっと庭山先生の泊まっているホテルにたどり着くと「よくここまで来られたね」と。来られるように教えてくださいよ、と思いました。

ただ翌日から刑務所、拘置所を見学してイギリスは判決までの拘置所と有罪判決を受けた人が刑期が決まるまで入れられる拘置所が別であることが発見でした。少年刑務所のあまりの設備の悪さ、トイレがなく「おまる」で用を足すなど、これが大英帝国かと驚きました。警察にも行き、逮捕者の登録用紙を見せられ、その用紙をもらえませんかと聞くと未記入のものを一枚破いてくれたのですが、翌日数人の警官がホテルに来て「女王陛下の命により昨日の用紙を返してもらいに来た」というので驚きました。聞けばナンバリングしてあるので、一枚でも欠けると大変とのこと。こんなことでも「女王陛下の命」なんだ、イギリスは君主国なんだと知りました。

この日は民間の刑事人権団体ジャスティスに連れて行ってもらいました。アパートの一室六畳くらいの部屋に書類の山の中、トム・サージャントという有名な人権活動家がいて、いろいろ教えてくれました。ジャスティスはその後大きくなって、現在は大きな事務所に移ってスタッフ数人を抱えています。

今年（二〇二二年）、日弁連刑事法制委員会から刑法通信一一八号として刊行した「取調べについての被疑者と弁護人の権利　世界一二か国へのアンケート調査の回答」のアンケートでは、ジャスティスが最も詳しく、最も人権の視点に立った回答をしてくれました。

イギリスの刑事施設を見学するのはこのときが初めてで、庭山先生に勧められてイギリスに立ち寄ったことも、私にとって大きな収穫でした。

日本に帰国してから、石原氏から葉書が来ました。どこだったか忘れてしまったのですが、たぶん矯正協会のトップか何かになって法務省の何階にいるから「ついでに寄ってみませんか」のような内容で、さてはハンブルクの論戦の続きか、と意気込んで行きました。

なんとも広大な部屋に立派な事務机と応接セットがあり、遥か遠くに秘書のような女性が一人いるだけで、喧嘩になるつもりで来ている当時（今も？）生意気盛りの私は「こんな大会社の社長室みたいなところにいるから人権感覚がなくなるんだ」と言いました。石原氏は怒って「何を生意気な。帰れ、帰れ」と言い、私は「ああ、帰るよ」と言って帰ってきました。

しかしまたしばらくすると「寄ってみませんか」と葉書が来ました。当時はEメールなどありません。ハンブルクの論戦の続き、終わってないよな、みたいな気持ちでまた行ったのですが、そんな話は一切なく、代用監獄反対派の動向を探るため？とかもなくて、世間話だけでした。そのあと同じことが何度かありました。石原氏がその後香川高検の検事長になって赴任されるまで続きました。いまだに理由がわかりません。

3 ディヴィッド・ジョンソン

前章でお話しした東京三弁護士会合同代用監獄調査委員会（三会代監）の活動として、代用監獄廃止の一般向けビラを配ったことがありました。

有楽町駅の付近で配ったとき、そのビラを（私からではなく他の弁護士かららしいのですが）受け取った人が会いたいと言っていると弁護士会の事務局から電話がありました。それがディヴィッド・ジョンソン（David T. Johnson　現在はハワイ大学教授）でした。私の事務所に来て、当時フルブライト奨学金制度で日本に来て松下政経塾に通っていると言い、代用監獄のことをいろいろ尋ねてきました。

その後彼のことは忘れていたのですが、次の節でお話しするアメリカ犯罪学会の帰りに、カリフォルニア大学バークレー校で、マルコム・フィーリー（Malcolm M. Feeley）教授が開いてくれた晩餐会で再会しました。

学会に連れて行ってくれた福田雅章教授が「彼にはなるべく日本語で話してあげて」と言って、あのときのディヴィッドだとわかりました。

彼は、その後フィーリー教授のゼミの相弟子である宮澤節生教授の世話で、日本の検察庁に机をもらってその活動を研究し『アメリカ人のみた日本の検察制度——日米の比較考察』（シュプリンガークラーク東京、二〇〇四年）を書いて賞をとりました。

日本にはたびたび来て、一年くらい滞在することもあり、そのたびに会ったり、わが家の夕食に来たりして、私もアメリカの法制度でわからないことがあると教えてもらい、彼も日本の情報をほしがっているので、資料をあげたりの関係が続いています。

一〇年ほど前、日本法社会学会で会ったとき、売られていた共著の著書を買ったら〝With admiration〟とサインしてくれて「あなたに会って代用監獄のことを知って人生が変わった。それまでは経営者になるつもりだった（それで松下政経塾に留学したのだが）。あなたは私のターニングポイントだ」と初めて言いました。

その後二〇一五年、日本で「新時代法制審」で司法取引が制度化されようとしているときに、彼に頼んで原稿を書いてもらい、私が翻訳して朝日新聞「私の視点」に「司法取引の導入　アメリカのてつを踏むな」として掲載してもらいました（七月二二日付）。

その後も来日のたびに会っています。

4　アメリカ犯罪学会での報告

一九八九年一一月八〜一二日、ネバダ州の砂漠の中のリノ市で開かれたThe American Society of Criminology（アメリカ犯罪学会）の第四一回年次大会で代用監獄などの日本の刑事手続について報告しました。カリフォルニア大学バークレー校の当時刑事部長だったマルコム・フィーリー教授が、日本の刑事手続についての小さな分科会を設けて、招いてくれたのです。

フィーリー教授とは、たぶんその二年ほど前の来日で講演されたときに知り合ったのですが、日本からの留学生を多数受け入れている知日派の学者で、リノでそのセッションの司会をしてくださった宮澤節生先生も、日本から往復とも同行して、バークレーからリノまで車を運転して乗せてくださった福田雅章先生も、ディヴィッドも、フィーリー教授のお弟子さんです。

会場はネバダ砂漠の中、ホテルばかりが並ぶ、現在日本で問題になっているIR都市のようなところで、会場のホテルもギャンブルの設備がいっぱいでした。

アメリカの学者に日本の刑事手続の異常さを知ってもらえる機会だと意気込んで、原稿を書き、当時付き合いのあったネイティヴに翻訳してもらい、野中ひろしさんの『イラスト監獄事典』のイ

アメリカ犯罪学会で日本の代用監獄制度を報告

ラストを各頁に入れさせてもらって、A3版で三一頁の詳細なレポート〝Report on How Detainees are treated in Japan's Substitute Prison - Why Detainees confess to Crimes They Did Not Commit〟（日本の代用監獄で、被拘禁者はどのように扱われるか――なぜ彼らは犯していない犯罪を自白するのか）をつくり、報告時間はそんなにないので、その短縮版もつくって、両方のコピーを配って、報告では短縮版を読みました。たぶんネイティヴが聞いたら、とてものろのろの悪い発音だったと思いますが。

無事終わって帰路、福田先生がタホ湖を見せてくださり、またバークレーとサンフランシスコで陪審裁判、警察、拘置所の見学とともに民間有志あるいは官民共同で運営する、Own Recognizance（OR：自己誓約システム）の試行を見せてもらったことがとても有益でした。カリフォルニア州は、二〇二〇年一一月に予定された住民投票を待たずに、当時からすでに実務では保釈金制度は使わずに、未決中の身体釈放の多くはORによって行われています。保釈中の逃亡罪が法制審にかかっている日本の現在（二〇二〇年夏時点）、とても参考になるシステムなのです。

5　著作

代用監獄についていては、たくさんの論文を書いていて、そのうち一九七九年までのいくつかの論文を庭山英雄先生に言われて共著として出版したのが『代用監獄制度と市民的自由』（成文堂、一九八一年）です。

一般向けのものとして、岩波ブックレットの『代用監獄』（岩波書店、一九九一年）は重版になり、後々まで「あれ読みました」という人がいて、一般向けの情報提供は必要だと痛感したものです。代用監獄問題は、最初に関心を持ったときから、世界の刑事制度と日本の制度とのあまりの落差に目を開かれたアイテムでした。この問題意識をはじめに、国際的な刑事問題に入っていくことになります。

6　代用監獄・刑事拘禁問題から国際人権へ

代用監獄問題から国際人権法（正確には国際人権基準ですが）に関わって知ったこと、目を見開かれたことがありました。

(1)　法というものの考え方が国内法とは全く逆

これがまず衝撃を受けたことでした。

国際法ができるまでは法律といえば国内法のことだったのですが、それは、支配者と被支配者との間の契約だといわれていました。しかしその力関係は、時代を遡るほど支配者側が強いので、契約とはいっても、支配者の支配のルール、被支配者が従わなければならないルールでした。

しかし国際人権法は、人間個人の侵すことのできない人権が前提です。国家権力はそれを保障しなければならない、国家が従わなければならない最低のルールが法なのです。義務者は国家で、個人は権利者。国内法とは発想が全く逆の新しい法、法というものの発想の転換だったのです。

新しいといっても、一七八九年にフランス革命で人権宣言として、その原理は明確に示されているのですが、そのフランスでさえ、国内法としては、この原理がいまだに完全に立法されていません。

それを完全に国内法にしていくのが、人類の英知と良心としての国際人権法運動です。国際人権基準と国内法の関係が最も進んでいるEUでは、加盟国は、EUの人権基準であるヨーロッパ人権条約に反する国内法をつくることはできません。もし違反した法があれば、EU委員会が是正を指令し、加盟国は従わなければならず、従っています。

EU以外の国は、国連の人権条約によって遵守の義務（自由権規約なら第二条）を負い、その履行に必要なら国内法是正も義務のうちです。ただ強制力がないとされ、国によって対応が違っているのです。

たとえば刑訴法です。いわゆる発展途上国でも、もと宗主国である西欧諸国の刑事法を継受しているところが多いので、日本よりはるかによい人権レベルにあるし、日本の旧刑訴法をそのまま使っていた韓国は規約人権委員会の勧告に従って、二〇〇七年に自由権規約に沿うべく刑訴法を大幅に改定して、日本よりはるかに進んだ手続法にしています。台湾も同様です。

しかし日本国は、特に刑事手続上の人権では、日本国憲法は連合国、実際にはアメリカ主導のGHQの方針で世界に誇る多数の人権条項を入れているのですが、憲法に次いで着手された刑訴法改正は米ロ冷戦の始まりで、GHQ関係者が改革を積み残して帰国してしまったため、当時の司法省刑事局によって戦前の条項がそのまま多く残され、人権から発想する国際人権基準とは、発想が逆のままの条文が本当に多いのです。

そして国際人権条約等を批准し、これまで六回（二〇二二年一〇月の審査で七回）の遵守状況審査で、多数の懸念や是正勧告を受けながら、是正義務をほとんど無視しています。

結果、日本国は、国際的人権水準では、世界の中で法制史的に最も遅れた特殊な法制の国の一つなのです。

ですから法というものについての発想の転換が全くできていない国なのです。

(2) 絶えず発展し続ける

もう一つは、国際人権法は絶えず発展し続ける法であるということです。

たとえば自由権規約のように、締約国が多くなると条約の改定は手続的に難しくなります。また条約の条文はあまり膨大にするわけにはいかないので、人権保障は原則規定集にならざるを得ません。そこで用いられるのが国連総会、経済社会理事会などの決議等の形式で、各人権保障原則を敷衍し具体的な保障条項にする方法です。こうして、実際は元の条約で原則規定がつくられたときに考えられていた保障よりも、保障が発展・拡大されていくのです。

発展のもう一つの方法は、自由権規約などの人権条約で規約遵守状況の審査で示される「結論的見解」（総括所見）や、その重なりの中で各条約機関が出す「条約機関の一般的意見」（ゼネラル・コメント、通称ゼネコメ）などの各条約のいわば有権的解釈によって、年々人権保障を発展・進化させ続けることです。

日本の法律、特に刑事法は戦後憲法に合わせるべく改正作業に入ったのですが、冷戦開始によってGHQの担当者が帰国してしまったため、当時の司法省刑事局によって、旧時代の条文を平仮名交じりの文章に替えただけなど旧法制を色濃く残したものが「新刑訴法」として立法されてしまいました。その上さらに、時代が下るにしたがって、捜査・訴追機関、裁判所の使い勝手が良いように変えられ続けて来ました。その結果日本の特に刑事法は、国際人権基準とますます離れて行っています。

そうして国際人権基準を取り入れていく韓国や台湾との比較でも離れて行っているのです。

(3) 途は遠い

「国際人権法の国内実施」といわれる部分でも同じです。

日本は多くの国際人権条約の締約国となっていて、各条約ごとに条約機関に定期的な「遵守状況」についての「締約国報告書」を提出し、各機関の審査を受け、条約機関は審査結果を「結論的見解」などとして公表します。

自由権規約を例にお話ししますと、日本国は、ようやく多少具体的な記述も含む報告書を出した第三回以降現在まで、たとえば「代用監獄の廃止」、「逮捕の瞬間からの弁護士の援助」等々毎回同じ項目の「懸念と勧告」を受け続けています。しかし受けている「懸念と勧告」に全く従わず、つまりは国際人権基準違反の法と実務を続けているからそうなるのです。

日本国は、憲法九八条二項によって「日本国が締結した条約」(国際人権規約など)と、条約の形式ではなくても「確立された国際法規」となっている人権基準は、国内法と同等(学説によっては国内法より上)の効力を持つ、その意味では国際法上優等生の国です。

しかしそれとは裏腹に、国際人権基準を国内で適用することはほとんど行われていません。私は日弁連の委員会などで、弁護実務で国際人権基準の条文をこう使えると具体的に示してアドバイスするのですが、そうした弁護実務は一向に定着しません。

なぜなら、意識ある弁護士がせっかく弁論や準備書面などで主張しても、裁判所が全く採用しないからです。

私自身、二〇一八年に日弁連の接見交通権確立実行委員会が取り組み、最高裁第一小法廷が、福岡高裁の国家賠償責任を否定した判決を破棄差戻しした「保護房接見国賠」事件の同年九月一三日の弁論期日で「国際人権法における保護室収容時の弁護人接見」として国連「被拘禁者処遇最低基準規則」などを引用して弁論をしたのですが、福岡高裁判決を破棄したこの「良い判決」(平成二九年(受)第九九〇号平成三〇年一〇月二五日判決)であっても、国際人権法違反については一言も触れませんでした。

一九九八年の第四回審査締約国審査で日本国は「裁判官・検察官・行政官に対し、規約上の人権についての教育が何ら用意されていないこと」に懸念を示され、「裁判官を規約の規定に習熟させるための司法上の研究会及びセミナーが開催され、委員会の一般的意見・通報の先例は、裁判官に提供されるべき」と具体的に勧告されています（結論的見解para.32）。しかしその後も裁判所がしていることは、年に一度、新任判事補などに国際人権法学者の総論的な講演を聴かせるだけで、国連から求められている具体的な国際人権の情報提供や研修を一切していないのです。

裁判官らにとって、弁護士が主張する国際人権法の国内適用などしなくても職務上何の差し障りもない。裁判所のこうした態度は、根本にアメリカに追随するばかりで、国際関係全体に対する近代的な対応をすることをしない政権の姿勢、政権に従順な裁判所の習性があります。

最近驚いたことに「これまで条約違反を訴えた約六〇件の女性差別をめぐる裁判で、裁判所は『同条約は直接国内に適用されない』などとして条約違反かどうかについての判断を回避し続けている」という文京学院大学名誉教授の談話の報道（東京新聞二〇二一年三月二七日付）でした。裁判官が明白な憲法九八条二項違反の解釈を判決で明示しているのです。

日弁連は、自由権規約の第三回審査以降、国際人権条約（自由権・拷問等禁止・強制失踪禁止・人種差別撤廃）に関するワーキンググループなどの委員会で担当して、七つの人権条約の「締約国報告書」への反論（いわゆるカウンターレポート）を「日本における実施状況に関する報告」などとして各条約機関に送った上、審査に弁護士を派遣してロビー活動をしています。

しかし、国際人権基準を国内で使うためには、国内法を改めなければならないのですが、その法改正運動は、日弁連も、学会もほとんど全く手つかずというのが偽らない現状です。

国際人権「自由権規約」は締約国から定期的に規約の順守状況についての報告を出すことを義務付け、その報告書を審査してその結果をConcluding observations　結論的見解（総括所見の訳も）として公表します。

日本政府は、第七回の報告書を二〇一八年七月三一日までに出すようにいわれながら二一年まで提出しなかったため、審査は大幅に遅れて二二年一〇月になり、一一月三日に日本審査への結論的見解が発表されました。刑事手続部分はそのパラグラフ二六と二七ですが、そこに第六回まで続いていた「代用監獄廃止」の勧告がなかったのです。日弁連の報告書（いわゆるカウンター・レポート）には前回通り代用監獄廃止を訴える部分はあったのですが、「代用監獄廃止実行委員会」を立ち上げ会長を先頭に日弁連あげて運動した一九七〇年代の弁護士の熱気は影もなく、近年国内で実際の廃止運動はないことを規約委員会が見通した？と思ってしまう結果でした。

弁護士になってから、国内外さまざまな形で廃止を訴えてきた私にとって、半生を虚しくされたショックでした。

「第7章　代用監獄・刑事拘禁問題から国際人権へ」インタビュー――

徳永　国際的なご活動として、一番初めは国際刑法学会に出席してスピーチをされたことでしょうか。

五十嵐　はい。

徳永　そのときにお一人でいらして。国連では日本人は固まっているというお話をされたのですが、やはり言語が不自由だと、現地へ行ってもほかの国の方とコミュニケーションをとるのが難しくなるなと。言語が堪能な方でも連れ立っていらっしゃることはあるかもしれないのですが。先生は以前にも国外にいらしていたのですか。

五十嵐　はい。弁護士会でいろいろな、代用監獄の委員会が主になって人を募集したりして、アメリカが初めてなんですが、たくさんの国に行きました。

今の言葉の問題ですが、私も決して語学ができるわけではないのですが、要するにマインドなんですね。身振り手振りでも単語だけでも、話をしようという気持ちがあればできるんです。日本人は海外に行くと引っ込み思案になってしまうんですね。

私は子どものときに父親の友達というか、知り合いの外国の人もよく家に来たんですよ。父親が本当に片言の英語なんだけど、話をしているんですね。そういうことがあったからかもしれないけれど、とにかく外国人が全然怖くなくて、自分のできる単語だけでもいいから並べれば向こうも応じてくれるんです。

そこは日本人の閉鎖性というのがあると思うんですよ。外国から来た人も日本語ができるわけではないけれど「サヨナラ」とかと言って、そういう一言だけでも通じようと思えば通じるんですね。だから、私は外国に行くとすごくほっとするんです。フランスが好きでフランスに行って、日航を絶対使わないでエールフランスを使って、エールフランスに乗っていて羽田に着いてフランス語が聞こえなくなるとがっかりして、「ああ」と思って。また日本に来ちゃったみたいな感じで。

マインドの問題だと思うんですよ。どうしても日本人にはマインドとして閉鎖性がありますね。言葉なんてわからなくてもいいんですよ。私だってそんなにできるわけではないんです。ただ、話をしようという気持ちさえあれば、向こうはちゃんと応じてくれるんですね。

徳永　単身でいらっしゃって、フランス語でスピーチもなさって、さぞかし緊張されるような場面ではないかと思ったのですが、ものすごく生き生きと活動されているので、どういう雰囲気だったのかお伺いしたいです。

五十嵐　庭山英雄先生が国際刑法学会の予備会議で代用監獄を審議案の中に入れてくださっていたんです。それで、実際に本会議でスピーチするのは弁護士がいいからあなたがしなさいと言われて。あとで考えると、法務省との関係で、庭山先生がそこでスピーチもしてということは難しかったのだろうと。庭山先生ほどの人でも、そこをためらったのだと思うんですね。それで私にさせたのではないかと。

それで、フランス語でもいいというので原稿を書いて、ちょうどその頃フランス人のネイティヴに知り合いがいたので見てもらって、原稿をつくって持っていったんですね。

緊張しなかったのかというと、スピーチをし始めたときに、これは自分は緊張して硬くなっているなと思って。でも、こんなことはもう一生に一度しかないんだから楽しまなくちゃと思って、気分を切り替えて、スピーチを終わったんです。

行ってみて面白かったのは、日本の国を代表しては石原一彦最高検総務部長が出席して、代用監獄廃止に対する反対のスピーチをしたんです。

石原部長が私のあとで登壇して、日本は縦に細長い国で、拘置所を必要なだけつくるには経済的に困難があるというスピーチをしたら、周りの若い裁判官か弁護士か学者かわからないですが、〝economic〟と言って私のほうにウインクするんです。その頃日本人はエコノミック・アニマルだというのが世界中に広まっていたので。そういうことですぐ仲よくなれるんです。

面白かったのは、刑法学者と法務省の関係で、毎日いろいろなレセプションがあって、今日はハンブルク市長の、今日は国際刑法学会の会長の、というように、一週間の会議で五日はそういう対外的なレセプションがあるのですが、最後の日だけは空いているんです。そのときに、法務省が日本から行った学者を全員集めて食事をさせていて、そこにみんな行っているんです。だけど、平野龍一先生だけは行かないで、自分のお弟子さん五人だったと思うのですが、一緒に食事会をして、そこに私を呼んでくれたんです。

あとで平野先生はやはり偉いなと思ったのは、そのとき法務省の接待に行かなかったんです。だから、團藤重光先生は最高裁の裁判官になれましたが、平野先生は東大の総長どまりですよね。対外的に官との関係は何もつくられなかったからですよね。

学者の人たちが最後の日に石原部長のところへ行って、一人ひとり丁寧におじぎをして帰るんです。行列をつくって。それを見て、刑法学者というのは司法というか法務省の下にあるんだなということをまざまざと感じたんです。

外に出て、外からみると、日本がよくわかるというのはありますね。

徳永　法務省と学者の関係というのは、現在はどうなんですか。あまりそういう場面を見かける機会がなかったものですから。

五十嵐　司法試験委員になれるかどうかは、やはり法務省との関係ですよね。そういう外国に出ての機会とかがないと目に見えてこないけれど、法務省との関係というのは強いと思いますよ。法制審の委員になれるかどうかとかね。

最高裁判事になった山口厚さんは、先ほど言った平野先生のお弟子さんの五人の中にいたんですが、そのときは本当に隅っこで小さな感じだったのです。それをほんの少しの期間だけ弁護士登録して、弁護士会の会員として最高裁に入れるという、そういうテクニックもあるわけですね。

それはやはり法務省との関係、裁判所との関係がなければできないことで、今現在、私の目に見える形では知り得てはいませんが、その中ではっきりわかるのは法制審の人事と法制審の中での発言ですよね。

村井　ディヴィッド・ジョンソンさんやマルコム・フィーリーさんについても言及されているのですが、この人たちについての感想はどうなんでしょう。日本の学者は法務省べったりと言われたけれども、国際人としてのこの二人についてはいかがですか。

五十嵐　ディヴィッド・ジョンソンとは代用監獄のことから始まって、彼はフルブライト奨学金で来て、松下政経塾にいたんですね。本当は経営者になるつもりだったと言っていました。それが、私が三会代監の委員長をしているときに、一般の国民向けの代用監獄廃止のビラをつくって、有楽町でみんなで手分けしてまいたんです。そうしたら、私ではないけれども、ほかの人がまいたビラを見て、ディヴィッドが弁護士会に問い合わせたんですね。それで、弁護士会が委員長の私のことを教えて、彼が私の家まで来たんです。そこでいろいろ話をして。

今でも「ＰＨＰ」という雑誌がありますよね。その「ＰＨＰ」に彼が代用監獄のことを書いたんです。それが契機になって、マルコム・フィーリー先生はカリフォルニア大学バークレー校の刑事法の責任者ですが、そのお弟子さんになった。彼はとても知日派で、日本人でフィーリー先生のところで学んだ人はいっぱいいるんですね。村井さんもそう？

それで、ディヴィッドとともにフィーリー先生のところで学んだ縁で、ある先生の紹介でディヴィッドは日本の検察庁に机をもらって、一年間研修したんです。日本語もほとんどできないところから日本に来て、今は日本語も話せます。それで、『アメリカ人のみた日本の検察制度——日米の比較考察』という本も書いたんです。

その間ずっと、私と個人的に仲よくしていて、私の家に食事に来たこともあります。彼はずっと日本のこと、日本の検察、警察の特殊性について考えていて、それで経営者になるのをやめて、法社会学者になったわけです。アメリカでは法社会学というジャンルはなくて社会学なんですが、今はハワイ大学の教授になっています。日本だけに関心があるのではなくて、韓国にも関心あるし、インドに行きたいと始終言っていましたね。

そういうふうに、ある国の制度からその国のそれこそ国民性に思いを致してその国に関心を持つ人が、割と外国人にはいると思うんです。日本人では、中根千枝さんとか、ごく限られた人しかいないのだけれど。

だから、ディヴィッドと知り合って、すごく楽しかったし、いろいろなことも教えてもらいました。

フィーリー先生がアメリカ犯罪学会（一九八九年）で小さなあるセッションを設けて、私に代用監獄の報告をさせてくれたんです。宮澤節生さんが司会をして。五、六年前に、フィーリー先生が日本に来ましたよね。そのときに、アメリカ犯罪学会で私があげたネクタイをしてきてくれて、このネクタイは五十嵐二葉からもらったんだ、と言ってくれたんです。

アメリカという国は不思議な国で、本当にそういう意味でのインターナショナリストもいて、人間性が国際的にも開かれているし、人間に対しても開いている人がいっぱいいて。一方で、ダーウィンの進化論を教えてはいけない地域とか人もいる。不思議な国だなと思います。

ほかの国でもやはりそうなんですね。フランスでもそうだし、イギリスでも、行ってみて表向きではないところに触れると、いろいろな層の人が集まってその国を形成しているということがわかってきます。

でも、あまりインテリではない人でも割と開かれた精神を持っていて、道で私が迷っていると、〝Can I help you?〟と聞いてくれる人がいて。日本以外の国の人のほうがインターナショナルで開かれているなという感じがして、ディヴィッドとかフィーリー先生との関係はすごく楽しくて有益なものでした。

村井　そうですね。自由というか。私はアメリカではもともとフィーリーではなくて、スコールニックという警察の研究をしている人のところにいたんだけれど、あまり面倒をみてくれなくて、見かねてフィーリーが面倒を見てくれた。フィーリーはＪＳＰというプログラムの所長だったからなんですが、ずっとそれから。そこでディヴィッドとも会った。

授業にしても何にしても自由で、言葉ができないのはある意味では当たり前で、言葉ができないことでhesitate（躊躇）するなということは、アメリカへ行くと誰でも言う。日本人は酒を飲んだらいくらでも話すのに、しらふになると話せなくなるのはおかしいだろうという感じで。だから、彼らも日本に来たときには、あえて日本語を話そうではないけれども、自由に話すんですよね。それで自分の意見を言う。

自分の意見をきちんと言っていくことさえすれば、拙い英語でも通じるし、どこへ行っても怖くはないということなんでしょうね。その辺りが日本人はなかなかできない。だから言葉の通じる者同士で集まってしまう。それは学会でもどこでもそうですね。それが良いか悪いかというより、そういう傾向があることは間違いないですね。

国際人権に目が向かないのも、それなんでしょうか。

五十嵐　そうですね。日本人は、ほかの国がどうやっているかということにあまり関心がないんですよね。というか、関心を持つことがタブーみたいなところもあって。小さく自分の周囲だけで固まっていれば無事だという、そういう国民性ですかね。

村井　アメリカ人を見ていると、ほかの国を知らないんですよ。だから、ほかの国にも関心を持たなくても生きられるところと、ほかの国に関心を持ったら排斥されるところが違うのではないですかね。日本人のほうがアメリカについてある意味で知っている。たとえばカリフォルニア州のバークレーに住んでいる人間は、バークレーのことは知っているけれども隣のオークランドは知らないとか、そういうのは堂々としているんですよね。自分はカリフォルニアにいたらカリフォルニア人であって、アメリカ人一般ではない。

日本はどうなんでしょう。一般でなければいけない、横断歩道、みんなで通れば怖くないというような、「みんな」と一緒であって初めて安心するということではないか。そこが、いや別にみんなと違っても構わない、自分は自分だ、ほかのことを知っていようが知るまいが、ともかく自分はこうだというのが欧米人に多いというか、それが一つの大きな固まりかなと思いますね。

五十嵐　そうですね。その通りだと思います。

第8章　国際人権活動

1　久保田洋さん

国際人権への関心は、平野龍一先生のデリー宣言の報告（ジュリスト一九五九年四月一五日号六四頁）を読んで、代用監獄をはじめとする日本の刑事手続は、外国よりひどく遅れている、他の国の水準と違うと知ったことからですが、国連という組織が、刑事人権の保障と進展に関与していると知ったのは、久保田洋さんの『入門国際人権法』（信山社出版、一九九〇年）を読んだからでした。「三会代監」で講師に招き、個人的にもいろいろ教えてもらうようになりました。

久保田さんは、日本人で初めて国連の human rights officer（人権担当官）に採用された人で、私がジュネーヴに一九八八年から八九年にかけて五回通ったそのつどお世話になったのですが、その直後の一九八九年の夏、ナミビアで人権活動中に襲われて殉職しました。虫の知らせなのでしょうか。ナミビアに行くことを久保田さんのフランス人の夫人がとても嫌がったので、毎日電話すると約束しての出張だったのですが、その日で電話は途絶えたのです。幼い男の子を残して。久保田さんは詳細な行動をノートに記録していたのですが、その最後のメモは〝a cup of tea〟でした。お茶を飲んで休息しているところを襲われたのか。誰が襲ったのか、具体的にはわからずじまいでした。国連ではこうして殉職する人が毎年何人も出ているのです。国内で人権を侵害している国の政府は「寝た子を起こす」国連の人権活動を嫌うからです。

私はこの年の東京弁護士会人権賞に久保田さんを推薦して賞の選考に通り、ご両親からとても感謝されました。

2　国連人権機関と代用監獄

この当時、日本から代用監獄と刑事人権侵害を審査する国連の組織は四つありました。

最大が、①Commission on Human Rights（人権委員会）で、国連憲章によって設置が予定され、一九四六年に設置され、毎年二月にジュネーヴ国連人権本部で開催され、対象となる国を限定することなくさまざまな国の人権状況が論議されていました。

②Sub-Commission on Prevention of Discrimination and Protection of Minorities（差別防止・少数者保護小委員会）は毎年八月に開催され、差別防止・少数者保護の観点から①同様、さまざまな国の人権状況が論議されていました。（その後二〇〇六年に制度が変わり、国連総会によって設置されたHuman Rights Council〔人権理事会〕が加盟一九三カ国のすべての国の人権記録を四年ごとに審査するUniversal Periodic Review〔UPR：普遍的・定期的レビュー〕が行われています。）

③Human Rights Committee（日本ではCommissionと区別するために規約人権委員会と呼んでいる）は、国際人権規約（刑事人権の場合は自由権規約）を各締約国が規約二条の義務に従って遵

守しているかを、締約から一年以内、その後は五年以内（現在は委員会が求めるときとなっています）に政府が提出する報告書を、国別に審査する機関でCommissionとSub-Commissionが開かれない時期に、随時何か国ぶんかを順次審査するのです。（この制度は当時から変わらず、日本政府報告書の審査は第七回が二〇二二年一〇月に行われました。）

④経済社会理事会決議一五〇三号通報は、経済社会理事会に、誰でも（自国が人権条約に加盟していない国の国民であっても）、どんな人権違反でも（自国に関係のない人権違反でも）経済社会理事会に通報することができる手続です。

一九八八年から一九九一年にかけて、私は五回ジュネーヴに通って、①〜③の三委員会にロビー活動して、日本の代用監獄制度とそれを舞台に行われる刑事人権侵害を訴えました。

④の経済社会理事会決議一五〇三号通報も、いろいろな人を誘って何度か訴えましたが、この通報は取り上げられる率が非常に低くて、まだ取り上げられたことがないのです。

3　国連人権諸機関へのロビー活動

(1)　規約人権委員会日本政府報告書審査に際して一人でのロビー活動（一九八八年七月）

市民的及び政治的権利に関する国際規約（自由権規約、日本政府はいまだにB規約と呼んでいますが国外では通用しません）を日本は成立から一三年後の一九七九年にやっと批准しましたが、一年以内に提出すべき条約遵守状況に関する第一回政府報告書、五年以内に提出すべき第二回報告書をすべて遅滞したのですが、その第二回報告書が規約人権委員会（本章2の③）によって審査されるという一段の新聞記事が朝日新聞に出たのが、一九八七年の暮れでした。

久保田洋さんに手紙を出すと「ぜひジュネーヴに来てロビー活動をしなさい」「個人ではだめでNGOの形で」と言われました。日弁連は「代用監獄廃止実行委員会」を立ち上げてはいたのですが、国際的に動く体制は全くできていませんでした。私は何とかしなければと当時「法律時報」編集者の山本雄さんに、作家の加賀乙彦さんを紹介してもらいました。加賀さんについては『宣告』を読んで感激し『湿原』で冤罪や取調べのことを怒りを込めて書いておられたからです。

会いに行ってお願いし、NGO The Human Rights Forum Japan（「日本人権フォーラム」）を立ち上げて代表になっていただき、私は事務局長という肩書で、ジュネーヴで行われる規約人権委員会のセッションにロビーに行ったのです。

当時の規約委員会は、検討会に先立って、討議に付すべきアイテムを確定するためのワーキンググループ（WG）の会合を開いていました。日本を含めて、その会期に検討される七カ国ぶんのWGが開かれるのが一九八八年七月四〜八日まで、そこで日本の部で代用監獄を議題に入れてもらうことが、まず必要だったのです。

ジュネーヴに着くと国連人権部門が入っているパレ・デ・ナシオンの事務棟に久保田さんを訪ね、代用監獄とそこで行われている人権侵害を訴える文書を英語でつくりなさいといわれ、「日本人権フォーラム」の名で何とかつくると、久保田さんが手を入れてくれました。それをタイプ打ちしてコピーするのですが、まず、町の文具屋さんに行って店主のおじさんと、ボードレールの「旅への誘い」を暗唱して見せるなどして仲良くなり、レマン湖の反対側の旧市街のタイプ屋さんを教えてもらい、タイプしてもらってロビー用のペーパーをつくりました。

このとき、代用監獄を〝substitute prison〟としないで「DAIYO-KANGOKU」としました。たんなる「代理監獄」ではなく、日本にしかない特殊な人権侵害装置として「DAIYO-KANGOKU」を国際語にする。そうなったとき、代用監獄制度を終らせることができる、と思ったのです。

ペーパーのコピーをたくさんつくり、さてどうやって規約委員会の委員に渡すのかです。久保田さんはWGが開かれている部屋の前まで私を連れて行くと「ここからはあなたの仕事」と言って帰ってしまいました。

委員の名簿は久保田さんからもらいましたが、どの人が委員なのかもわからない。私がまずしたことは、廊下にいる警備員と仲良くなることで「こんな美しいところで働けていいですね」と話しかけました。この人たちはいろんな国から来ていて、国連の職員になることは途上国の人にとっては、誇るべきステイタスです。そこにいたのはフランス人とガーナ人の二人でした。「私は日本の人権のことを訴えに日本から来たんだけど、委員がどの人か教えて」と頼むと「いいよ」となり、休憩時間でドアが開くと出てくる人の中から《C'est lui》(あの人だよ)と指さして教えてくれるのです。私は駆け寄って「日本から来た弁護士です。日本の人権侵害のレポートです」と言って、つくったペーパーを渡しました。

数人に渡しましたが、全員には渡せていないと思い、久保田さんに話すと「工夫しましたね」と笑って、郵便にしてパレ・デ・ナシオン内に郵便局があるから「パレ・デ・ナシオン 規約委員会委員〇〇〇〇」と宛名を書いて、全委員に郵送すること、会議室に入ると長い机があるからそこにペーパーを置けば、委員も外国のNGOも手に取って問題を広められる、と教えてくれました。まず自分でやってみさせてから教えるのは、西欧風なのでしょう。

あの文具屋でコピーをたくさんつくって、教えられた通りに郵送し、会議室に置き、WGの日程が終わり帰ってきました。全部自費で、アラブ人が泊まる安いホテルに泊まってパレ・デ・ナシオンに通ったあの道筋、パレの芝生に混じる色とりどりの小さな花々、中世の石畳が残る旧市街など忘れられません。

日本への審査は、七月二〇、二一日の二日が予定されていたのですが、小学生の子どももいる私はそこまでは長期滞在ができない。これは入れ替わりで福島瑞穂さんが行ってくれました。

日本政府が出していた報告書は、少なくとも刑事人権部分は、第一回と同じで、憲法と刑訴法の条文（しかも刑訴法三九条は三項の接見制限の部分はカットするなど見場のいいところだけ）を並べただけでした。当時日本では日弁連が挙げて反対していた拘禁二法のことは「より適切な処遇のための立法」と、体よく説明していました。

ところがその本審査の当日に、日本政府代表に対して、委員から代用監獄とそこでの人権侵害という全く予期しなかった質問が出たのです。

傍聴していた福島さんは「政府代表の目が点になり」と書いています。そして「心臓マヒを起こして倒れるのではないかと」とも。

日本からは、他にもアイヌの少数民族問題、部落解放同盟の差別問題など一二のNGOがロビーに来ていて、それぞれが委員に訴えた結果、審査は長引いて一日ずれ込み、合計一三時間になりました。答弁をした日本政府代表の法務省職員は「一三時間の拷問だった」と漏らしたと言われています。

当時日本のNGOに、国連との協議資格を持つものはなく「日本人権フォーラム」はロビーに来たのはたった一人です。その言いぶんを丸のみにすることができないのは当然で、規約委員会が国連総会に出した報告書は「日本社会には多くの慣習的な法要素が存在し、それゆえ委員らは現存する諸事象において、日本の法制度はさまざまな法概念のアマルガムであるとの印象を持ち」「人権規約と両立するかどうか確定的に結論付けるのは時として困難である」としました。

しかしこれに続く文章では「特に」「戦争宣伝の禁止、精神病者の人権、矯正施設の運営、代用監獄」の四点をあげて「彼ら（委員たち）は人権の観点から、いくつかの改善点がすでに思い浮かべ得ることを指摘した」と問題の所在を示したのです。（この詳しい経緯は、法学セミナー一九八八年一〇月号三六頁「特集　人権の国際化と日本」の「第二回政府報告書の検討」と、同一九八九年一月号七八頁の福島瑞穂さんと共同執筆「ふたたび政府報告書検討会について」にまとめてあります。）

一九八八年の第二回審査で、ここまでこぎつけたあと、一九九三年の第三回審査までに、日弁連が国連との協議資格をとり、規約委員会は審査の「結論的見解」で明確に代用監獄と取調べなどに関する刑事人権侵害への懸念と勧告をするようになり、二〇二二年に審査された第七回政府報告のための list of issues（規約委員会が政府に報告を求める項目）にも、代用監獄の廃止はどうなっているか、という項目があります。

しかし一九八八年の第二回審査の時点で日弁連が、国際活動をすんなり受け入れたわけではなく、私が第二回審査から帰って、拘禁二法案対策本部で上記の報告をしたとき、ある地方会の会長（私の同期生ですが）が「わしゃあ、女房が亭主に殴られたって、大通りに出てわめくようなことは好かん」と言いました。

ところが、日弁連が協議資格をとると、この同期生を含む日弁連が予算を組み、幹部が大挙して日本審査の期日に行くようになり、ジュネーヴで最高級と言われるインターコンチネンタルホテルに泊まって、審査を傍聴するようになりました。

(2) 差別防止・少数者保護小委員会の傍聴(一九八八年八～九月)

(1)の自由権規約の翌月の一九八八年八月の終わりから九月にかけて、差別防止・少数者保護小委員会(本章2の②)の傍聴に行きました。これからいろいろロビー活動をするについて、制度の仕組みなどを知っておきたかったのです。

大会議室は、正面の議長団席の前に馬蹄形に六重の席が並び、最も内側に規約委員会の委員、次の楕円に審査を受ける国の代表団、その余った席とその次以降の楕円には協議資格のあるNGOたちが座り、発言を求めて許されれば発言できる、国家の代表とNGOが同等に扱われるという光景を見て、これが国連なのだと感激しました。その会議を見下ろす天井桟敷のような傍聴席に座って飽きずに見ていました。傍聴者は多くはなかったのですが、その中にアフリカ系かと思われる民族服を着た母親と小学生くらいの娘がいて、食い入るように会議を見つめていました。ひどい人権侵害を受けている人の妻子ではないかと思われました。経済社会理事会決議一五〇三号通報、国連はこうした人たちにとっての本当に貴重な救済機関なのだと痛感させられたものです。

(3)「ジュネーヴは雪」――ロビー準備のためジュネーヴへ(一九八九年二月)

一九八八年一二月二一日には、「日本人権フォーラム」は、代表者を加賀乙彦の名で当時の林田悠紀夫法相に「代用監獄廃止と拘禁二法案撤回の申入書」を出しました。

こうした国内での国際人権活動が動き出し、若い弁護士らの協力で、一九八八年から準備して「拘禁二法に反対し代用監獄の廃止を求める市民センター」を立ち上げ、作家の加賀乙彦、飯沢匡、実は反人権派なのですが佐木隆三氏までが、作曲家の三枝成彰、映画監督の新藤兼人、野村芳太郎、俳優の滝沢修、千秋実、学者では憲法の杉原泰雄、室井力、国際法の宮崎繁樹、伊達判決の伊達秋雄氏など四七人の方々が呼び掛け人になってくださいました。私は事務局長として呼び掛け人のお願いから一切の事務をやりました。

一九八八年、この「市民センター」を中心として、「ジュネーヴ人権ツアー」を企画しました。人権委員会（本章2の①。当時は、経済社会理事会下の機関でした）が、年に一度二月から三月にかけて、世界中の国の人権状況を討議する長丁場の委員会をジュネーヴ国連人権部門の建物のパレ・デ・ナシオンで開くのに合わせて、一九八九年二月二八日から三月八日、集まってくる委員や世界的ＮＧＯのメンバーらに日本の「DAIYO-KANGOKU」と刑事人権侵害を訴えるイベントを開く企画です。目玉として冤罪被害で再審無罪になった梅田義光さんにどのように拷問されたかの実演をしてもらうことにしたのです。

イベントに加えて、エクスカーションとしてスキーツアーもつける「ジュネーヴ人権ツアー」として参加者を募集しました。ある程度の参加者のめどがついたので、私はツアーの準備のために一九八九年二月初めにジュネーヴに行きました。

パレ・デ・ナシオンのそばの Human Rights Building（人権ビル）には、Association pour la Prévention de la Torture（拷問禁止のための協会）など世界的なＮＧＯが事務所を持っています。

「拷問禁止のための協会」を訪ねてみました。人権ビルの中に大きな事務室を三室も持っている力のあるNGOですが、何の紹介もなしに来た小さな小さなNGOの私を親切に迎えてくれて、お茶を出して、いろいろ教えてくれました。

ジュネーヴには、世界中からやってくる弱小NGOを支援することを仕事にしているHuman Rights ServiceというNGOもあって、私もそこを訪ねて企画を話して援助を頼んだのです。人権ビルには、人権関係で頻繁に開かれる会合用の貸し会議室もありその予約がとりたかったのですが、「四カ月前でないとパレ・デ・ナシオン近くの会場はとれないんだよ」と言いながらも、やってみると言ってくれました。

ツアーの参加者のエクスカーションのために、近くのヴィラールに、スキー場のそばのホテルの予約もしました。しかしこの年は暖冬で、パレ・デ・ナシオンの芝生は青々としていて、タクシーの運転手に「ヴィラールに雪はある?」と聞くと《Le plus moins》(最高に少ない)とのことで、みんなを連れて行って、もしスキーがダメだったら、と心配でした。

ツアー出発日が間近かな二月二日になって、ようやくHuman Rights Serviceからファックスが来て、人権ビルではないが近くに会場がとれたとのこと。確認とお礼の電話をするとHuman Rights Serviceのディレクターが「テイクケア」と言います。「?」と思ったら〝It's snow in Geneva. Take care!〟(雪だから気をつけておいで)と言ってくれるのです。人権のために闘う人々の優しさに胸がいっぱいになりました。でも雪は嬉しかったのです。スキーツアーがふいにならない!

〝Oh! It's snow in Geneva!〟私がなぜ歓声を上げるのか、電話の向こうのディレクターは、変な奴だと思ったでしょう。

⑷　ジュネーヴ人権ツアー（一九八九年二～三月）

本番のツアーには、弁護士一二人と事務局員二人に梅田さんが参加しました。

まず、このツアーに向けて国内で集めた経済社会理事会決議一五〇三号通報（本章2の④。誰でも、人権侵害の事実を通報できる）五五五通を提出してから、全員で人権委員会を傍聴しました。人権委員会の委員二九人やＮＧＯに、用意してきた代用監獄関係の分厚い資料を配って案内しておいた上、三月二日、Human Rights Service に手配してもらっていたインターナショナルセンター一階大会議室で、NGO Meeting on Japan を開き、アムネスティ・インターナショナル、「国際人権連盟」（カレン・パーカー女史）を含む九つの国際人権ＮＧＯ、日本のメディア四社も参加してくれました。

梅田さんに彼が受けた拷問の実演をしてもらい、梅田さんは自分で用意したロープとバットを日本から持って行って、拷問された様子を再現しました。江戸時代さながらの棒攻め、縄攻めの様子。終わると聴衆の一人の男性が、梅田さんに握手を求め、涙をこぼしながら梅田さんをハグしたのです。拷問された人の話に大の男が涙を流す。人権のために自分の生涯を使う人は、心が本当にやさしい人なのだ。その感動は今も忘れません。

ツアーでは、ジュネーヴの警察署とシャンドロン拘置所の見学もしました。

前にお話しした「国際人権連盟」の報告書に対して、日本政府が「スイスにも代用監獄はある」と虚偽の反論をしたので事実を確かめるためで、警察官や職員に、何度もさまざまな方向から質問

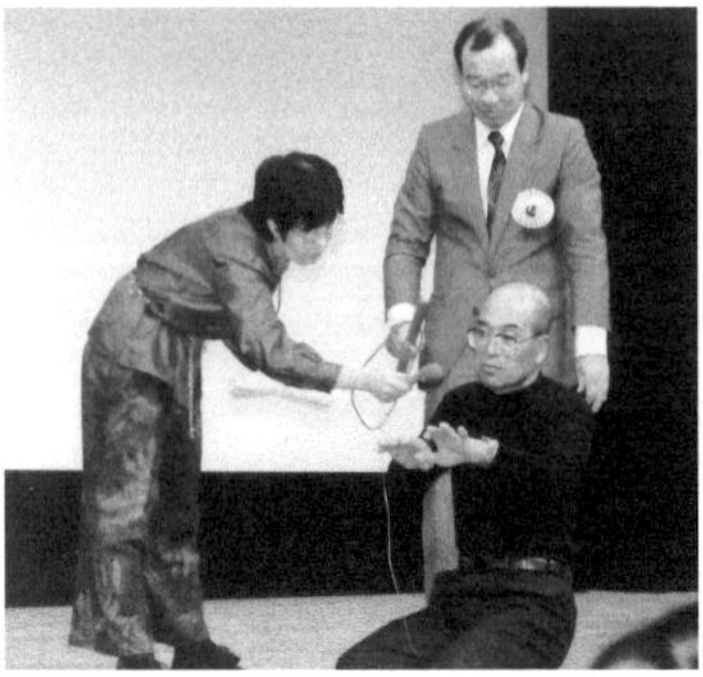

日弁連神戸人権シンポジウムで
梅田義光さんの拷問の様子を再現
（1988 年 11 月 4 日）

したのですが、「警察に拘禁するのは二四時間以内で、二度と連れ戻さない」つまり代用監獄制度はない、と明確な回答を得ました。

ツアーの結果報告は冊子（拘禁二法に反対し代用監獄の廃止を求める市民センター『国際批判にさらされる代用監獄　拘禁二法』一九八九年六月）として刊行しました。

その中に、参加者らのコラム「ジュネーヴ人権ツアーに参加して」を入れたのですが、梅田さんは、取調べは最初の二四時間以後は一切しないなど、スイスの制度には「私の経験とは天と地の差がある」「いろいろ説明を聞いているうちに（自分の受けた扱いが）何か馬鹿らしく思えたほどです」と書きました。

終わったあとの丸二日のスキーツアーも楽しめました。私は初心者なので、登山電車が通う長いなだらかな丘を、テレキャビンと呼ばれているロープウエイに乗っては繰り返し滑り降りた光景が昨日のことのように思い浮かべられます。

梅田さんとは、その後彼が亡くなるまでのお付き合いでした。私はたくさんの冤罪被害者と交流しましたが、善人という文字を人間にしたような梅田さんのことは生涯忘れられません。梅田さんに再審無罪判決を言い渡した裁判長だった渡部保夫先生も、梅田さんにはずっと目をかけておられました。

「共犯者がいるほうが刑が軽くなる」との計算で、全く無関係な梅田さんを共犯者だと言った犯人のウソをそのまま取り上げて命に関わるほどの拷問をした警察、起訴した検察、そして有罪にした裁判官。日本の司法の罪深さを心底感じさせる梅田さんの存在でした。親類縁者も逮捕を真に受けて、新婚で妊娠中だった妻は子どもは中絶、離婚させられ、梅田さんはその後生涯独身でした。

自分の生涯を台無しにした犯人が死刑を執行されたとき、梅田さんは「死ぬ前には本当のことを言ってくれると思っていたのに何も言わなかった」と言って涙をこぼしました。

その後、北海道北見市で老人ホームに入り、私は何度か衣類などを送ったのですが、最後はお菓子を送ったら施設の女子職員が電話してくれて「ほら梅田さん、お礼を言って」と促しても、言葉が出ない様子でした。その後まもなくその職員から「亡くなりました」と電話がありました。

何かしてあげると恐縮して「いや、いや、いや、いや」と繰り返すあの姿が、今でも目に浮かびます。

(5) 差別防止・少数者保護小委員会への冤罪ロビー（一九九一年八月）

一九九一年八月の差別防止・少数者保護小委員会にロビーするべく準備して、日本の代用監獄と警察の取調べ・拷問、その結果の冤罪がどんなものかを世界に知ってもらおうと「日本の代用監獄とえん罪を訴える会」を組織して、次の三つの冤罪事件の体験者の同行を準備しました。

①一九四二年に「中央公論」の編集者らが治安維持法違反をでっち上げられた「横浜事件」
②一九七四年に知的障害児施設・甲山学園で園児二人が死亡した「甲山事件」
③一九六六年に静岡県清水市（現・静岡市清水区）で発生した強盗殺人放火の「袴田事件」

「日本の代用監獄とえん罪を訴える会」のロビー活動。
パレ・デ・ナシオンの庭で参加者と（1991年8月）

これら冤罪事件の被害者、①の木村亨さん、②の山田悦子さんに取調べや拷問の実演をしてもらう企画です。当時ようやく再審請求審が係属となっていた③の袴田事件は、獄中の袴田巖さんに代わって、再審弁護の引き受け手がなかった頃から熱心に袴田事件の冤罪を訴える活動をしてきた門間さん夫妻が参加しました。三事件の支援者、中にはのちに木村さんの妻になるまきさんもいました。

加えて、毎日新聞大阪本社の嶋谷泰典記者、ＮＨＫの有馬嘉男記者（その後ニュースウォッチ・ナインのキャスター）、東大数学教授の木下信男さんなど多彩な顔ぶれの総勢二五人の大きなロビー団でした。

木下さんは、私が東大法学部の学生自治会みどり会に呼ばれて、代用監獄の話をしたのを聞いて、日本の刑事司法の問題性に関心を寄せて、このあとも多くの冤罪救済活動に参加してくださった人です。

木村亨さんは非常に熱心で、パレ・デ・ナシオンの前の芝生で拷問の実演をしたいと希望したのですが、警備上許されず、差別防止・少数者保護小委員会の委員や集まっていたＮＧＯに案内を出して、近くの会場を借りて集会を開きました。

木村さんは拷問を受けたときのままの下着姿で、特高警察から「生かしちゃ帰さぬ。小林多喜二の二の舞を覚悟しろ」と言われて竹刀やこん棒で殴られ、意識を失うと水を掛けられてまた殴られる様子を再現し、山田さん、袴田事件の支援者も日本の取調べと裁判によって冤罪がつくられる過程を報告しました。

予定を無事終了して、夜みんなでレマン湖のほとりを散歩しました。私は会場費が足りなかったらと私費を三〇万円用意して持って行ったのですが、パスポートとそれを入れたハンドバッグをわきに抱えていて、大勢の宵涼みの人々の中に混じっていたスリにすられたのに気がつきませんでした。安心して気が緩んでいたのです。日本に帰れるか心配したのですが、スイスはパスポートなしでも簡単に出国させるのだと感心したものです。

4 外国新聞への意見広告

日本の代用監獄をさらに全世界に知らせたい。

現在（二〇二〇年の夏）には、安倍内閣との癒着、その前には社員の過労死などよくない情報のある電通ですが、この二件の広告を相談したときはとても親身になって協力してくれたのです。

(1) ニューヨーク・タイムズに意見広告（一九八八年一一月二一日）

「日本人権フォーラム」も、だんだん会員が増え、若い弁護士たちが事務局活動をしてくれるようになりました。ある記者さんの紹介で電通を訪ね、代用監獄を全世界に知らせたいと意向を話すと、まずアメリカのニューヨーク・タイムズへの広告を勧められました。

　寄付を集めて、一九八八年一一月二一日付で、ニューヨーク・タイムズに意見広告を出しました。死刑囚再審無罪第一号の免田栄さんの事件を題材に「免田栄は殺人の自白をした。あなたも自白するでしょう。日本の警察が七〇時間絶え間なくあなたを拷問したら」と、多くの方からのカンパによって集めた二〇〇万円で大きな紙面を買っての広告です。

　米メディアが大きく反応し、わかった限りでは、ともに免田さんに直接取材してつくった番組で、クリスチャン・サイエンス・モニターが代用監獄を、CNCテレビが代用監獄と拘禁二法案まで取り上げてくれました。そのことを一段の記事で取り上げている朝日新聞の切り抜きが、今回見返すと古い資料の中にありました。

ニューヨーク・タイムズへの意見広告

この意見広告を見て、アメリカ各地の個人から八〇通を超える手紙がきたのには感激しました。中にはしわくちゃの五ドル札などカンパを入れた手紙もあったのです。私はそのすべてに（同文ですが）「日本人権フォーラム」事務局長名でお礼状を送りました。このことも含めて「朝日ジャーナル」が「米有力紙に出した意見広告に敏感な反応『拘禁二法』反対の訴えに制度の遅れを指摘する激励の手紙続く」と記事を出してくれました（一九八九年一月二〇日号）。

(2) インターナショナル・ヘラルド・トリビューンに意見広告（一九八九年三月）

ニューヨーク・タイムズでの反応に励まされて、電通に、さらに全世界に知らせたいという意向を話すとインターナショナル・ヘラルド・トリビューンへの広告がいいとのことで、広告費はまたカンパで集めました。

「日本人権フォーラム」名義で一頁の下四分の一ほどを買う形での掲載です。

今度のモデルは梅田義光さんです。"Would you confess to murder knowing you were innocent?"「あなたは自分が無実だと知りながら殺人の自白をしますか」という見出しに続けて「するでしょう。日本警察が二日間あなたを拷問したあとで」と始まり、梅田さんの受けた拷問と、「彼は自白するか、死を選ぶかしかなかった」と彼の「三四年間の恐ろしい体験」を書いて、一九八九年三月三日の「ジュネーヴ人権ツアー」に同行してもらう冤罪被害者、梅田さんの拷問被害実演の日に掲載してもらう。梅田さんの「実演へのご案内」を世界に向けて広告したのです。

5　国際人権NGOの協力

私は一九八八年七月の日本政府報告書審査のときと、八月の差別防止・少数者保護小委員会に行ったとき、久保田洋さんに、会議室入り口近くに机があり配りたいものをそこに置いていいと教えられたので、代用監獄の人権侵害を訴えるペーパーを置いてきました。そのペーパーを見てくれた国際的影響力を持つ二つの大きなNGOが日本の「DAIYO-KANGOKU」に注目してくれたのです。

(1)　パーカー・ジョデル報告書

一九八八年一一月八日から一七日まで、世界五〇か国に支部を持つNGO「国際人権連盟」の事務総長、フランスのエティエンヌ・ジョデル氏と、アメリカのカレン・パーカー女史が代用監獄調査のために来日してくれました。日本の刑事人権の調査のために国際団体が来日した初めての機会、と言われました。

私は調査のアレンジをして、学者との会談の日程を調整したり、膨大な資料を提供したりしました。

二人は日本の代用監獄や拘置所見学もすることができて、「日本警察留置場——ザ・ダイヨーカンゴク・システム」（英文・仏文四〇頁）、通称「パーカー・ジョデル報告書」をまとめて国際的に発表してくれました。

その報告書の末尾「勧告」AからMの一三項目は、代用監獄の根拠規定である監獄法一条三項の即時廃止、捜査官が弁護人接見を制限できる日本刑訴法三九条三項の削除、被疑者が弁護人立会いを求めたら立ち会うまでは尋問を中止など、日本では現在でも画期的な日本の刑事手続制度改定の内容です。

さらにこの報告書は、一九八九年のCommissionに提出され、パーカー女氏ほか一人が口頭説明してくれ、日本の刑事人権には大問題があると世界に知らしめたのです。

(2) アムネスティ・インターナショナル報告書

続いてアムネスティ・インターナショナルも調査を開始してくれました。一九八九年三月にクリスチャン・トムシャット元国連規約人権委員会委員を代表に調査団が来日したのを皮切りに、何度か調査に来てくれました。そのうち、高田馬場の安いホテルに泊まって何日も調査をしてくれたべルギーの女性（お名前を忘れてしまったのですが）と駅前で何度も待ち合わせて取材に協力し、日本の法制や拘禁の実態について情報提供を重ねたことが忘れられません。その調査報告書『日本の死刑廃止と被拘禁者の人権保障――日本政府に対する勧告』（辻本義男、寺中誠訳、日本評論社）はアムネスティ日本によって日本語に翻訳され、一九九一年二月に刊行されました。

死刑廃止と当時日本が批准していなかった拷問禁止条約の早期批准、国連被拘禁者処遇最低基準規則に沿った取扱い、逮捕・勾留手続の改正、不当な取扱いを受けた被拘禁者の申立事例を検証して取調べと拘禁に関する立法と実務を見直す、その中には拘禁の開始時とその後も定期的な医師の診察、被拘禁者が報復なしに不当な取扱いを訴えることができるシステムの保障など拘禁に関することが主でしたが、弁護人接見について当時まだ行われていた具体的指定の禁止や全被疑者に国選弁護人の選任などの具体的な勧告が入ったことがとても嬉しかったのです。

この勧告のうちいくつかは二〇二三年現在ほんの少しだけ改善されましたが、全体としてはまだ遠い目標となっているのが日本の現実です。

6　国際人権法と日本の人権

その後現在まで、私は日弁連の「国際人権問題委員会」「国際人権条約（自由権・拷問等禁止・強制失踪・人種差別撤廃）に関するWG」などに属して各条約の締約国報告書の審査をする委員会や、二〇〇六年にCommission on Human Rights（人権委員会）に代わる機関として総会によって設置されたHuman Rights Council（人権理事会）に向けてNGOとしての日弁連の報告書をつくる作業などに従事しています。ここで自由権規約の第七回日本審査に向けての報告書も作り、コロナ禍のために延期されていた審査が二〇二二年一〇月にやっと開かれました。Human Rights Committee（規約人権委員会）としてのその国の政府報告書に対する審査の結論 Concluding observations（日弁連訳は「総括所見」ですが、私は「結論的見解」と訳しています。審査中に委員からいろいろと意見が出されるが、委員会として集約の結論はこれであるとして示されるものだからです）が一一月三日に出されました。第六回に比べて項目が多くなったせいもあると思いますが、刑事人権についての批判が緩くなりました。第三回以降第六回まで必ず入っていた「代用監獄を廃止すること」という文言がなくなりました。日弁連の代用監獄に対する姿勢が反映したかのようでした。

これらの委員会には優秀な若い弁護士が入ってくれてやっと期待が持てる状態になったのですが、ただ日本の国際人権違反の実情を報告する活動はできても、その違反状態を是正する国内活動と結び付いていないのが懸念されるのです。

たとえば代用監獄の自由権規約九条、一四条違反、その他これに伴う人権侵害を日弁連レポートで審査のたびに報告し、規約委員会からは、代用監獄廃止とともに、これに関連する刑事手続に限っても「起訴前勾留に保釈がない、すべての被疑者に逮捕時からの弁護人依頼権が保障されていない、弁護人の取調べ立会権がない、取調べの継続時間、取調べの方法を規定する立法がない」などおよそ先進国といえない人権侵害が第三回から第六回の審査のたびに規約違反として指摘され、拷問禁止条約では拷問とされている取調べが広く行われていること、死刑制度が存置されていることなどさまざまな人権規約違反が指摘され続けているのですが、これに対する具体的な是正運動がなく、日弁連にもその運動を起こそうという動きがないのです。二〇二一年にようやく弁護人立会権の問題に対して、日弁連の刑事弁護センターで取組みが始まっただけです。国際人権活動とは何のための活動なのか。私の残り少ない人生でどこまで国際人権の国内実施の活動が進められるのかと考え込んでしまう現在です。

「DAIYO-KANGOKU」を国際語にする、そうなったとき、代用監獄制度を終わらせることができる、と思った一九八八年から三〇年以上経ちました。「DAIYO-KANGOKU」は国際語になりました。国連機関だけでなく、国際的ＮＧＯや外国メディアも「DAIYO-KANGOKU」を使っています。

規約人権委員会が日本政府の報告書を審査し、委員会が日本政府宛てに出すConcluding observationsでは一九九三年の第三回審査以来、二〇一四年の第六回審査まで二〇年以上四回にわたって「DAIYO-KANGOKUを廃止すること、すなわちそこを舞台に行われている人権侵害をやめること」を勧告されてきました。しかし、そのすべての勧告が日本政府に無視されたままですし、国内で改正運動が起こっていないのが現状です。

日本政府の国際的姿勢とともに、日本国民の姿勢も問われているのです。

「第8章　国際人権活動」インタビュー――――

村井　代用監獄を世界共通語にしたのは、第6章に登場した『体験者が語る代用監獄の実態――体験聴取速記録八例』（一九七八年一月）を出されたときですか。

五十嵐　国連にロビー活動に行ったときです。そこで出す文章に、庭山英雄先生は〝substitute prison〟という訳をしてくれたんです。それは代理の監獄というそれそのものなんですが、でもそれでは日本の特殊性が響かないではないかと思って。ローマ字で「DAIYO-KANGOKU」というのを広めたい、これが広まったときには、日本の代用監獄の悪いことが世界中に明らかになって、代用監獄が廃止されるだろうと思ったんですね。

今でも国連では、「DAIYO-KANGOKU」と使われています。でも、代用監獄は全く廃止されていません。

村井　一九九二年六月の『DAIYO-KANGOKU――体験者が語る最新の実態』、これでしょうか。

五十嵐　いえいえ、それは全く国連と関係ないんですよ。日本語のものを持っていってもどうしようもないわけですから、国連に行く活動とその体験談は、全く別のフェーズでやっています。

村井　一九八八年七月の規約人権委員会で、日本政府の報告書審査にロビー活動をされたときに、「DAIYO-KANGOKU」とローマ字で書かれたということですか。

五十嵐　はい、そうです。最初に行ったときは、とにかく久保田洋さんという日本人で国連のHuman Rights Officerに初めてなった人だけを頼りに、一人で行ったんです。そのときは、刑事人権に関してまだそういう活動をするような組織は日弁連にも、どこにもなかったので、加賀乙彦さんにキャップになってもらって、私が事務局長という肩書で、〝The Human Rights Forum Japan〟と名称をつけて、文書をつくって、規約人権委員会の委員に配ったんです。

それも、協議資格のあるＮＧＯではないので、廊下で委員を一人一人追いかけて渡すとか、久保田さんに教えてもらって、パレ・デ・ナシオンの中にある郵便局から「パレ・デ・ナシオン、ムッシュ誰々」と委員の名前を書いて郵便で出しなさいというのでやったりなどしました。そしたら日本審査のときに委員の一人から、日本の政府代表に代用監獄のことが質問されたんですね。

私は文書をつくって委員に渡したりなどで一週間、ジュネーヴにいたんですが、子どももいるし、そんなに長くいられないので日本に帰ってきて、福島瑞穂さんが交代で委員会の傍聴に行ってくれたんです。

そしたら、いきなり委員から代用監獄という質問が出たので、日本の政府代表が真っ青になったと、福島さんが「法学セミナー」に書いてくれました。これは私と福島さんが一緒に書いた報告記事で、私が委員会審査前のロビー活動のことを、福島さんが委員会審査の様子を書いて載せてもらいました。

村井　この一九八八年の七月に、初めてローマ字の「DAIYO-KANGOKU」が世界共通語になったということですね。

五十嵐　はい。

徳永　その点もやはり秀逸だなと思います。日本独自の制度だとおっしゃって、何とか英語にするよりも「DAIYO-KANGOKU」としていただくことのインパクトは、ものすごくあるだろうなと、ここの部分を拝読したときに思いました。

国連というところは、結成したばかりのＮＧＯであっても、意見書を読んでこれはというものは、政府にぱっと質問が飛ぶわけですね。

五十嵐　協議資格があるわけではないし、どういう団体かもわからないわけですが、ただ、委員全部に文書を配ったので、やはりこういうことがあるらしいと。日本政府の報告書は、憲法何条ではこれこれを保障しています、刑事訴訟法はこれこれを保障していますというように、何というか、とてもいい法制になっているというだけの報告で、実態についての報告はゼロだったんですね。

そのときの規約人権委員会の結論的見解は、実態は全くわからないけれど、日本の法制はアマルガムだ、ごちゃまぜにいろいろなものが入っていると。アマルガムという表現があって、そのあとで人権上注意していかなければならないこととしていくつか挙げて、その中に代用監獄を入れてくれたんです。

日本政府の報告書が条文を並べただけだったので、委員の人が、やはり実態について言っている意見書だから、確認はできないけれど、こういうことも調べてみなければいけないねということを、審査の結論的見解で言ってくれたんですね。だから、本当にたった一人で何もバックアップがなくても、国連というところは意見を聞いてくれるんだという感じでした。

第9章　刑事事件

1　「刑事訴訟法を実践する」

私は代用監獄問題から、刑事手続に関心があり、国選も含めて刑事事件を比較的多く扱ったのですが、その中で刑事手続の違法に多く出会いました。現行刑訴法は、戦前の大正刑訴法を改めた英米流のいい刑訴法だと思われているのですが、国際人権基準という考え方を知ってしまうと、見方が全く違ったのです。そこから現行刑訴法の成立過程に関心を持って、その記録をよくみると、占領末期のアメリカ主体のＧＨＱの、当時始まった冷戦での日本からの急な引揚げという事情を利用した、司法省刑事局の意のままに、英米法流の規定は原則だけで実際に用いられる具体的規定は、旧刑訴法がそのまま、あるいはさらに改悪された条項になっていることを知りました。

この刑訴法を変えなければと、当時はある程度信用していた共産党の本部に行って「法規対策部長」という人に会って訴えたこともあるのですが、全く無益でした。余談ですが、この時受付に迎えに来てくれて法規対策部まで連れて行ってくれた、何とも頭が低い人が、白鳥事件の村上国治さんでした。その後何度か顔を合わせることがあったのですが、最後は不幸な亡くなり方でした。

左翼政党がこれでは弁護士が具体的な事件の中で実践して変えるほかない、と思って実務の中で一心にやりました。そんな私に日本評論社の当時社長であった大石進さんが書かせてくれたのが、一九九六年刊行の『刑事訴訟法を実践する』です。執筆をさかのぼるほぼ二年の実践の中の一五の問題点を事件の概要と問題点、そこで裁判所に出した文書の形でまとめたものです。このほかにお話として面白い事件は、朝日新聞からいわれてそのうちの一部を一九八六年に『ガラス細工のジェーン・ドウ——弁護ノートの余白から』（朝日新聞社）として出版した中に入れました。

ここでは捜査と司法に特に法律的に問題があったと思う事件だけ五件あげます。

2　刑事事件とメディアの犯罪報道

まず言っておきたいのが日本の刑事事件で、非常に問題があると思っているのがマスコミの事件報道です。逮捕段階からの詳細な「犯人視報道」が、捜査側の見方を社会にも、裁判官にも浸透させ、実は情報を流した警察、検察も後に引けなくなる。イギリスなどは、こうして裁判に影響を及ぼすことを「裁判所侮辱罪法」で禁止しています。

この点を含むジャーナリズムとの関係は別の章（第13章）でお話ししますが、村井敏邦さんからは、ウィキペディアで私のことを見ると、ロス疑惑事件とオウム関連の「長女を拉致した事件」が挙げられていると言われました。両方ともテレビのワイドショウで集中攻撃された事件で、ウィキペディアってワイドショウが情報源なのかと思うと他の記事も眉唾という気持ちになりますし、私という人間がこの二つの事件で表現されるのか、と嫌な感じですね。こうした事件は弁護士の能力とかが問題なのではなく、私にとってはマスコミからの攻撃が中心の事件でした。また偶然でしょうが、二つともメディアが「開発」した事件でした。

オウム関連事件のほうは、内容もお話しできるので、時系列の順であとにお話ししますが、一九八五年のロス疑惑事件は、事件の内容について少しでも何か言うと「被疑者遺族」やその同調者からの攻撃がすごいので事件のことはここでは触れないことにして、ただメデイアとの関係だけ、番外としてお話ししたいのです。

この事件を引き受けたのは信頼できる記者さんからの依頼で、私は当時ワイドショウを全く見ていなかったので、どんな事件なのかもほとんどわからないまま、いいです、と言ってしまったのです。ワイドショウを見ていたら彼の依頼でも断っていたでしょう。「弁護士の誰に頼んでも断られる」というので、弁護士としてそれはまずいと思ったこともあって引き受けると言ってしまったあと、一緒にやってくれる弁護士を探したのですが、有名、無名、本当に誰に頼んでも「あの事件はねぇ」となってやってくれない。

そのとき、ただ私を気の毒だと思うばかりで助けてくれたのが、東京三弁護士会代用監獄調査委員会（三会代監）の同僚たち三人だったので、彼らには本当に迷惑をかけてしまいました。

今はワイドショウも変わってきていますが、当時は「疑惑」の被疑者ばかりでなく、弁護する弁護士も、「善良な社会の敵」といった攻撃の対象で、ありとあらゆる事実無根のことを「報道」され、家のドアを開ければ、無数のフラッシュが光り、路上でいきなりカメラを突き付けられ、自転車から落ちたこともありました。

警察情報、それも公式発表より「夜討ち朝駆け」のリーク情報、それはまだいいほうで、ワイドショウでコメンテーターが何の根拠もなく「犯罪者」を非難するために言った言葉が「事実」となっていく犯罪報道の異常さは、悪名高い事件をやってみないとわからない現実です。

ただ当時、理解してくれる記者さんも少数いて、「週刊読売」は「写される側の悲しみ」という原稿を書かせてくれました。またある日刊紙の司法記者会のキャップ（のちに論説主幹）だった人とその部下の皆さんとはとても仲良くなり、つい最近も食事会をして旧交を温めたりしています。またあるスポーツ紙の社会部長と部下の皆さんとも仲良くなり、数年後その社会部長が亡くなったときは奥さんが葬儀前にお棺のふたを開けてお顔を見せてくれました。その部下の方々、他のスポーツ紙の記者さんたちとも、三〇年以上経った今も年賀状のやりとりが続いています。

私は新聞記者になりたかったこともあり、実は法律家よりメディア関係者と波長が合うのです。

3　千住警察逆エビ攻め事件

弁護士になった翌年の一九六九（昭和四四）年四月に受けた事件で、代用監獄、警察の実態について社会的に衝撃を与えた事件です。

ある土建業者から、下請けの者が喧嘩で逮捕されているから頼むと言われ、東京拘置所に面会に行きました。

現れた男の顔を見てびっくりしました。顔中がはれ上がり、瞼には切り傷がありました。「どうしたの？」と聞いても何も言わないけれど、保釈金はあるというので保釈手続をして、保釈になりました。

保釈になってから「おまわりにやられた。ろっ骨が折れていると思う」というのです。拘置所にいる間は、もし弁護士に話したことがバレたら、また警察に戻されてひどい目に遭うことを恐れたのでした。

経緯を聞くと、こうでした。それより二月ほど前の逮捕されたときのことです。東京・千住の駅近くで若者たちがグループ同士の抗争で喧嘩をしていた。彼はもとはそんな生活をしていた少し年長者だったので、くだらない喧嘩はやめろと止めに入った。そこへ警官たちが来て、その辺りにいた男たち全員を逮捕しようとかかった。彼は、自分は止めに入っていたんだと説明したが、警官は構わず逮捕しようとした。彼は前歴があってこういう場合の振舞いはわかっているので、抵抗しないで逮捕されたのだけれど、そのとき警官が着けていた腕時計が彼の瞼に当たって傷を負わせたのです。

千住署に行って簡単な取調べを受けたあと、傷が痛むので医者に行きたいと言うと連れて行かれ、一応の手当てをされたあと、彼が診断書をほしいと医者に言ったんですね。それがそのあと警官からの「逆エビ攻め」の暴行陵虐の原因でした。

千住署に連れ戻されると、千住署には拷問専用の「第六房」というのがあって、構造上ほかの房からも見えないようになっているのですが、そこへ連れて行かれて両手と両足に手錠をかけられて、その手錠と手錠を背中に回してロープで縛るから背中側に体がエビみたいに曲がるのですが、数人の警官がその逆エビ状態にされた彼の頭を踏み付け、背中の上に飛び乗り、脇からは蹴り付けるという暴行を続けたのです。

本人は、あとの三会代監の聴取で、「手錠と手錠が一緒にくっついた上にぼおんと跳ね乗る」、手錠が「包丁と同じ苦しみ」と言っているんです。警官たちは「千住署は署長以下全員気合を入れてやるんだ」と言いながら、その暴行を二時間にわたって(彼は留置場の時計を見ていました)繰り返したのです。彼は大柄で土木作業で鍛えた頑強な体なんですが、体力のない人なら死んでいますよ。

翌日、彼は公務執行妨害という罪名で送検され、勾留されるのですが、顔も手足もはれ上がって、歩くのも困難なのに、診察した警察医も、取調べをした検事も、勾留請求を受けた裁判官も何の対応もせずに、勾留決定と取調べをしたのです。

彼を外に出すのを傷が少しでも回復してからと、勾留延長して起訴、暴行から四四日後に起訴後ということで一般面会ができるようになり、元請けの土建業者に来てもらって弁護士を頼むと言い、私が依頼を受けたのがさらに三日後、保釈をとって暴行のことを聞いたので、私はすぐ東京地裁に公判前の証拠保全手続をしました。担当裁判官が偶然同期の人で、迅速に動いてくれて、写真を撮り、保全してくれました。

公判の裁判官はタカ派で有名な人でした。初めは警官の暴行のことを訴えても、起訴事実と関係のないことを言うな、と私を怒鳴りつけていました。

千住署の警官を証人喚問したんですが、数人で彼の体の上に飛び乗ったのに、逆エビ状態だった彼のことを「なんか床に寝転がっていた」と言い、警官のうち一人だけが「ちょっと蹴っただけ」のようにごまかし、暴行の時間を一〇分だけと強弁するために「留置人出入簿」の記載を書き換えて出してくるのです。「出入簿」(弁護士でも「デイリボ」と読む人がいますが「ダシイレボ」です。「留置人」が自分で出入りできるわけではなく、警官が出したり入れたりするたびに記帳する簿冊です）の改ざんは誠に稚拙で、他の記載とでは、使ったのがボールペンと万年筆で違い、彼の「出し入れ」時刻だけ書き直したことが明確にわかる、時系列で「留置人」すべての出し入れが順に記載されているので、時間を書き換えても、改ざんが一目瞭然なのです。

証人喚問や証拠開示をなかなか命じてくれなかった裁判長ですが、証拠調べをする中で次第に事実がわかってくると、彼ともう一人同時に起訴された相被告人の若者を「被告人」ではなく、A君、B君と呼ぶようになりました。

私は公務執行妨害の事実はないと争ったのですが、翌年の判決で、裁判長は無罪にまではしなかったものの、使える限りの減刑条項をすべて使って、懲役一五日という珍しい判決をしました。起訴前勾留日数のほんの一部ですから、事実上受刑なしの判決です。

「逆エビ攻め」については、警官らのうち看守部長一人だけで暴行したということにして、特別公務員暴行陵虐罪で起訴されたものの暴行の態様は事実とは別の軽いものに認定され「被疑者の目にあまる言動に誘発される留置場内の秩序を維持しようと職務熱心のあまり行った行為とはいえ、その方法をみると到底正当な戒護権の行使とはいえない」として懲役一年、執行猶予三年の判決でした。

「法曹時報」には毎号、特別公務員暴行陵虐罪の経年の一覧が載っていますが、警官などが有罪になること自体がまれなことをみるにつけ、千住警察逆エビ攻め事件を思い出します。

4　杉並看護学生殺し事件

この事件は、私が個人的に最も力を入れて取り組んだ事件でありながら、完全に失敗した弁護、そしてあまりにもおかしな判決を世に訴えたい事件でもあります。

一九八三年九月六日に東京・杉並区で女子看護学生が、入居したばかりのアパートで殺害され、局部を切り取られた遺体で発見されました。一〇月一四日になって、犯人として逮捕されたAの高校の教諭だった人から五十嵐敬喜が依頼を受け、原稿執筆中で忙しい、接見にも行けないというので代わって私が弁護することになったのですが、当時体を壊していた私も接見できないままの一カ月で、そのひと月の間に、殺害と切り取りまでも自白させられていて、私はこの事件を書いたドキュメンタリー『殺さなかった――ドキュメント杉並看護学生殺し事件』（恒友出版、一九八八年）の冒頭に「このひと月が悔やまれてならない」と書いています。

ようやく接見に行くと、Aは開口一番「真犯人は捕まったのですか」と聞きました。自分が犯人として自白させられているのに！　庶民の警察への信頼はこんなものなんですね。「警察は他の人を探す気などない、あなたを真犯人として裁判にかけるんだ」と呑み込ませるのが大変でした。やっと呑み込むと「死刑になるのが怖いんじゃない。死刑になっても裁判所に本当のことを言いたい」と言いました。それから事件当夜のことを詳しく聞きました。

Aは電気工で、職業柄通りがかりに新築の建物を見ているうちに女性らしいきれいなカーテンが風に揺れているのを見て、ベランダのポールをよじ登って覗くとサッシ戸が開いていて、若い女性が敷布団にサンドレス姿で寝ているのを見て、我を忘れて侵入、強姦したが、我に返って大変なことをしたと怖くなって、またポール伝いに逃げ帰った。女性は生きていたし、局部を切り取りなど全くしていない、と言い、事実、あとで詳しく申しますが、物的な証拠は、Aのあとに入った者（仮称B）が殺害と切り取りを行ったことを明確に示しています。

この事件のマスコミ報道は、とても興味深いのです。事件発生時には、当然異常者による猟奇犯罪として大きく報道されたのですが、その一カ月後にAが逮捕されたとき、普通マスコミは、被逮捕者の異常性を我先にと書き立てるのですが、逮捕されたAの人物像を「子ぼんのう」としか書かないなど、どうもAを猟奇犯罪者としては見られないニュアンスの記事が多かったのです。記者の中には「どうもあのホシは気に食わない」と言っていた人もいて、そんなこともあって、弁護人である私にいろいろ協力してくれる記者もいました。「捜査本部の中にAは切り取り犯人ではないとみる意見がある」ことを教えてくれた記者、「被害者が何の問題もないのに突然それまで住んでいた寮を出て事件のアパートに引っ越したのは、男に追われていたのだ」と教えてくれた記者、「事件の日の夜明け方、現場近くの公園で長時間、水道の水を勢いよく出して何かを洗い続けているパンチパーマの男を見た主婦がいる」とその主婦のところへ私を連れて行ってくれた記者もいました。結局これらの情報を裁判結果に結び付けることはできなかったのですが。

刑事たちの間では「Aは半落ち」と言われている、と教えてくれる記者もいました。犯行の自白が現場の実態に合わないし、異常性欲の行動として局部切り取りをしたはずなのに、あまりにもあっさりしていて、切り取ったものを、翌朝ゴミに出したというのは（実はAはほかに思い付かないのでそう言うほかなかったのですが）犯人像として変なのです。

この頃、警察は被疑者にさせた自白を実演させてビデオ撮りして裁判の証拠に出す「犯行再現ビデオ」をいくつかの事件で用いていて、Aにもそれをさせていました。そこで「犯行再現ビデオ」について調べてみると、使われたのは、死体なき殺人事件といわれた「無尽蔵殺人事件」、無罪になった「日赤土田事件」など、捜査側が自白調書だけでは公判維持が不安だった事件でした。Aの事件でも、警察は、アパートに侵入するところから、強姦、切り取り、と現場でAに実演させたビデオを公判に出してきました。

私は「犯行再現ビデオ」を問題だと思い、論文に書いたり、弁護士会の委員会活動で取り上げてもらったりました。メディアもとても興味を持ってくれました。日本テレビはAの事件をほぼなぞったドラマ「火曜サスペンス　犯行再現ビデオ」を製作して、公判中の一九八四年八月一〇日午後九時半から放映してくれました。「第三者」のこうした表現については、裁判長は何も言いませんでした。

この事件の起訴罪名は「住居侵入、強姦致死、殺人、死体損壊」です。現在なら、まず住居侵入で逮捕・勾留、次に強姦致死罪で逮捕・勾留、勾留延長、さらに殺人罪、死体損壊罪でも逮捕・勾留、勾留延長と少なくとも五〇日は取調べを続ける（私は国連などに出す文書で「セパレート・チャージ」と説明しています）ところですが、今からみると不思議にさえ思えるのですが、この事件の逮捕勾留、勾留延長は一回だけでした。ですから任意同行した日を含めて二三日の間に、知らないと言っているAに殺人と死体損壊まで認めさせるのに、刑事たちが焦ったのはわかります。

取調べは過酷を極めたものでした。公判に向けて、局部切り取りまでを自白させられた取調べの経緯をAに書かせたのですが、知らないとか、そんなことはしていないと言うと、最初は食事もさせず水も飲ませず、耳元で大声で「A、A、A、A、A」と名前を怒鳴り続けて、頭が割れそうになる。髪の毛をつかんで頭を机にぶつける、胸ぐらをつかんで引き倒す、など暴行を繰り返し、早朝から深夜まで取調べを繰り返され、Aは立って歩けなくなり、刑事に抱えられて留置場に連れ戻されたことが何度かありました。

そんな被疑者に「教えてやる」「ヒントをやる」と自白させたい内容を刑事が語り、「ほんとは見せてはだめなんだが」と無くなっていたとされていた被害者のサイフを見せてその通りに言わせたり、図面を描かせては、被疑者が知らないため描けないところを「描き直させて」自白をつくっていく過程がありありと書かれた手記になりました。必要に迫られるとは何よりの教育だと感心したのですが、最初は漢字もほとんど書けなかったAが、差し入れた辞書も使いこなせるようになり、拙い言葉を必死に連ねたその手記は、日本の取調べの実態の貴重な資料になりました。

四人の取調べチームの主任C刑事は、つくった調書の出来栄えからみると、愚かとしかいいようがない人物でした。死体や現場の物的状態、死体の解剖鑑定、その他の捜査結果をよくみないのか、理解できないのか、客観的事実とあまりにも違う自分が勝手に決めた事件の経過を、ただ長時間の暴力を含む取調べで被疑者に認めさせるだけの取調べでした。そのやり方は、チームの一員のD刑事がAをトイレに連れて行ったときなどに「こんな調べでいいのかよ」とうっぷんをぶちまけるほどでした。

一方、起訴担当のF検事は、頭のいい人だったようで、C刑事のつくってくる供述調書に我慢ができない様子で、「違うだろう」とAを問いただすので、Aは検事の言う通り供述を変えたいのだが、そうしたら警察に帰ってC刑事にどれほど怒られるか怖くて困ったと手記にたびたび書いています。

F検事が警察に乗り込んできて、当の被疑者Aの前でC刑事と怒鳴り合いをしたこともあったとのことですが、結果的にはC刑事の筋書きでの起訴をしたのは、警察と起訴検事の関係で仕方がなかったのでしょう。

公判は一九八三年一二月二三日に始まりました。「全面自白」事件での弁護活動は、まずC刑事のつくったでたらめな供述調書を覆すことでした。最初調書の採用に異議を申し立てる私に、裁判長は怒ってばかりいました。

もう一つ裁判長を怒らせたことがありました。小さな雑誌の発行者が、この事件に興味を持って、裁判の経過を原稿に書くように依頼してきました。私もこの事件のおかしさを知ってもらえるならと引き受けて、二回ぶん掲載されたところで、東京弁護士会の法廷委員会の知人弁護士から「裁判所に行ったほうがいい。なんか怒っているみたいだよ」と言われてA事件の担当の部室に行きました。席に着くなり裁判長が雑誌をバンと机の上に置いて「これは何ですか」と言います。A事件の記事を書いた雑誌です。どうしてこんな小さな雑誌のことを裁判官が知っているのか不思議でしたが、「第一回公判は起訴状の朗読があって」と、ただ公判の経過を論評を加えることなく客観的に書いているだけです。「どこかいけないところがあるでしょうか」と聞いても裁判長は何も指摘しません。指摘されるような記載はないのです。ただ「弁護人が自分の事件のことを書くのは言語道断だ」というのです。「他のマスコミの記事とどこが違うのでしょうか。悪いところがあったらおっしゃってください」と言っても「弁護人が書くのはいけない」というばかりです。次の公判のあとで「弁護人、あとで来てください」と言われて部室に行きました。「あれはどうしました」と詰問なのですが、実はこの小さな雑誌が財政難で休刊してしまったのです。そう言うと裁判長が「ハッハッハ、つぶれた」と嬉しそうに大笑いしたことが忘れられません。

こんなふうにして公判が進んでいきました。当初私につらく当たっていた裁判長ですが、私の証拠申請をほんの少しですが取り上げてくれるようになり、「男の検察官を相手に一歩も引かない」などと褒めて（？）くれることもありました。

嬉しかったのは、担当の主任書記官の好意でした。書類を出しによく部室に行ったのですが、あるときから「先生、お茶飲んで行かない？」と言って書記官室に招き入れてくれて、書記官や事務官の皆さんとおしゃべりしながらお茶を飲ませてくれるようになりました。皆でお金を出し合ってお茶菓子を買っているのですが、それを私に勧めてくれるので、申し訳なくて「今度私が持ってきます」と言うと「僕らが先生に何かもらっちゃあ、だめ。僕らが先生に何をあげても全く問題ないんだよ」と言います。その通りなので、申し訳ないと思いながら何度もご馳走になりました。

書記官は毎日いろいろな弁護士の仕事ぶりを見ています。一生懸命にやっていると思うと、とてもよくしてくれるのは、民事部、刑事部とも共通することは経験していたのですが、最もよくしてもらったのはこのときです。書記官はベテランになると、なまじな裁判官より実務をよく知っています。この主任書記官は、書記官研修所の教官をした人で、裁判長も「主任」と呼んで一目置いていました。この事件についてだけでなく、随分いろいろなことを教えてもらいました。

公判では「全面自白」の任意性と信用性を崩すことに傾注し、公判でC刑事を証人尋問したとき、Aの自白が犯行の真実だと言い張るC刑事に対して、裁判長があからさまな軽蔑の表情をしたのを見て私は心中「勝った」と小躍りしたのです。自白が採用されなければ、現場の状況はAの犯行だと認定するにはあまりにも無理なのです。

そんな経過の中、公判が二年以上になった一九八五年三月、裁判長から部室に呼ばれました。主任だった右陪席裁判官が転勤になるので、結審したいから同意してほしいとのことでした。「考えさせていただきます」と言ってその日は帰ってきました。

ここまでで、他の証拠調べでも、C刑事が無理につくった事件の筋書きは、あまりにも現場の状況や物証や証人尋問の結果と違うことは裁判所にもわかってもらえていると思っていました。しかし証拠調べは検察官申請四三七件中四二二件（九六・五％）を採用・取調べ済みでした。中には検察が持っている証拠を私が請求して検察側立証として取り調べたものもあったのですが、一方、私が弁護側立証として申請した一五二件は三二件（二一％）しか採用されていなかったのです。死因についての大切な法医学鑑定も含む残りの証拠申請を何とか採用してもらい、公訴事実が成立しないことを裁判所にしっかり認識してほしい。ここで結審したらどうなるか。考えるのですが、しかしこれまでの証拠調べだけでも、Aに強姦致死・死体損壊の公訴事実をそのまま認定できる証拠状況ではないとしか思えないのです。

せっかく私の言うことに耳を傾けるようになってくれ、法廷でAを見る目も優しくなっていた裁判長なので、大丈夫なのでは、と思う一面、法医学鑑定でダメ押しをしておきたいと思う気持ちもありました。「悩んだ私はある人に相談した」と、私は『殺さなかった』に書いています。今回は、その人はもう退官しているし、もしかして故人かもしれないので、事実を言います。それはあの主任書記官です。自分の担当事件について、そんなことを聞かれては困ると言われると思ったのですが、「しばらく考えて意外にも彼は返事をしてくれた。『いいんじゃないの。田崎さん（裁判長）はあれで事実認定のベテランだよ。見るところはちゃんと見てると、僕は思ってる』。私は決断した。

結審を内諾したのだ」(同三三五頁)。

判決は一九八五年七月三日。殺人と切り取りは無罪になると信じた「Aはこれ以上崩せないというように相好を崩して法廷に入ってきた。……裁判官が入廷する。私はその表情を見てはっとした。これから言い渡す判決の内容が、彼らを包む固い雰囲気となっていた」(同上三三六頁)。全部有罪・無期懲役の判決でした。

この事件の判決を冒頭に掲載した「判例時報」一九八五年一二月一日号は「被告人の自白調書等を証拠として採用せず、情況証拠により殺人等の犯罪事実を認定した事例——杉並看護学生殺害事件第一審判決」とタイトルをつけ、解説では「情況証拠による認定は」「主観的要素を認定する場合や窃盗罪を認定する場合に問題となることが多く、本件のような殺人等の犯罪事実の認定について問題となる事例は少ない」。情況証拠も含めて殺人を認定した「最近の事例」である「無尽蔵殺人事件」判決では「自白の信用性を肯定しこれをも、犯罪事実認定の証拠としている」のに反して、この杉並看護学生殺害事件判決は「自白調書等は証拠として使用されず、情況証拠のみによって殺人等の犯罪事実が認定された点で、特殊な事例であると考えられ、実務上参考になるところが大きいと思われるので特報として紹介する次第である」としています。

この判決は通常の有罪判決とは違う構成です。

判決理由の「罪となるべき事実」は、起訴状公訴事実とあまり変わらないわずか三三〇字で、そのあとに「補足説明」という文章が、「判例時報」で八頁にわたって延々と続くものです。それも「第一弁護人の主張」としてAの当夜の行動を二五〇字ほど、そのあとそれをやや詳しくした「被告人の当公判廷における弁解の要旨」をあげたあと「第二　当裁判所の判断」として事実認定を書いています。なぜこういう構成にしたのか。

通常の判決文体では、「弁護人（検察官）の主張」として、弁護人（検察官）の主張を、そのあげている根拠となる証拠とともに記載し、裁判所がその主張を容認しない場合には、その証拠評価を反論し、あるいは別の証拠をあげて「当裁判所の判断」を示します。争点が多岐にわたる事件ではそれをいくつか繰り返した上で、事件全体への判断を示して終わる、という構成です。

杉並看護学生殺害事件判決が、この判決書の常道を無視したのは、「本件一連の犯行は同一機会の一回的犯行であり、かつその犯人が被告人であることを推認させる事情」として書かれていて、つまりは「一晩に二人の犯人が同じ場所に侵入して一人は強姦他の一人は殺人と局所切り取りという犯罪を行うことなどあり得ない」というその内容から、弁護側の主張、というより公判証拠の特に物的な証拠に基づく事件の全体像から逃れるため、多くの争点を判決文から外すほかなかったからでした。外してもなお、判決するには書かなければならない事実については、これが判決といえるか、というほかない言い訳をする。全部あげれば本一冊にもなるので、根本的に物的証拠に反する四点だけあげます。

① 現場から出て行った血染めのサンダル跡から、局部切り取り犯人の履物はサンダルだと認定。一方、Aがベランダから侵入したことはポールに付けた指紋から動かせない事実だから、判決は進入路と認定せざるを得ない。しかしそのサンダルの土足の足跡が、アパートの西側にもあり、土足で部屋に入っていて「もう一人の侵入者が切り取り犯人」を認定しなければならない事実だから、判決はこれらの足跡には一言も触れず、Aがサンダルではなく、運動靴を履いて

いた事実を「被告人が虚偽の供述をしていた」というだけ。

② その特殊な健康サンダルを買ったとAはC刑事に自白させられたが、その店の店主の証言で売った事実はないことが明らかになった。判決は「被告人が別の場所で別の機会に購入した可能性も否定できない」という。

③ 切り取りの成傷器を判決は「よく切れる刃長の比較的短い刃物」(解剖鑑定書の表現)とし か認定せず、被害者腹部の切り取り痕とは別の「破線状の傷痕」を付けた成傷器(解剖鑑定書は刃物は不明とする)には全く触れない。それらの刃物を被告が所持していた事実も認定せず、AがC刑事に自白させられた電工ナイフ(これは成傷器に使えない)は翌朝切り取ったものと一緒に「ゴミに出した」を流用している。当然というか、現場のキッチン流し台に置かれていた血染めの包丁とタオルなど何枚もの血染めの布にも一言も触れていない。

④ 死因を扼頸による窒息としていてこれも正確ではない(切り取り始めた部分には生体反応があり、畳を通して床板を染める出血による失血も)が、何よりも私が強調したのは、扼頸の親指の跡が被害者の頸部の左側で強く、つまり犯人Bは左利きだったが、Aは右利きである。この点も判決は全く触れていない。

裁判所が認定したくないことをこのように処理するなら、どんな事件でも有罪判決を書けます。この判決が「自白調書等は証拠として使用されず」に書かれているのは、C刑事が無理につくった自白調書にも判決を否定する事実があまりにも多く含まれているからなのでした。

その他すべてにわたって「これが事実認定というものなら、公判などいらない」としかいいようのない判決でした。「田崎さん（裁判長）はあれで事実認定のベテランだよ」と言って結審を勧めたあの主任書記官が、私を騙したとは思えません。判決書はもちろん転勤した右陪席が起案したはずですが、裁判長が反対すれば判決にはならないはずです。「こんな文章が日本の裁判所の判決？」と今でも思っています。「判例時報」の解説も控えめながら示唆しているように。

この事件の被告人は本当に不運でした。もちろん私の非力もですが、高裁の裁判長は船田三雄、あの永山則夫事件で、原審の死刑判決を破棄自判して無期懲役判決を言い渡した人です。世論の批判を浴び、超タカ派の両陪席に囲まれて見るからに萎縮、という感じでした。私が証拠申請をするたびに、両陪席の顔を見て懇願するように「ではのちほど」と言い、そのすぐあとで却下決定が速達で届くということの繰り返しでした。判決が控訴棄却であることは目にみえていました。

上告審には、出版された拙著『殺さなかった』を持って調査官面会も試みたのですが、やはり棄却でした。

一審で私が私費で大枚の謝礼をして依頼した高名な鑑定人が、鑑定証言の日、震えてしまって鑑定していた証言をしなくなり、あとで「なんで検察官の名前、嘘を言ったのか」と私をなじりました。「あの検察官は名古屋時代とても世話になった人だ。検察官があの人なら引き受けなかったんだ」と言うのです。立会い検察官が、その日になって変わっていました。あとで思えば鑑定証人の名前を見て変えたのでしょう。

強姦して家に逃げ帰ったAは、気を落ち着かせようとテレビをつけた。すぐ消したが、時刻表示のうちの七という数字と「おじさんのような人」の画面を覚えているというので、判決も犯行が終了は午前四時としている時刻のAのアリバイとして、やはり多額の費用を使って、オンデマンドなどなかった当夜のテレビ各社の画面を調べてもらい、午前二時二六分から二七分に出ていた俳優内田朝雄であることの証明書をもらう等々、弁護料もない貧しいAやその父親には出せない一〇〇万円を超える私費を使って何とか助けようとしたのですが、できなかった、悔いばかりが残る事件です。

何年かあと、公判を傍聴していたという人が庭にいた私に声を掛けました。「何か役に立ちたい。真犯人と思う人がいるなら調べましょう」と言ってくれるのです。実は心当たりはありました。切り取り犯人は玄関から入っていますが、カギを壊していません。合鍵を持っていた人です。何度も起こった激しい悲鳴の絶えたあと、長い間がさがさと何かを探す音を隣室の人が聞いています。わかった限りでは看護学生にしては考えられない多額の郵便貯金の通帳だけがなくなっていて、印鑑は残されていました。無関係の人ではない。しかし捜索は私人では無理でしょう。

以前は一一年の時代もあった無期懲役の仮釈放はしだいに長くなり、Aは現在も刑務所の中です。

5　山梨汚職事件

一九九三年三月六日、各新聞はいっせいに東京地検特捜部が金丸信前自民党副総裁を「その日で時効になる」所得税法違反容疑で逮捕したと報じました。事件はその後、違法な政治献金とその見返りとしての公共工事の請負などの汚職事件に広がりました。捜査は、二〇二二年現在進行中のリニア新幹線などにも関連する大手ゼネコンや中小の建設会社など十数社に広がり、その中で逮捕されたA社のA社長の事件です。

不起訴になった事件なので詳細は伏せますが、金丸事件の報道が毎日続く中で日弁連の委員会活動の中で知り合った地元山梨県の重鎮であるB弁護士から私に電話がありました。A氏の弁護をしてほしいというのです。「先生がなさればいいじゃないですか」と言ったら「五十嵐先生でなければできない。ぜひお願いする。本人に接見して先生のことを話したら、初めは『ロス疑惑の弁護をした弁護士なんか嫌だ』と言っていたんだが、『この人でなければ、助からないよ』と言って説得したら、一度会うと言うんで、ぜひ面会してやってください」と言うのです。それを聞いてなお嫌になり、他の人に頼んでください、と断ったのですが、B弁護士は引き下がりません。

弁護士会の委員会の中にもいろいろな弁護士がいて、ときには嫌になることもあるのですが、B弁護士は人柄もよく、法律の知識もきちんと持っていて、数少ない立派な弁護士だと好感を持っていた相手でした。その人があまり言うので、一度だけ面会に行くことを承知してしまいました。

翌日東京拘置所に面会に行き、事情を聴いているうちに、本人から、ぜひとも弁護を頼むと言われてしまいました。

その後は毎日面会に行き、事件の詳細や、取調べの状況を聞いて対応をアドバイスしていたのですが、延長された勾留も末期に近くなったある日、A氏が思い詰めた様子で「昨日検事から、自分の会社の問題の日の社内日報を見せられて、自分とC氏が会っていると書いてあった。これでは言い逃れはできないから、自白してしまおうと思う」と言いました。

C氏はこの事件のキーパーソンで、この人とその日に会ったか会わなかったかがA事件の成否に関わるのです。

私には、ピンとくるものがあって「一日だけ待って」と言って拘置所を出ました。弁護士との接見は秘密交通のはずですが、盗聴器があるかもしれないといわれているので理由は言いませんでした。

その足で東京地検に行きました。

A事件の担当のD検事とは一度電話でやり合ったことがありました。A氏の希望でA社の社員が司馬遼太郎の『坂の上の雲』を差し入れに行ったらダメだと言われたというので「こんな小説がなぜ逃亡や証拠隠滅の恐れになるんですか」ときつく言って、差し入れを認めさせたのです。そんな関係なので、正面から「D検事に面会」と言っても拒否されるか居留守を使われるかもしれないと思い、地検の受付で「E検事に同期生がご挨拶」と言いました。研修所で同期のEさんが、当時D検事の上司の立場にいたのです。

E検事に会うと「A事件やってるんでしょう。お手柔らかに」と言うので「D検事に会いに来たの」と言うと、事務官にD検事の部屋に案内させてくれました。

私はD検事に名刺を出すとすぐに「検察は文書偽造をするんですか。被疑者に社内日報を見せたそうですけど、ボールペンや万年筆のインクの放射能の半減期は半年です。明日地裁に公判前の証拠保全手続をして、その社内日報のインクの半減期の鑑定をしてもらいますから」と言いました。

インクの放射能の半減期のことは、別の事件で鑑定を頼んだときに知ったことです。問題の社内日報の日付は二年前なのです。

社長が問題の相手と会ったことなど社内日報に書くことはないと踏んだのです。勾留末期になっても自白がとれないので検察は焦っているという読みでした。D検事は蒼白になって一言も発しませんでした。私は「じゃ」と言ってその部屋を出ました。

Ｅ検事に挨拶して帰るとき、彼がエレベーターまで送ってくれて「あなたも汚職事件がくるようになってよかったね」と言ったことが忘れられません。汚職事件は弁護士にとって出世のバロメーターということになっているのか、私は業界のことを知らないんだなあと思ったのです。

翌朝、地検の事務官から電話があり「Ａを起訴猶予にしました。今日釈放します」ということでした。

東京拘置所の釈放は夕方なので、拘置所前に行きました。

Ａ社の社員らが大勢出迎えに来ていて夕闇の中、Ａ氏が出てきました。面会室でのジャージ姿の被疑者と違って、りゅうとした背広を着た「社長」の姿でした。

社員らがいっせいに最敬礼する中で私に歩み寄ると「先生、ご苦労様です」と言って肩に手を置きました。部下をねぎらう上司といった振舞いでした。

翌日、彼はＢ弁護士に伴われて私の事務所に来たのですが、私が部屋に入るや否や椅子から下りて床に正座し、額を床に着けて土下座し「助けていただきました。ありがとうございました」と言い、しばらく頭を上げませんでした。

Ｂ弁護士からも「思った通りでした。先生にお願いできてこの人を助けることができました」と何度も礼を言われました。

汚職事件の被疑者を不起訴にしてよかったのかと考えると、あまり後味のよくない事件でした。しかしこのときまで、警察の証拠偽造は何度か経験してきましたが、検察の偽造は初めてでした。許せなかったのです。もし公判になったら違法収集証拠の使用として無罪主張をするのみならず、検察官の文書偽造を記者発表して社会問題にするつもりでした。どちらがよかったのか、と時々思い出します。

その後いわゆる「村木事件」で、フロッピーディスクの証拠偽造をした検察官が有罪・服役に至る検察官の証拠偽造が知れ渡りました。

捜査機関の証拠偽造がはびこるのは、日本の裁判所が捜査官の違法を適正手続違反として無罪判決をすることが極めてまれだからです。実務の中で弁護士が裁判所の姿勢を正していくほかないのか、と言いたいのです。

6　ＫＤＤ事件上告審

企業内の勢力争いの中で、反対派の追い落としのために刑事事件を利用することがあります。

私はこの事件を担当してそのことを知っていたので、同じパターンの事件として二〇一八年の日産・カルロス・ゴーン事件にとても興味を持って、朝日新聞の「WEBRONZA」にこの事件のことを四回書きました。

ＫＤＤ（国際電信電話株式会社、現在のＫＤＤＩの前身の一つ）事件は一九七九年に始まり「当時政界を揺るがす不祥事が相次いで」「大平正芳首相の世論における信用度はかなり落ちて」「憲政史上初めて衆参同日選挙」になった不祥事の一つ（「ビズキャリ編集部」）、汚職に対する世間の怒りの中「カラスの鳴かない日はあっても」ＫＤＤ事件の報道がされない日はない、と言われました。

ウィキペディアはこの事件について、当時ＫＤＤは国際電話料金の値下げ要求を阻むため、政治家や郵政官僚らに贈収賄を行っていて、その贈答品としてこのように密輸した物品は総額約一億円といわれたが、「過去三年間で五八億円という巨額であったＫＤＤの交際接待費は、判明ぶんだけで一億二〇〇〇万円が郵政族を中心にした政治家一九〇人に対し、政治資金パーティー券購入や政治献金としてばら撒かれ、郵政省幹部らに対してもプライベート海外旅行費などの過剰接待が明らかになった」としています。

ＫＤＤが組織を挙げて行った、贈賄額も収賄政治家の数もけた違いの疑獄事件なのですが、しかし事件は奇妙な形で閉じられます。

一九七九年一〇月、ＫＤＤのＡ社長に随行してモスクワから帰国した社員二人が、成田空港で荷物の中から税関に申告していない高額の宝飾品を発見された密輸事件として始まりました。Ａ氏はすぐに責任をとって社長を辞職、一二月に警視庁による自宅の家宅捜索を受けたのですが、そのまま翌八〇年四月まで逮捕などされず、その間、八〇年一月から二月にかけて、警察の取調べを受けていたＡ社長時代の社長室長と社長付参与が自殺しています。汚職事件の奇妙な立件で、被疑者に近接した立場にいて取調べを受けた人が自殺する何例かのうちの一つでした。

四月五日になって警視庁がＡ氏宅を再度家宅捜索、Ａ氏を逮捕しました。被疑事実は関税法違反でも、贈賄でもなく、なんと「業務上横領」、会社が買い集めた美術品などを自宅に持ち帰って横領したという容疑でした。

「四月八日　東京地検、郵政官僚二人を起訴。四月二六日　東京地検、Ａ氏を起訴。四月三〇日　捜査は政界に触れぬまま終了。五月七日　衆議院逓信委員会の席上、警察庁刑事局捜査二課長から、ＫＤＤから政界へ流れた一億二〇〇〇万円の概要が報告される。しかし受領した政治家一九〇人の名前は一切公表せず」（ウィキペディア）。五八億円というＫＤＤの交際接待費はおろか、判明ぶんとされた一億二〇〇〇万円が、どこにいったのか、政治家一九〇人のうち一人として名前すら公表されず、贈賄での立件は社長室長一人、収賄での立件はその相手方とされた郵政省の二人のみでした。

実は当時ＫＤＤに二つの派閥があって、それぞれ膨大な贈賄によって有力政治家に結び付いていて、甲派閥の長が社長の座をとるために、郵政省から天下りして両派閥から孤立していたＡ氏を名目的な会長に退かせる工作をしたのですが、乙派閥の献金先である政治家によって阻まれて両派閥が政治がらみで妥協する中で、郵政省から天下りして、特定の政治家のバックを持たず、排除されることになるＡ氏によってＫＤＤの実態が暴露されるのを封じるために、甲派閥の縁者である税関幹部によって「密輸が摘発」されたのです。それまで何回も繰り返されてきた「密輸」がこのときだけ「発覚」したからくりです。一九〇人もの政治家を訴追できない検察とＫＤＤ両派閥の利害の一致でした。

まさにトカゲのしっぽ切りで立件された計四人ですが、私が担当したのは元社長のＡ氏の事件です。

私は当時、『特別権力関係論』（勁草書房、一九六八年）の著者で名古屋大学の行政法教授だった室井力先生を尊敬していて、研究会などでご一緒することが何度かあったのですが、ＫＤＤ事件が上告審も判決間近になった一九九三年の初めに、国際刑法学会第一二回ハンブルク大会でご一緒して以来の仲であった福井厚氏に伴われたＡ氏の夫人が会いに来られ「室井先生が五十嵐先生を頼みなさいと言われたのでぜひ引き受けてください」と言われたのです。夫人は夫の事件のために生涯を尽くして奔走した人で、一審から最高裁までに、多数の有名弁護士を依頼したが、そのたびに失望させられたとのことで、もう最後だからと多くの学者を訪ね歩いて弁護士を探し、室井先生のところにも行ったとのことでした。

A氏は逮捕時、老齢に加えて糖尿病の持病があり昼夜を分かたない取調べで、疲弊して帯状疱疹が出て苦しむ中、自白を迫られたのですが、会社の物品の横領などといういわれのない容疑に怒って、自白を拒否し続けました。勾留延長で体力の限界に達して「自白した」と聞いたとき、夫人は泣いて喜んだと話しました。「これでお父さんは死なないですむ」と。一九八〇年四月二六日、東京地検によって起訴され、ちょうど五年後の八五年四月二六日、東京地裁で懲役一年六カ月執行猶予三年の判決を受けます。

郵政省贈収賄事件で起訴されていた上記の三人も執行猶予付き懲役判決を受け、この三人は控訴しませんでした。上記「ビズキャリ編集部」は「判決の結果については議論が分かれるところでしょう」としています。

私がA夫人の依頼を受けた時点では、事件は最高裁で上告趣意書提出、その後何度も上告趣意補充書を出したあとでした。当時弁護団長だった人は社会党系の大きな弁護士事務所の所長で、特に労働事件では有名な人でした。挨拶に行くと露骨に嫌な顔をされ「上告趣旨補充書はもう出したから、これから出すことはできない」と言われました。しかしそれでやめるわけにはいかないので、A氏が持っていた一審からの訴訟記録をすべてコピーして読みました。

これだけ大きな事件で、驚くべきことがなされていました。

起訴事実、ひいては高裁までで有罪認定された事実の問題は次にお話ししますが、まず驚いたのは裁判手続にもあきれるような違法があったことです。なんと一審の裁判長が、公判調書の書き換えをさせていたという前代未聞の行為です。控訴審を担当した弁護人がそのことを主張して、高裁判決は「その権限がないのに公判調書を改変するもので明らかに違法な措置というほかなく、公判調書の無権限書き改めの部分は公判調書としての効力を有しないもの」としているのですが、その書き換えは判決に影響を及ぼさない、としてすませていました。

今考えれば、弁護団長から「上告趣意補充書は出せない」と言われても、出せばよかったのかもしれないのですが、当時は仕方がないので他の名前をつけて控訴審までの判決の不備を主張する手段をとりました。

私は最初の仕事として、調書の書き換えについて一九九三年四月に「訴訟記録の訂正（復元）請求書」を提出しました。

公判調書は書記官に作成権限があって、書記官が捺印した以後は、その書記官以外は一切訂正できないものですが、記録を精査すると、高裁が認定した公判五回分の「証拠関係カード」のほかにも、多数頁にわたる書き変えがあったのです。公判調書の作成と訂正権限について当時とても信頼していた書記官に詳細に教えてもらい学者に依頼し鑑定書を添えて、地裁がすることのできない書き換えをしている誤った訴訟記録によって判決をしているので、正しい調書にした上で、それに基づいて審理をしてほしいと最高裁に請求したのです。

裁判の現場でこんな調書の改ざんが行われていたとは信じがたいことですが、最高裁はこの請求について終始無言のままでした。

起訴事実のおかしさは、つまりこの事件の捜査が、初めにお話ししたこの事件の不自然な事件処理の結果なのですが、それであっても、これだけマスコミにも取り上げられている事件で、検察がこんな下手な公訴をするとは信じられないことです。おそらく勾留期限の土壇場になって上層部で起訴の方針が決まり、現場の検察官が、KDD側の出す資料のまま慌ててつくった起訴状だったのでしょう。

A氏への業務上横領の公訴事実は大きくいえば二つあり、うち一つの「交際費名目でデパートなどの領収書を会社に出してそのぶんの現金を受け取っていた」というぶんは、高裁までで無罪になっていましたが、他の一つの公訴事実＝会社の物品（絵画や置物など）を自宅に持ち帰って横領したという訴因については、それまでのA弁護団は、当時政界工作などで、要人をもてなす場所を自宅としていたので、その飾り付けのために自宅に借りてきていたのだ、という主張をしていて、高裁まででそれが通らなかったという状態だったのですが、記録をよく読むと、驚くべき事実が主張されないままになっていたのです。

起訴事実は二三物品の横領ということでしたが、一～二審に検察から実物が証拠申請されたのは一物品だけで、他の二二物品は、実物に換えてそれらを撮影したとされる写真だけが証拠申請され、公判廷で、その実物をA氏に渡したとか、A氏方に運んだとか証言する証人やA氏本人に「展示」して「この物ですね」と確認する通常の手続がとられていなかったのです。法廷で示された写真でA氏が自宅にあったと認めたのは二品だけで、その他は否認している、つまりA氏にかけられた横領の構成要件である占有の事実を否認しているのに、KDDの社員に写真を見せてA氏に渡したとか、A氏方に運んだとか証言させただけで有罪にしていたのです。控訴審までに無罪になった起訴事実については、この違法はなかったのに比べて、有罪になっている起訴事実にだけ異常な手続が行われていて、この違法は前述の公判調書の書き変えとも関係しています。

奇妙なのは、A氏宅には、応接セット、飾り棚など他に多数の会社の物品があり、A氏の占有は事実なのに、なぜかこれらの物品について横領として起訴されていないのです。

不思議に思って訴訟書類を丹念に見ました。

すると訴追対象になった物品は、すべて一九七九年一〇月の「空港での密輸発覚事件」を遡る半年に購入された物ばかりで、その物品が会社の所有であることを示す証拠として検察が出していたのは、会社への納品書と請求書、しかもそのコピーだけだったのです。本来出さなければならない金銭出納帳、総勘定元帳などその物品が会社の所有であった事実を示す一切の帳簿は全く出していない。なぜ出さないか。それらを出せば、それらの品物がどこにいったかということになる。つまり一九〇人の政治家への五八億円の接待交際費（つまりは贈収賄）と、中には他の役員ら自身がいろいろと会社の物を着服していた（横領）の事実もみえてきてしまうのです。

半年間だけの納品書・請求書もコピーだけなのは、通常、会社では、会計担当の社員が、納品書・請求書などを受け取るとすぐに専用の帳簿などに順次貼り付けて保管する、その帳簿を出すと他の物品の存在も明らかになって、それらは今どこにあるのかということになるが、たぶん贈賄に使われたか、他の役員らが自分の物にしたかで、それを追及される端緒になってしまう。A氏が見たこともない起訴対象物品の現物を法廷に出せず、いつ撮ったのかもわからない写真での証拠申請にしたのもその物品が、その時点で存在する場所を明らかにできない理由があったのでしょう。

見たこともない二一物品を含む横領罪で起訴されたA氏の無念は、話すたびに怒り震えるほどでした。

驚いたことに、上告審までに弁護人を務めた多数の有名弁護士さんらは、この違法、証拠のおかしさに気づいていなかったのです。いったい訴訟書類を見たのか、と言いたかったです。

私は最高裁に、この関係の事実を詳細に書いて同じく一九九三年四月中に「事実の取調請求書」という書面を、主任弁護人だった労働事件の大家ほか二人の弁護人にも署名してもらい出しました。法律審である最高裁が事実の取調べをする日本の制度は好ましくはないのですが、一～二審がこういう審理では仕方がないと思いました。

しかし最高裁はこれらのアクションにも全く無言のまま、一年半後の一九九四年一〇月、上告を棄却して、A氏の懲役一〇月執行猶予二年の判決が確定しました。

「初めから五十嵐先生にお願いできていれば」と繰り返していたA氏と夫人、判決から数年後に夫人が亡くなり、さらに数年後にA氏も亡くなりました。生涯にわたって日本の司法を恨み続けた夫妻でした。

二〇一八年に始まった日産ゴーン事件に、会社内部の抗争が、政治家から検察の力を確保した派閥によって刑事事件にされるというパターンが、ほかにもあると実感させられました。KDD事件よりもはるかに破綻なく進められたこの事件ですが、ゴーン追い落とし側の主力であった当時の社長が、その後同様にみずからの報酬についての不正を報道されていたのも、明るみに出た不正は小規模ながらKDD事件の内実とあまりにも似ているのです。

7　オウム女性信者の長女逮捕・監禁事件

一九九五年一連のオウム事件の中で起こった、ある女性信者が自分の娘を教団施設に無理に連れて行ったのを逮捕・監禁として逮捕・起訴された事件です。

被告人は親のいない不幸な生まれで、気の毒に思った養父が引き取って育てたのですが、未成年で芸能生活に入って、有名になりました。芸能活動の中でしたスノーモービルで怪我をして、芸能活動ができなくなり、結婚して娘と息子をもうけたのですが、夫とその両親との間がうまくいかず、また娘が不良仲間に入って不純異性交友などを繰り返して家に帰ってこなくなりました。

毎夜娘を探し歩くという生活をしていた被告人を助けてくれたのがオウムの信者たちだったそうで、その人たちから勧められてオウムに入信したとのことでした。

私はその後、オウムの幹部の一人として処刑されてしまったある被告人の両親から頼まれて、面会や文通などをしたことがあるのですが、オウムに入信した人は皆不幸を抱えていて、他に助けを得られるところがなかった人たちだと感じています。

裁判を担当した被告人の女性からオウムの教材のようなものを見せられたのですが、仏教やらキリスト教やら、とにかくいろんな宗教の断片を勝手に寄せ集めた支離滅裂な「教え」でしたが、信者たちはそれを唯一の真理と思ってありがたがっているのだと知って驚いたものです。そしてもっと驚いたのは、彼女が、教祖の麻原彰晃の写真を初めて見せられたとき、美しいと思い、この人こそ正しい人だと思ったと言ったことです。あの顔がどうして美しいと見えるのか、本当に不思議です。

有名芸能人だった被告人はオウムから喜んで迎えられ、「オウム真理教放送」でラジオの司会などをさせられるなど「オウムの広告塔」として優遇されました。しかし娘のことが気がかりで、教団本部の援助で車で探し回り、一九九四年一一月、探し当てた娘を他の信者らと一緒に力づくで車に押し込んで、当時自分が暮らしていた教団本部に連れて行き、しばらく一緒に暮らしたのが「逮捕・監禁」（マスコミでは「拉致」）とされて、九五年五月、オウム関係の刑事事件がいっせいに立件された中、その一つとして逮捕されました。

実はこの逮捕は、その長女の不純性交友の相手の一人が、あるマスコミにネタを提供したことから始まり、その情報から警察が立件したことをあとで知りました。娘を不良環境から遠ざけるためのやむを得ない行為だと、彼女に同情した教団外の知人から私に依頼があったのですが、当時オウム事件の弁護などしたら反社会的な人間として非難の的になる状況で、国選弁護ということにしてもらって引き受けたのです。

オウム犯罪に対しては、警察・検察が違法捜査をしても責められない世上でした。警視庁の代用監獄に勾留されていた被告人に面会に行ったとき、看守を通じて被告人に渡して見てもらった書類が警察にコピーをとられていました。なぜわかったかというと、ホチキスで閉じた書類の、ホチキスの跡が二つついていたからです。

私の弁護方針は、被告人の娘の当時の状況から、被告人が自分の暮らしているところに連れて行った行為は、逮捕・監禁にはあたらないという無罪主張でした。

その少し前に社会問題となった「戸塚ヨットスクール事件」では、親が手に負えないと思って青少年の「教育」を依頼した「スクール」の職員らが、本当に暴力的に子どもの手足を縛るなどして車に積み込んで連れて行ったりした多数回の行為すら一度として「逮捕・監禁」に問われていないのです。

しかしオウム関連では、無罪主張をするなんてけしからん、と現在でいう「炎上」が起こったのです。

火をつけたのは、テレビのワイドショウや週刊誌、夕刊紙、スポーツ紙（芸能マスコミといわれていました）です。

司法記者会から毎回の公判のあとで会見を要求され、これはあっさり終わるのですが、そのあと別会場での「芸能マスコミ」の会見に行かないわけにはいきません。「公判のあとでまとめて会見しますから」と言わなければ、路上で追跡されて、外出もできない状態でした。

その会場では、真ん中にワイドショウの有名コメンテーターが陣取り、彼らが主役で、「なぜ無罪だなんていうんだ」と「悪い弁護士」を糾弾するのです。

中には、その後「冤罪評論家」として有名になった女性もいました。あるとき私はたまりかねて「もし連れて行った先がオウムではないお寺だったらどうなんですか」と反問しました。すると彼女は言いました「それなら拉致じゃない」。連れて行った先がオウムだから犯罪になるので、そうではないお寺なら犯罪にはならない。有名な女性コメンテーターは「逮捕・監禁」という犯罪行為とは何なのかも知らないで、弁護人を糾弾するのです。

この糾弾は「名もなき民衆」の炎上を招き、私の事務所にも家にも昼夜を分かたず、非難や無言の電話が続きました。公判では「被害者」とされた長女が検事側の証人申請で喚問されたのですが、電話での非難は「あなたは何で娘さんを証人にしてまでして争うのか」となるのです。「芸能マスコミ」の恐ろしい力です。

忘れられないのが、公判の打ち合わせ（当時は公判前整理などなくて打ち合わせでした）のとき、裁判長が「被告人は父親ともうまくいってないそうじゃないですか、週刊誌で読みましたよ」と言ったことです。少なくとも当時は、東京地裁の広報部は、事件関係の記事を週刊誌まで集めて、担当部に届けていると、地裁司法クラブの記者からも仲良くしていた書記官からも聞きました。

父親との関係は、公訴事実に直接関わることではないのですが、有罪無罪の判断も、量刑の判断も、被告人の人格に対する感覚が事実上心証に影響を与えます。公判証拠ではない情報を裁判官に届けることは、刑事手続の原則を事実上破る実務ではありませんか。それをはばかりもなく弁護人に言う裁判官でした。

アメリカでは陪審員は外界の論評から隔離するため、ホテルに缶詰めにされ、新聞も関係記事を切り取ったものしか見られません。日本の裁判長は、週刊誌からの情報の影響を心裡から真っ白に拭い去ることができる特殊な人種なのでしょうか。

そんな裁判の結果、被告人は懲役二年執行猶予四年の判決になりました。

あとで元最高検検事で、こわもてで知られ、私にはいつも厳しかった土本武司さんが「この事件における五十嵐弁護士の活動は誠にすっきりした法律家としての活動だと思います。この事件における弁護人の活動で、最もスマートな感じを受けます」と言ってくれた（一九九六年二月一五日四八期司法修習生秋の集会「浪花の秋祭り報告集」「パネルディスカッション『刑事手続を考えるオウム事件を通じて』一二三頁）と知って、びっくりしました。

8　少年事件

少年事件もいくつか扱いました。

黄色い髪　公判までに切りなさいと　言う我弁護人を少年は　鋭く見返す

この歌は一九九二年に朝日新聞の「歌壇」に採用されたものです。裁判で有利にと思って、染めた髪を切るように言ったのですが、（この大人、自分の気持ちをわかってるふりをしてるけど、わかってないじゃないか）と言われたような気がしたのでした。

この少年の事件ではないのですが、少年事件のうち一番記憶に残っているのが、先日その中学校のそばを歩いていて思い出した、この中学校の乱闘事件でした。

一九八〇年代後半、「荒れる中学生」といわれた時代、多くの中学校の「不良グループ」と呼ばれるグループ同士が暴力的にぶつかり合った時代があって、たぶん一九八八年、この中学校での抗争で、体育館の床が血に染まった事件でした。みな裕福ではない家庭の子どもたちで、近所だったので、その親の一人から頼まれて、結局無料で五人のグループ全員の付き添いをすることになりました。

子どもたちを家に呼んでみると、みな何の変哲もない、おそらく学校では目立たない子どもたちでした。

「うちにいると親がうるさい」と言って、私宅に来るのを喜んでいました。お茶やお菓子を出してくれて、何時間もみんなで一緒にいられるし、大人に自分たちの話をちゃんと聞いてもらえる。いく晩もそうやって私宅に来てうれしそうにいろんな話をしました。別にどうといったこともない、私の息子より四~五歳年上の普通の子どもたちなのです。

「外を歩いていると大人が変な目で見る」と訴えます。「道で大人に会ったら元気よく『こんにちは』って言うんだよ。そしたら変な目で見たりしないよ」と教えて、親たちも呼んで愚痴を聞いてあげ、自分たちの子どもと話をするように言いました。

この事件は、それでも当時の多くの乱闘事件の中では抗争相手の他の中学生グループとの間で、与え合った傷害の程度も軽かった事件で、家裁では無事不処分になりました。

この事件を特に覚えているのはそれからのことです。私は不処分記録を、子どもたち一人ひとりにめいめい自分の原本を渡しました。

「今回はこうやって何も罰を受けないですんだけれど、また何か事件を起こしたら、この記録が出されてくるんだよ。これは君たちのマイナスのお守りとしてずっと大事に持っているんだよ。そして思い出すんだよ」と言って渡したのです。

すると数日後にその中学の校長から呼び出されました。

「どうしてあんなものを本人に渡すんだ。取り戻して謝れ」と言うのです。私はそれを彼らが「負のお守りにしてこれからの人生を気を付けて生きていくために、と渡したのです」と説明しましたが、全く理解しようとしません。

「子どもの権利条約」は、罪に問われた子どもが自分の刑事手続についての情報を得る権利を成人と同様に保障しています。しかし自分は「教育者」だと思っているこの人は、年下の女からそんなことを言われたから、なおさらいきり立つのでしょう。

なぜ渡してはいけないのかと聞きましたが、「そんなこともわからないのか」と言うだけでした。

「弁護士会に言って処分してもらう」と言われて、そうなったら同じことを説明するだけだったのですが、弁護士会からの呼び出しはありませんでした。

あの子どもたちはその後事件を起こした様子はなく、無事大人になったようです。

少年事件をいくつかやってみて、親や教師など大人たちの歪みが、少年たちに表れるのだと感じました。

ある事件で、審判の開始を廊下のベンチで待っていたとき、私の担当事件ではない別の少年とその母親がやはり審判を待っていて、きれいに化粧して、流行の先端のような服を着たその母親が、子どもと話をすることもなく、アダルト雑誌を読みふけっていた姿も、ずっと記憶に残りました。

「第9章　刑事事件」インタビュー

徳永　刑事事件についてはいくつかの具体的な事件を挙げていただいており、その後にジャーナリズムとの関係について触れられています。
個別の事件について詳しく書いていただいているので質問等はないのですが、千住警察の暴行陵虐事件について、五十嵐先生が弁護人になられて接見されたときは、すでに暴行から五〇日ぐらい経っているのですね。その段階でなおまだ顔がはれあがっていて怪我をしているのが明らかだった。
五十嵐　ええ、肋骨も折れていました。
徳永　そのくらいのひどい……、相当な暴行ですよね。
五十嵐　そうですね。
徳永　それが放置されていたということですか。

五十嵐　放置というか、警察はそのことには全然触れなくて、傷痕が薄れるのを待つために勾留延長し、医者にももちろん連れていかない。私が公判前の証拠保全手続で医者に診てもらったり写真を撮ってもらったりしました。

村井　杉並看護学生殺し事件では、「犯行再現ビデオ」が問題なわけですね。

五十嵐　はい。今はもう使わなくなりましたが、その頃は犯行再現ビデオが多数採用されていました。土田・日石・ピース缶爆弾事件とか、いわゆる有名な新左翼事件でも使われていました。警察が考える犯行を被疑者に身体の動きで再現させると、裁判官に被疑者が自分がやったことをありのまま再現していると見えるだろうということで、実際には捜査側が自白調書だけでは公判維持が不安な事件で、自白の任意性・信用性を補強しようとして当時多用されたものです。土田・日石・ピース缶爆弾事件のように他の証拠で無罪が立証された事件もあるのですが、死体なき事件といわれた「無尽蔵殺人事件」などは有罪になっています。

私は、杉並看護学生殺し事件などで、それは虚偽自白の上塗りだということを知っていますので、こういう実務はすごく問題だと思っていました。それでいろいろ論文を書いたり、弁護士会の活動の中でも小委員会を設置して、問題視を広げようとしていて日弁連として問題にしなければと言っていましたが、そのうち捜査側が使わなくなってしまい、今は全然使われていません。

村井　裁判所も問題点をあまり把握しないままになくなってしまったのですか。

五十嵐　そうですね。

村井　判例でこういうのは使ってはいけないというようにしてくれればよかったのですが、そうではないですよね。

五十嵐　その頃、弁護士がこぞって問題提起することができなかったというか、提起できる前に使わなくなってしまったというか、そういう感じでした。日弁連はその頃からいわゆる「取調べの可視化」をやり始めていて、捜査側も自白の任意性を認めさせるにはそちらのほうが有利だとだんだん考えるようになったのでしょうね。犯行再現ビデオはほとんどが虚偽の自白を実演させるものなので、自分がやっていないことをさせられるのと、虚偽自白自体に無理があるのでビデオの中でもだいぶボロが出ています。

私の事件もそうでした。ポケットに犯人の足跡と同じサンダルを入れていたのが、犯行中にポロッと落ちるという筋書なのが落ちなかったり、もともと虚偽自白を演じさせるのが犯行再現ビデオですから、多用されるとともにいろいろミスが目立つようになりました。それで捜査側があまり使わなくなって、取調べの可視化のほうがボロが出ずに自白の信用性、任意性を認めさせるのに有利だと、検察庁が自白場面のビデオを使うことに傾いていって犯行再現ビデオは終わってしまったのですね。

徳永　私の認識が間違っていたかもしれない。犯行再現写真は今でも任意性立証で使っているのかなと思っていました。

五十嵐　写真は古くから使われていて、その後も残っていると思います。ただ犯行を実演させてビデオに撮った連続した映像でというのは、ある時期からプツッとなくなりました。

村井　この事件では本文に書かれていますが、主任書記官がむしろ裁判官よりいいというような、法律もよく知っていると。

五十嵐　そうですね。いろいろとてもよくしてもらいました。ただ最後に、この事件では、右陪席が主任で、主任が転勤するので、裁判体が変わったら更新手続をすることになるので面倒だから、ここで公判を打ち切って結審にしていいかと裁判長から尋ねられました。私はどうしようかと思って迷ってその書記官に相談したら「大丈夫じゃないですか」と。裁判官の名前を言って、「あの人はああ見えても刑事のプロだよ、だから任せたら」みたいなことを言われたので、公判を続けてくれとは言わないで、裁判長の言うとおり結審に同意してしまったのですね。その書記官は個人的にものすごくよくしてくれて、いろいろなことを教えてもらったと思っていましたが、最後のところで彼が裁判体の動向を見誤ったのか、それとも私をだましたのか、今でもわからないです。

村井　彼の真意が、ですね。

五十嵐　要するに、公判を終了させることの同意については、私はあえてその人に相談しました。彼はその事件の担当書記官でもあったので、裁判体のしようとしている判決のことを察知していると思ってあえて聞いたのです。あれだけ裁判体の身近にいる書記官です。その部の書記官の中では一番偉い人で、裁判長も「主任、主任」と呼んで一目置いていた。その人が、「いいんじゃないの、大丈夫じゃないの」と言うので結審に同意した。

皆さんご存じのように、裁判所は転勤前になるべく事件を終結させて、次に続かせないようにと、どこの裁判所でもします。だから私も調書の任意性を認めないだろうことはある程度わかっていたし、いいのではないかと思ってしまいました。でも実際は全く調書を使わないで、大まかに言えば一晩に二人の犯人が現場の部屋に入るなんてことはあり得ないみたいなことで有罪にされてしまった。だから「判例時報」でも冒頭に取り上げ、そのことを疑問視するようなコメントを書いてくれたのですね。

徳永　この事件は、自白調書の任意性は認めていて、信用性を否定しているということですか。

五十嵐　はい。

徳永　結局、採用はしていますね。

五十嵐　はい。

徳永　任意性を認めて採用しているけれども、信用性はないといって有罪認定の証拠に使っていないと……。

五十嵐　はい。その取調べをしたのがものすごく馬鹿な警官なのですね。現場の状況と全く違う自白をさせています。そのことが取調官の尋問で明らかになって、裁判長はすごく馬鹿にした顔をしてその主任取調官を見ていました。私は「あっ、勝った」と思い、その自白調書の内容は判決に採用されないと思っていました。

あまりにも現場検証の図面や現場に残されていた痕跡とは違う自白をさせられているので、これは無罪になるはずだと思ったのですね。そうしたらそこには全部触れないで、一晩に犯人二人が入る、つまり強姦をした私の被告人と、被害者を殺害して局部を切り取った犯人、この二人が一晩に部屋に入るはずはない。それが骨子の一番中心で有罪判決をしてしまったのです。

徳永　判決をざっと見ると、一晩で二回襲われるはずはないと。近隣の人が悲鳴は一回しか聞いていないと言っている。強姦されるときは悲鳴を上げるはずで、もし二回襲われているのだったらおそらく不審な物音を二回聞くはずなのに、近隣の人は一回しか聞いていない。だから襲われたのは一回だという認定をしていると思います。強姦被害者は悲鳴を上げるはずだという経験則みたいなものは間違っているのではないかという疑問を、この判決に対して持ちました。五十嵐先生が書かれているように、本当におかしな判決だなと思いました。

五十嵐　この事件に限らず、裁判官というのは割と思い込みを前提にして判決をすることが多いです。強姦したとき、私の被告人は「静かにしろ」と言いながら事に及んでいるわけです。そのときに悲鳴を上げれば殺される、黙っていれば強姦だけですむという心理が働いたのか、怖くて声も上げられなかったのかはわかりませんが、強姦されれば必ず悲鳴を上げるという、その思い込みというか、そこにみられるような裁判官の独断性は刑事事件をやっているといろいろなところでみえてきます。それを突き詰めていけば経験則ということになるのでしょう。だから何百もある経験則の裁判官の考えと同じ一つに依拠して裁判官が裁判をする。このことは、刑事事件も民事事件もですが、事件を受任するとすごく感じます。

徳永　この事件について、検察側の請求証拠の採用率と弁護側の証拠調べ請求の採用率が書かれています。これは面白いデータだなと思いました。

五十嵐　どの事件でもそういう傾向はありますが、統計的にいくつ申請したのにいくつしか採用されていないという数字を上げている人はあまりいないので、役に立つかなと思って一覧表を出しました。

徳永　実際、弁護側の請求証拠の採用率が低いと、弁護士さんたちはみんな感覚的に指摘されていますが、客観的な数で示していただけるとわれわれの目にも明らかなので、有用なデータだと思いました。

村井　この事件での警察と起訴検事の関係ですが、被疑者の面前で刑事と怒鳴り合いをした検事を私は見たことがないのですが、これも珍しいことではないかと思います。にもかかわらず、最終的には警察の筋書き通りになった。起訴検事というのは捜査検事ですね。

五十嵐 いや、捜査検事と起訴検事は同じ場合と違う場合が検察庁によってあります。この事件は分けていた。少なくともそういう時期がありました。

村井 そうですか。東京の場合にはもちろん公判と起訴は違いますが、捜査検事が起訴を担当はしないけれども、捜査検事の意見で起訴は決まる。この事件の場合には必ずしもそうではなかったのですか。

五十嵐 この事件も同じだったかもしれない。そこのところはよく覚えていないのですけど。取調べをした警官が先ほど言ったようにすごく馬鹿です。いったんとった調書への思い込みが激しかった。検事は客観的な現場の様子とすごく違っていることをわかっていた。でも調書がそこまでそろっていて、起訴までの日限が迫っていると、警察の筋書きのまま起訴するほかないのかもしれないですね。

村井 被疑者の前で検事と警官が怒鳴り合ったというので、被疑者から弁護人として二葉さんがお聞きになったということですね。

五十嵐 はい。

徳永 山梨汚職事件では、検事が行った文書偽造については不起訴になったために、結局公にはならない結末になるわけですね。

五十嵐 はい。不起訴どころか、検察内部での問題にもならなかったと思います。

徳永 刑事弁護については起訴前弁護がものすごく大事で、不起訴に持ち込むのは非常に重要なことだとうかがいます。本文に書かれていますが、こういう捜査の問題が公にならないということも生じるのだなと思いました。

五十嵐　そうですね。ただ起訴になった事件でも、検察については私は多数は知らないのですが、警察が文書を偽造することはよくありました。杉並看護学生殺し事件ではそう多くはないのですが、千住警察逆エビ攻め事件では留置場の「出入簿」ですね。弁護士でも「デイリボ」と読む人がいますが、被疑者が自分で出入りするわけではなく、警察官が被疑者を出したり入れたりするので「ダシイレボ」なのですが、その出入簿の数字を明らかにわかるように消して、別のインクで書き換えているところがいくつかありました。

つまり暴行していた時間を短くするために、居房から早く出したのを遅く出したようにして、また早く房に戻したように改ざんしているのですね。そんな記述の変更のために出入簿のその日の部分の他の留置人の部分も全部作り変えるわけにもいかないでしょうから、誠に稚拙な誰が見てもわかるような改ざんをしているのです。

ただ、そのように警察が文書や証拠を作り替えることはとてもたくさんあると、私は思っています。いろいろ小さな事件でいくつかそういう経験をしています。ほかの弁護士もたぶん経験していると思うので、たとえば弁護士会でそういうものを集約したらいいと思います。捜査の不正はたくさんあります。

徳永　あからさまにやってくれた場合は指摘できても、巧妙にされると結局はわからないこともあり得るわけですね。

五十嵐　もちろん、そうです。

徳永　そういう事件を集約することは、今後どう対策するのかというときに重要になりますね。

五十嵐　そうですね。私は割とデータマンのようなところがあり、データがなければしっかりとものを言えないという感じでデータを集めるほうですが、たとえば日弁連に刑事弁護センターがあります。そういうところでアンケートをとってデータを集めてくれるといいなと思います。でも、刑事弁護センターはそういう活動はあまり好きではないというか、していません。

徳永　なかなか難しいですか。

村井　証拠偽造ということでは、二葉さんも書かれていますが、村木事件ですね。それから袴田事件、これは裁判官も指摘したことです。だから証拠偽造が世間的にもかなり知られるようになった。刑事弁護委員会に問題提起すれば、調査室でやらないというわけにはいかないでしょうね。

五十嵐　問題意識がどこにあるかということです。刑事弁護のやり方で、なりたての弁護士がものすごく下手なことをやってしまって、無罪になるものが有罪になることもたくさんあるので、現在力を入れている新人教育みたいなこともももちろん大事ですが、弁護士会は何をすべきかという意識の問題で、たとえば刑事弁護センターでデータをつくって世の中に明らかにしていく。こういったことを、私は好きですが、あまり好きではない弁護士もいるということです。

徳永　私は鑑定資料の同一性の問題に前から関心があります。アメリカの冤罪原因の一つは捜査機関、検察官の不正行為で、おそらく日本も同様のことがあるのではないかと思っているので、その点について調べる必要性を感じました。

村井　今の証拠偽造との関係で、ＫＤＤ事件の公判調書の書き換えの問題、これも重要です。ほかにも公判調書の書き換えは二、三聞いています。これは本来最高裁が問題にしなければならないことですね。この事件の場合には全く触れていないです。

五十嵐　ＫＤＤ事件では、一審のときの書き換えを二審も問題にしない、最高裁も問題にしなかったのですね。私は上告趣意書提出後に弁護人になりました。上告趣意書を出した弁護士さんは大物弁護士で、挨拶に行ったらすごくいやな顔をしました。上告趣意書はもう出せませんからねと言われました。つまり上告趣意補充書などは出すなということです。それで意見書とか、他の名前をつけてそれを出しましたが、大勢は上告趣意書の範囲で決まってしまったという感じでした。

あまり言いたくありませんが、被告人は非常に有名な人ですし、いろいろなつながりがあり、有力な弁護士さんを一審から何人も替えていました。有名な弁護士さんばかりがついています。でも、証拠の偽造などおかしいところがいっぱいあるのに、誰もそれを指摘しないで上告まできてしまっている。私は刑事弁護をやってみて弁護士の質が悪いとすごく感じました。

被告人としては、わらにもすがる思いで大金をはたいて有名な弁護士を頼むわけです。その有名な弁護士は、その事件では何にも核心に触れることはやっていなかったのです。だから日本の刑事弁護はお寒いなと今でも思います。ちゃんと刑事弁護をやる人は何人かいますが、本当に一握りで十指に足りないぐらいです。そういう人に依頼できた被告人は本当に幸運ですが、そうでない人だと本当に悲惨です。だから弁護士の罪だなと感じます。

官側はできない検察官であっても、できない警官であっても、官の権威と裁判官が検察の言うことをほとんどそのまま判決にするので、そういうシステムに守られて、できない警官や検察官でも仕事をしてある程度やっていけるのですが、弁護士は自分一人の研鑽において自分一人でやっている仕事なのでアラが目立つというか、一般論としてですが、私は弁護士の能力を信じきれないのです。もし私が被告人になったら悲惨なものだなと思います。

村井　ある全くの素人が、どういう弁護士に頼めばいいのか相談するような場所がほしいと言っていました。弁護士に知り合いがいない人がほとんどです。そもそも弁護士にどう頼めばいいのか、自分の相談に対してちゃんと答えてくれる弁護士をどう探せばいいのか、今の状態ではわからない。どうすればいいですかね。ランク付けでもしますか。

五十嵐　弁護士についての情報がもし少しだけわかっても、本当にその人に頼んでコンピテントな弁護がしてもらえるのかなかなか難しいですね。今はネットで弁護士の索引ができますし、ネットで自分の法律事務所や自分の業績をたくさん上げている人がいますが、この人は偉い人だ、頼もうと思ったとしても、本当に自分のためにやってくれるか、本当にその事件にふさわしい弁護をしてくれるかは、本当に難しい。保証の限りではないと思います。言いたくないのですが、実は超大物弁護士に依頼していたら、控訴期限を徒過されてしまったと相談に来た人がいました。半年も経っていて、どうすることもできませんでした。

村井　そうですね。

徳永　この被告人の奥さまもいろいろな弁護士さんに依頼して、五十嵐先生のところに福井厚先生と一緒に来られたのですね。

五十嵐　そうです。

徳永　途中で福井先生にアクセスされて一緒に来られたのですか。

五十嵐　そうではなく、室井力先生のところに奥さんが相談に行ったら、「五十嵐がいい」と言われたそうです。福井さんはどうして一緒に来たのかは忘れましたが一緒でした。

その被告人の方は五年ぐらい前に亡くなり、奥さんはさらにさかのぼって五年ぐらい前に亡くなっていますが、私に対して何回も、「初めからあなたに依頼していればこんなことにならなかった」と言ってくれました。私もおしまいのほうでついたにしても、ちゃんとしたことができなかったと反省していますが、本当に不幸な方でした。

徳永　この横領したとされるものが実際にどこへ行ったのか、きちんと追及されていれば、そのほかのもっと大きな疑獄事件についても疑いが生じたのかなと思います。

五十嵐　そうなのですね。だから法廷に出された小さな証拠でも、それを本当に真剣に追及していけば、そこから事件がほどけることがたくさんあります。だけど偉い弁護士先生たちは誰もそれをやってこなかったということです。

徳永　オウム女性信者の長女逮捕・監禁事件についてですが、印象的だったのは裁判長が週刊誌もチェックしていたということです。それはあえて読んでいるのですか。

五十嵐　裁判官が個人的に買ったのではなく、その当時の東京地裁の広報課は、今はわかりませんが、そういうものを全部買い集めて担当裁判官のところへ持っていくのも仕事だったのですね。とんでもないことでしょう。予断を与えるわけですから。だけど、その頃はそうだったと書記官からも聞きました。今はどうかわかりませんが、とんでもない予断ですね。

徳永　目的もよくわからないですね。それこそいらない情報が入りますし、なぜそんなことを？

五十嵐　わかりませんが、その裁判官にはそういう情報があり、自分は情報通だよ、という顔をしていました。

村井　この事件で最後に、土本武司さんが「五十嵐弁護士の活動は誠にすっきりした法律家としての活動だ」と褒めたと書いていますが、一方ではいつも厳しかったとも書かれています。

五十嵐　土本さんはいつも私のすることに、ああしてはいけないとか、こんな悪いことをしているみたいなことで批判していた人なんですよ。そのときだけそういうことを、小さなメディアなのですが書いてくれたので、びっくりしました。

村井　いつも厳しいというのは、面と向かって二葉さんに言っていたのですか。それとも論評で厳しかったのですか。

五十嵐　論評もありますし、パネルディスカッションのようなときにチラッと言われたこともあります。

新聞のことについて言ってもいいでしょうか。

アメリカの陪審では陪審員になるとホテルに缶詰にして、新聞などは一切見せません。テレビとかラジオも見せませんし聴かせません。新聞は公正なことを書いているという建前ですが、宮崎連続幼児殺し事件のときに読売新聞が一面に堂々と「宮崎の山中のアジト」という全く事実無根の記事を出したのですね。これは象徴的なことですが、新聞の犯罪関係の記事は取材源が警察です。捜査中の記事は警察の見解で記事がほとんど成り立っていると思わなければいけない。だから私は、捜査報道は本当に短くしなければいけないといつも言っています。骨格だけにしなければいけない。いつ、どこで逮捕されたとか、起訴されたとか、そういうことしか書いてはいけない。

日本では、記者たちは雇われると、最初はサツ回りです。警察発表、警察の行動を記事にすることから始まります。警察の公式発表をもし記事にしないメディアがあれば、なぜ記事にしないのかとにらまれます。またそれ以上に、他社と差をつけたいから、記者は刑事の自宅に「夜回り」をします。寒い冬でも何時間も家の前に立って震えながら待って、一言でももらえればお手柄です。

検察官はあまり夜回りに応じないのですが、内密の接触はあります。検察は公式の会見が主ですから、検察ににらまれるとその社は「出入り禁止」といって会見場に、というか検察の庁舎にも入れません。そうならないためには、検察の方針に反する記事を書かないことです。

このようにして、日本の犯罪関係の記事は全体的に警察・検察寄りであることは否めないと思うのです。だから犯罪報道にはすごく関心を持っていますし、新聞記事は正しいということにも疑問を持っています。

徳永　大学の私の授業で、冤罪事件の事件が起きた直後の報道と再審無罪になったときの報道を読み比べてもらうということをしています。

五十嵐　すばらしい。

徳永　冤罪事件を集めて学生と一緒に検討しようかなと思っています。学生も犯罪報道について関心があるようで、今後は有志で勉強会をしようかと思っているので、またご助言をお願いします。

五十嵐　下野新聞が最初に「こいつが犯人だ」と書き、あとで無罪になった事件がありました。足利事件ですが、その両方の記事を見せてもらいました。あまりにも記事が違うことに、記者自身が唖然としたといいます。下野新聞はこの経験からすごく反省して、今市事件のとき、割と懐疑的な捜査報道をしています。しかし、だからすべての新聞がそうだとはいえないところが難しいですね。

ある程度小さな新聞だとその歴史を共有できるけれど、大きな新聞は日常の分担業務に追われ、また大メディアの威信というか影響力を考えてというか、そういうことができていないのではないかと思います。

徳永　ジャーナリズムについては第一三章の話題になりますが、西日本新聞は結構面白い記事を書いています。「被疑者の言い分報道」が始められたけれども、数年で立ち消えになったと書かれています。いま現在はもう入手困難です。

五十嵐　「被疑者の言い分報道」は客観的に両方の言い分をという崇高な精神で始められたことです。でも結局損をするのは被疑者側です。被疑者の言い分が捜査官に伝わってしまうと、すぐそれをつぶしにかかるのですね。たとえばアリバイがあるというと、アリバイ証人を呼んで取り調べてつぶす。たぶん、そういうことに西日本新聞もだんだん気がついてやめたのかなと、私としては思っています。

徳永　では、そのあとに書かれている、手の内を知られると逆に不利になるので、被疑者側もそんなに早い段階で情報を提供しない、それで立ち消えになったということなのですね。

五十嵐　そうではないかと、私は推察します。

第10章　民事事件

民事事件もいろいろやりました。弁護士になりたての頃は、まだ家屋明渡しを請求された人の事件などいわゆる「町弁」事件が多かったのですが、弁護士の依頼人は「芋づる式」といわれるように、一生懸命に依頼事件に取り組めば、依頼人だった人の紹介で広がって、さまざまな種類の人や事件に巡り合いました。お話として面白い事件は、第9章で触れた『ガラス細工のジェーン・ドウ』の中に入れました。ここでは、社会的な意味がある事件に限ってお話しします。

1　ボウリング場反対市民訴訟から日照権へ

弁護士になりたての頃、当時住んでいた東京・武蔵野市にボウリング場が建つということで、周辺の居住者がそれは困るので何とかならないかと相談を受けました。今はボウリングというのは別に問題のないスポーツの一つになっていますが、当時ボウリング場は、のちのゲームセンターなどのように行き場のない問題の多い青少年のたまり場となっていて、建設予定地の住民たちは、その騒音被害もですが、自分たちの子どもに危険や問題が起こることを心配したのです。

何とかする方法はないですかという住民の人々からの相談を受けたのですが、当時は騒音とか住環境などが、住民への違法な権利侵害だという法意識が全くなかった時代でした。そこで違法性を訴えるには、ボウリング場の建設を行政法上争うほかないという枠組みの中で、建築基準法を考えたのです。

建築基準法は、国土をそれが用いられている実態ごとに段階的に区分して、建築物を建ててよい地域は「都市計画区域」とし、それをさらに「用途地域」に分類して、その各地域ごとに、「建築してはならない建物」を規定していました。

時代とともに、建築物の用途や種類はめまぐるしく増え、住民の権利についての法思想も変化する中で、建築基準法は非常に頻繁に改変される法律で、当時の規定は今とは全く違っているのですが、ボウリング場反対運動が起こった一九六〇年代末には問題となった建築予定地は「住居地域」と区分されていた地域でした。

ボウリング場は当時新しく登場した施設で、当時の建築基準法には登場していません。建物を建てる建築主は、一定規模以上の自治体に置かれている「建築主事」に「建築確認申請」をして基準に合っているという「確認」をとらなければなりません。

そこで当時の法で「住居地域」には建築できない建物・施設として規制されている当時の同法四九条別表第二（い）の中から住居のための地域にはふさわしくない建物を探して「待合、キャバレー、舞踏場その他これに類するもの」とあるのが一番近いと考え、遊興施設としての実態を持つボウリング場は「その他これに類するもの」だから、建築確認は違法だとして取消しを求める訴訟を起こしたのです。

司法修習を終わった間もない時期で、五十嵐敬喜がK事務所に入ってきて、一緒にこの訴訟を担当しました。

この提訴が報道され、都内で四カ所の住民から依頼がきて、四件の提訴をしました。

中には、女性参政権運動家として名高い当時参議員の市川房枝さんが活動拠点とする婦選会館の隣地へのボウリング場建築もありました。

裁判には地域の住民が多数傍聴して、活況を呈しました。訴状や準備書面などは私が書き、証人尋問もしてくたくたになり、公判のあとの住民集会を五十嵐が取り仕切るという役割分担で、集会も盛り上がって、日本にも「市民」がいるのだと実感しました。市川さんが証人として出廷してくれたときは特に報道関係者も大勢傍聴して、法廷に入り切れなくなりました。

訴訟自体は敗訴でしたが、「住民運動」という動きが広がって、次の日照権運動につながりました。当時東京をはじめ都市部には、高層建築ラッシュが起こり、低層の住宅地にマンションなどがどんどん建てられて、地域の様相が一変してしまうとともに、これまで住んでいた人たちの家がその日陰になってしまうのですが、当時の建築基準法には、そうした被害に配慮した基準はありませんでした。

そこで建物の構造上の安全基準を使うことを考えて、とにかくどこか引っかかるところがないかと、建築家から、建築物の重量計算をする専門家にまで教えを乞いました。建物の敷地が傾斜地にある場合は、盛り土、切り土が行われ、擁壁がつくられるので、その擁壁に必要な水抜きのパイプの数が足りない、などの主張もしたものです。

この訴訟も敗訴に終わることが多かったのですが、原告になった人たちには文化的に高い意識を持った人もいて、あるとき「われわれが求めているのはそんな些末なことではない。太陽の光を奪われない権利なのだ」と言われてハッとしました。何とかして訴訟に勝ちたいと、技術的なことを追い求めていたのですが、負けてもきちんと権利主張をして負けたい、というのが市民意識だと言われたのです。

「日照権」という言葉は、そうした運動の中でつくられたものでした。五十嵐が、これを推進して、建築家の人たちとともに、運動にして、次第に成果をあげるようになり、「日照権」は市民権を得て、今日に至っています。

2　自衛隊海外派兵禁止仮処分事件

現内閣まで続いている憲法九条を改定しようとする最初の動きをしたのは、ヒットラー礼賛などの言動で戦後公職追放になった鳩山一郎で、彼が初代総裁となった自民党は常にその伝統を維持し、拡大してきたのですが、その最初の具体的な表れが、国連平和維持活動（United Nations Peacekeeping Operations：ＰＫＯ）に協力するのだから平和活動だという名目での自衛隊海外派兵の始まりでした。

自民党は一九九〇年一〇月に「国際連合平和維持活動等に対する協力に関する法律案」（ＰＫＯ法案）を国会に提出。このときは「日本も再軍備」と社会が騒然となって、同年一一月に廃案になったのですが、再度提出されて九二年六月には成立してしまいます。すぐに施行され、当時紛争中のウガンダに向けて、自衛隊派兵が行われることになりました。

これに危機感を持った民間の運動家たちの協力で急遽七月に始めたのが「ＰＫＯ法違憲訴訟九九

ＰＫＯ差止め仮処分申請の会見
（1992年7月、司法クラブ）

日間の波」運動です。

この「九九」とは憲法九九条の「国務大臣、国会議員、裁判官その他の公務員」の憲法遵守義務で、政府は憲法九条を守って、自衛隊派兵をするなと、総理大臣を相手「債務者」とし、国民の個人が「債権者」として派兵差止めの民事仮処分を九九回、毎日市民一人が申し立てるという運動を、七月二三日から一二月一四日まで休みなく続けたのです。

仮処分の申立書は私が書いて、まず自分で申請したのですが、その後はさまざまな市民が毎日一人、この申立書の書式を使って東京地裁民事九部に申請に行くのです。

みんな初めて裁判所に行く人たちです。この運動を成功させてくれたのは「野火」という個人新聞を発行して熱心に市民活動をしていた桜井善作さんでした。この少し前に、私を呼んで小さな勉強会を開いてくれて知り合ったのですが、献身的に協力してくれて、ほとんど毎日地裁に通って、民事九部まで、初めて裁判所などというところに行く、慣れない「債権者」の案内をして申請手続を手伝ってくれたのです。

「債権者」は皆さんきちんと意見を持った一般市民が主でしたが、中にはユダヤ人虐殺の事実を書いて世界に広まった『ショアー』（クロード・ランズマン著、作品社、一九九五年）の日本語の翻訳者で、日本戦没学生記念会（わだつみ会）理事長の高橋武智さん、「ベトナムに平和を！　市民連合」の吉川勇一さん、死期の迫った病を押して参加してくださった著名な仏文学者など多彩な方々がありました。皆亡くなりましたが、あのときの熱気は日本にも民主主義が根づきつつあるという希望をみせてくれたものでした。

政権のすることを憲法違反として差し止めるなどする由もない日本の裁判所ですから、中立てはもちろんというかすべて却下でしたが、記者会見を開いてメディアも取り上げてくれ、地裁の書記官もとてもよくしてくれたのです。

そのときの「債権者」たちとは、長く交流が続きました。

その一人、死期の迫った病を押して参加してくださった仏文学者が亡くなって、ご葬儀に行ったのですが、葬儀会場に流された音楽が、モーツァルトのドン・ジョバンニの「手に手をとって」でした。「手に手をとってあっちへ行こう。そこで君は私にシー（イエス）を言うだろう」というドン・ジョバンニの中でも最も即物的な誘惑のアリアです。ご本人の指定だったのでしょう。一瞬仰天し、そして文化人の生きざまというか死にざまというか、こういうものかと目を見開かされた思いでした。

そういう豊かな感性を持った人々だから、平和とは何かを知っている。平和のためにするべきことをするのだ、と改めて教えられた九九日の運動でした。

3　エニグマ事件（ウォルフレン『日本権力構造の謎』販売中止要求事件）

一九九〇年九月、早川書房が出版したオランダ人ジャーナリストのカレル・ヴァン・ウォルフレン著『日本権力構造の謎』（*Enigma of Japanese Power*）上下二巻の発売日に、いくつかの特約をした書店では、本を店頭に山のように平積みし、今でいうポップを大きな横断幕でつくって掲げました。店を開けると同時に、部落解放同盟（通称、解同）のメンバーが店になだれ込んで、その本の販売を許さないとの強談判に及び、店員らは震え上がって、店を閉めてしまう書店もあり、知らせを受けた早川書房は大混乱でした。

あとで聞いたことですが、解同は一週間ほど前に、この本の中に部落についての差別的記述があると、早川書房に抗議の電話をしたところ、係長の地位にある人が「本は回収して廃棄処分にする。ウォルフレン氏にどのように伝えたらいいか、教授願いたい」と言った、にもかかわらず本の販売を始めたと言うのです（この事件の解同側の窓口だった、小林健治『部落解放同盟「糾弾」史——メディアと差別表現』ちくま新書、二〇一五年）。

早川書房では、この本が販売できないとなると、大々的な宣伝費はもとより大量に刷った分厚い上下の本がすべて紙屑になって、社の浮沈に関わります。

当時早川書房とは、先代（当時の社長）が自宅の日照権問題で、五十嵐敬喜の依頼者だったという関係があり相談を受けたのですが、メディア関係ということでこの件は私がやることになりました。

まず、先述の係長に替わってこの問題の担当になった編集者に、解同に電話して面会を申し込むように指示しました。すると「解同は弁護士には会わない、と言っています」と言います。

私はその編集者と待ち合わせて、東京・神田にあった解同の事務所に行きました。編集者が名乗って「入れ」と言われたとき、私もそのあとについて事務所に入ってしまい名刺を出しました。相手は解同の東京事務所の責任者だった先述の小林氏で「弁護士には会わない、と言っただろう」と怒りましたが、暴力でつまみ出すまではしなかったのです。

そこで私は、言葉通り覚えてはいないのですが、「本の回収は解同の命令ですか」と言い、小林氏が「早川書房の自主判断であり、同盟から強制したわけではない」と答え、私は「じゃ、自主的に回収をやめます」と言ったと、小林氏は先述の本に書いています。

相手はむっとしたようですが、私は「両方が満足できる解決策を考えましょう」と言いました。解同側も、このままの妨害状態をいつまでも続けられるわけがないのです。もしそうしたら、私は妨害排除の仮処分申請をするつもりでした。しかしそうして軋轢を強めることは双方にとってプラスにはなりません。

解同の不幸なところは、部落差別について、差別者を呼び出し「糾弾会」で繰り返し反省を迫り、「泣く子も黙る」といわれたその恐怖から差別的発言をしなくなるという手法に、当時は頼っていたことでした。早川書房の最初に電話で応対した係長もその対象でした。しかし恐怖によって差別的発言に気を付けるようになったからと言って、その人が部落の人たちに対して本当に差別をしない人間に変わるわけではなく、部落の人たちと連携するわけではないのです。逆に部落は糾弾という暴力の集団だと差別意識を持つだけです。

本当に差別をなくすためには、他の被差別者を助け、すべての差別に対してともに闘う人権保障の連帯の輪をつくることです。第八章でお話しした国連の差別防止・少数者保護小委員会は、まさに差別防止から始まってすべての人権保障のための活動になっているのがいい例です。

そういうことは言いませんでしたが、私がその日提案したのは、不適切な表現は『日本権力構造の謎』増刷時には修正するが、すでに印刷したぶんについては、解同のトップ（小森龍邦中央本部書記長）とウォルフレン氏が公開討論をして、その速記録を冊子にして、上下すべての本に挟み込んで販売するというものでした。小林氏は上部と相談して返事すると言いましたが、ほどなく承知の返事がありました。

一〇月三〇日、東京・有楽町の朝日ホールで、政治学者の石田雄氏の司会でその公開討論が行われ、小林氏は「立錐の余地がない三五〇名を超える内外の記者、ジャーナリストで埋めつくされた。新聞・テレビでも大きく報道され、二時間あまりの討論を終えた」と上記（『部落解放同盟「糾弾」史』）に書いています。その速記録の冊子を挟み込んで本は無事に販売することができました。

この事件では、その後テレビ朝日の「朝まで生テレビ」で「徹底討論！　差別と表現の自由」というタイトルで、小森書記長と部落解放研究所の事務局長も出席して討論しました。とても驚いたことは、出席した「有識者」のうち、それまでに解同と何らかの経緯があった（「糾弾」を受けた?）らしい学者の人が、小森氏を極度に恐れていて「鞠躬如《きっきゅうじょ》」とはこういうことをいうのか、と思うくらいの態度で接し、小森氏は召使に対するようにものを言っていた光景でした。

私は普通の態度で、表現の自由の発言をしたので、小森氏からはだいぶきつい物言いをされましたが、さすがに「糾弾」の対象にはしなかったのです。

この少しあと、ある大新聞の女性編集委員が、ある施設見学記の中で、入所者を入浴させる場面を見て「と殺場のようだ」と書いたとして、解同から呼び出されている、それは「糾弾会」で吊るし上げにあうことを意味していると恐れて、その社の幹部を介して私に対応を依頼してきました。私が同盟宛てに「望まない人に出席を強要するなら、仮処分で差止めを請求します」と内容証明を送ると、以後強要はなくなりました。

その後「糾弾会」のことをあまり聞かなくなりました。恐怖によって差別されてきた人々が、恐怖によって差別をなくさせようとするのは、そうせざるを得ないと思わせるこの国の政治と文化です。しかしそうだからといってそれを正当化したら、恐怖の政治と文化を温存し、強化することになります。

差別と言論の不自由をともになくすのが、本当の民主主義をこの国に根づかせることの一つの試みでしょう。

こうした事件が相次いで、日本ペンクラブに「差別表現委員会」がつくられ、興味があったので、その委員会の委員長になられた加賀乙彦氏にお願いして入会し、その委員会の委員になると、加賀氏が私を副委員長にしました。

「エニグマ事件」で交渉相手だった解同の小林氏とは、その後長いこと友人関係が続きました。

4　ヒットラー表紙事件

これは二〇二一年の年末の事件です。日本ペンクラブで知り合って仲良くしているノンフィクション作家の長田渚左さんから年も押し詰まって電話がありました。長田さんが主宰している「NPO法人スポーツネットワークジャパン」が発行している雑誌「スポーツゴジラ」のことで、ドイツ連邦共和国大使館首席公使から手紙がきたとのこと。ファックスしてもらったら「当館の職員が東京都内の複数の駅で、表紙にアドルフ・ヒトラーの写真を掲載している雑誌『スポーツゴジラ』を目にしました」「結果として、人類の歴史上最も忌むべき独裁者にして大量虐殺を行った人物の写真が、都内のあらゆる駅で人々の目に触れる状況となってしまいました。ドイツ大使館としてこのことに抗議をするとともに、当該雑誌を即座に撤去していただきますようお願いいたします」というものでした。

「スポーツゴジラ」は毎号送ってもらっているので、すでに私もその表紙を見ていて、何もヒットラーを表紙にしなくても、と思ったものでした。表紙を描いたのは有名なイラストレーターなのですが、中身の記事でヒットラーが出てくるのは「ヒットラーが当時のナチス政権の権威を世界中に誇示するために」「一一回ベルリン〔五輪〕大会を利用した」という記述だけなのですから。

雑誌の関係者は「あれはヒットラーじゃない。ただのおじさんの絵だと返事をしたらいい」とか言っているとも聞いたのですが、私はそれでは問題をこじらせるだけだと言いました。イラストは誰が見てもヒットラーの絵なのです。

この雑誌は、長田さんの人脈で有力会社のスポンサーがいくつかついていて、その広告収入を使って、毎号多額の印刷費を使って約三万部発行し、都営地下鉄の駅や大学などで無料配布しているのですが、ドイツ公使は、東京都の交通局にも同旨の手紙を出していて、長田さんは交通局から呼び出しを受けているとのことでした。この号がダメになれば、三万部の雑誌と多額の印刷費が無駄になるだけでなく、以後地下鉄での無料配布はしてもらえなくなるし、スポンサーに知られたら、今後広告収入はすべて失われるでしょうから。

私がドイツ大使館に対応してあげることにして、返事を書いてEメールで出しました。まずスポーツネットワークジャパンの代理人としてお詫びをした上で「貴国およびヨーロッパをはじめ世界の各国で、ナチスの宣伝が犯罪を構成し、私訴原告制度の対象犯罪ともなっていることは、日本では知られていません」と書いたのは、雑誌の発行者やイラストレーターが知らずにしたことだということともに、私はよく知っています、と示したのです。

ドイツやフランスの刑法、刑訴法のことを勉強していた私に事件を頼んだ長田さんは幸運でした。もし何も知らずに「ヒットラーの絵を描いて何が悪い」などと対応していたら、最悪の場合、国レベルの問題にこじれていたかもしれないのです。

「イラストを描いた画家もそうした認識を持たないまま、ただ上記の文中に出てくるヒットラーを、当人としては否定的に表現したつもりでイラストレーションしたものです。しかし結果として、否定的なニュアンスが必ずしも見て取れないイラストレーションになってしまっており、それをそのまま雑誌の表紙に使ってしまったことはよくなかったことを、スポーツネットワークジャパン長田渚左は認識し、反省しております」と非を認めて、「そこで解決策ですが、ヒットラーを否定的に描いていることを明らかにするために、表紙のヒットラーの姿に大きくバツ印をつけて、配布することを」許していただけないかと頼みました。

署名を日本語とフランス語でして出しました。

ドイツ公使からの手紙が、本文が日本語訳で公使の署名がドイツ語と日本語で表記されていたので、それに合わせたのですが、暗に少なくともフランスのことは知っていますというメッセージ、そしてドイツ語で「弁護士」と書いて、もし本文までドイツ語で返事がきたら、読むのに辞書を引き引き長い時間かかってしまいますから。

新年の休暇中でもあり、しばらく返事がなかったので、バツをつけた雑誌を送って再度お願いすると、メールで返事がきました。

まず「Eメールをいただき、また、ドイツ大使館として対応する必要があったことへのご理解もいただき、ありがとうございました」とあって感激しました。

続いて「文脈がない状態でのヒットラーの画像はそれ自体がすでに問題となりますが、それ以上に、ドイツにおいてヒットラー式敬礼（右腕を斜め上に伸ばす敬礼）は刑法に違反する行為であります。そのため、当館はヒットラー式敬礼をしているヒットラーのイラストレーションが都内の地下鉄駅に陳列され、閲覧に供されていることを許容いたしかねます。

今回ご提案いただきました、表紙上でヒットラー式敬礼をしているヒットラーの姿に大きくバツ印をつけるという貴案に同意いたします。

また、この冊子が駅構内だけでなく、九〇におよぶ大学でも陳列・配布されていることがわかりました。これらすべての冊子についても、ヒットラーの姿にバツをつけていただきますようお願いいたします。よろしくお願いいいたします」と申入れを承諾してくれたのです。

ただそのとき長田さんに言って雑誌を送ってもらうと、バツを付けたのはヒットラーの体躯部分だけで、あげた右手にはバツが及んでいませんでした。

私は表紙の絵全体にバツをつけることを当然のことと想定していたのですが、どのようにバツをつけたのか見せてもらっていなかったのです。

長田さんに確認すると、徹夜ですべての雑誌に同様の小さいバッをつけて発送が済み、大学にはただバッをつけてくださいとお願いしただけとのことです。大変だ、と思いました。

どうしようか。でもよく考えてみると、大使館に送った雑誌も、右手にはバッが及んでいなかったのに、大使館からのメールは「これではだめです」とは言っていない。「ヒットラー式敬礼は刑法に違反する行為であります」と釘を刺しながら「これらすべての冊子についても、ヒットラーの姿にバッをつけていただきますよう」とだけ言っている。

「魚心あれば水心」とは日本のことわざだけれど、相手が日本の官庁だったらこうはいかないだろう。ありがたくドイツの「水心」をいただこう、と思って、ただ「本当にありがとうございます。長田に伝えてそのようにさせます」とだけ返信して、この件は終わっています。

実はこういう「水心」は外国人との間ではしばしば経験しますし、私もそうします。日本人相手の交渉は全く不得手な私ですが、外交官になって外国と交渉をしてみたいなと思うのはこういうときです。

「第10章　民事事件」インタビュー

徳永　『ガラス細工のジェーン・ドウ』も読ませていただきました。当時、自宅で法律事務所を開かれていたのですね。

五十嵐　今でも、ですけれど。

徳永　そうなのですね。市民の方々がご自宅にやって来られて、さまざまな交流があり、その中で住民運動が形成されていくという、そこに感銘を受けたというか、弁護士さんも身近な存在で活動されているという印象を受けました。

五十嵐　住民運動の事件というのは弁護士だから、依頼人だからというのでは全然なくて、仲間という感じでやれるのですごくいいですね。

徳永　今も交流されているのですか。

五十嵐　今はもう体力的に実務はできないのでしていませんが、昔そういう住民運動を一緒にやった人とは今でも交流があります。

徳永　自衛隊海外派兵禁止の仮処分申請の運動をされたときのことを、「あのときの熱気が日本にも民主主義が根づきつつあるという希望をみせてくれたものでした」とお書きになっています。それ以降の日本の状況に対する評価はいかがですか。

五十嵐　日本ばかりではありませんが、人類は戦争をして、ひどいことが起こることを実感するとすごく民主的になるというか、開明的になるというか、人道的になるというか、変わりますが、戦争から時間が経つとだんだんそれが薄れてきて、人権とか報道とか憲法という言葉はもう聞き飽きたというような感じになってきて、世界全体にそういう傾向があると思いますが、だんだん保守化というか、権力寄りになるというか、そういうふうになっていく。人類はそれを繰り返している。そういうものなのだなということをつくづく感じます。ただ兵器がどんどん近代化して、核も小型化して、実戦で使われるようなことになると、これまでの繰り返しもできなくなる。ロシアとウクライナの戦争で、人類は滅ぶのでは、という危惧が現実味を持ってきましたよね。

話を戻すと、この運動には、本当にさまざまな方が参加してくれました。みんなご自分で東京地裁まで仮処分申請に行ってくださったのですね。そうした方々がその体験を語ってくれて、そうしたら、ベ平連（ベトナムに平和を！　市民連合）の人とかいろいろな人がさらに関わってくれました。アウシュヴィッツの実録を描いた『ショアー』という本を訳した方とか、文化人も全くの庶民も協力してくれて九九日の間、毎日一人ずつ仮処分の申請に行くことができました。そのときの市民同士、仲間同士という感覚がものすごく嬉しかったです。今でもそういう気持ちを全世界の人類が持っていれば、戦争も起こらない本当にいい世の中だけどなと思います。

村井　最初に取り上げている、ボウリング場反対市民訴訟から初めて日照権の問題へつながったと。五十嵐敬喜さんが日照権を専門にされた契機はこの訴訟からですか。これを読ませてもらい、彼の原点なのかと思いました。

五十嵐　そうです。市民運動はいろいろな方向に発展していきます。その一つが日照権でした。市民は法律家と違い、これはおかしいのではないかという素朴な心を持っているのですね。法律家はこれこれの法律があるから違反だという法律家の限界で、市民はこれはどうしてもおかしいのではないかという自然な心から発想します。

日照権の訴訟で、何とかそのビルの建築を差し止めたいと思い、建築物の重量計算をする専門の人に教えを請いに行ったり、敷地の土質とか、水抜きをするためのパイプを埋めなければならないのでその構造を問題にしたりとか、何とか「違法」をみつけようと血眼になりました。そのとき住民運動の一人から「私たちはそんな些末なことを問題にしているんじゃないんですよ」と言われたのです。

「こんなに日陰にして、建物をどんどん建てて、今まで日が当たっていたのに当たらなくなるのはおかしいのではないか、と正面から言いたいんだ」と。それで、そこから日照権という言葉をつくり、運動をしていきました。日照権なんていう言葉はその前はなかったんですよ。

村井　そうでしたね。そういう意味では重要な訴訟だったわけですね。

徳永　それからエニグマ事件を挙げていただきました。解決の仕方が法的にということではないのかもしれませんが、双方にとってよい落としどころをみつけるところに、上手い解決策だなと思いました。

五十嵐　ヒットラー表紙事件も落としどころでうまくいった事件でした。あとで、代理人のあなたが何をしている人間か、ドイツ大使館は調べて、その上で同意してくれたのですね、と言ってくれる人がいて、「あの人は国際人権をやっている人なのだ」ということで（？）後ろ楯をしてくれたのだなと。弁護士活動というものは、ある意味トンチの出し方みたいなところがあります。だから幅広い観点を持っていて、チョロッとそれを出すとうまく解決できることがあるような気がします。それはエニグマ事件でもそうでした。

だから私は、弁護士になるには文学部を出ることを条件にしたほうがいいと言っています。冗談ですが。たくさんの文学を読んで、人間のことを知っている人が法律家になったほうがいい。そういう幅広い弁護士がたくさん出てくるといいなというのが私の願いです。

徳永　ありがとうございます。弁護士に求められる幅の広さがわかりました。

第11章　海外調査

「代用監獄は日本だけ」というアンケート結果から、外国の制度や実態に興味が沸いて何度かいろいろな国へ調査に行きました。弁護士会関係のツアーで行っても、団体としてはその他の用向きで行っても、私だけは、団体と離れても可能な限り見学先を警察、刑務所、裁判所にして、見て歩いたものです。

一九九一年八月に、冤罪支援団体の人を大勢連れてジュネーヴのパレ・デ・ナシオンに行き、すべてが終わってほっとして皆とレマン湖のほとりを散策したときに財布とパスポートが入ったハンドバッグをすられたので、それ以前の何年ぶんかの渡航歴を見ることができず、ここで申し上げるには欠けているところがあります。

外国の視察には随分古い時期のこともありますから、外国の実情が今の日本に参考になることだけ報告しようと思ったのですが、その時期でもこんなに進んでいたのは驚きだとか、日本は現在でもそうだとか、考えるとカットできないものもあります。

私はメモ魔で、どこに行っても細かくメモしてくるのですが、ただ今回メモをみつけられないものもあって、雑誌などにレポートを書いたもの以外は、視察報告が簡単になってしまっています。

ADMONITION OF RIGHTS

When a suspect in custody is to be interrogated regarding his possible participation in the commission of a criminal offense, he shall be "Warned" exactly as follows:

1. You have the right to remain silent.
2. If you give up the right to remain silent, anything you say can and will be used against you in a court of law.
3. You have the right to speak with an attorney and to have the attorney present during questioning.
4. If you so desire and cannot afford one, an attorney will be appointed for you without charge before questioning.

After the admonition has been given, the following questions shall be asked:

1. Do you understand each of these rights I have explained to you?
2. Do you wish to give up the right to remain silent?
3. Do you wish to give up the right to speak to an attorney and have him present during quesioning?

Include in any resulting report or recording of the interview:

1. The admonition of rights its entirety, AND
2. Statements indicating the suspect's understanding of the admonition, AND
3. Statements indicating whether the suspect waived his rights to remain silent and to have an attorney present, and how he waived them.

ミランダカード

1 「アメリカ視察団」——ワシントン、ニューヨーク等一〇地域（一九七八年三〜五月）

東京弁護士会としての初の公式海外視察団として、樋口俊二日弁連事務総長を団長に、留学経験のある松尾翼弁護士を事実上の引率者とした「アメリカ視察団」で、私としては初めての海外視察でした。

この報告は、視察に行った者が手分けして当時の「東京弁護士会会報」五六号に書いています。私は、ニューヨークではレセプションに来ていた矯正局の人に頼み込んで、他の人たちが国連本部へ行っている間に一人で、有名なライカーズ島を含むニューヨークの三つの矯正施設を見学したのでそのことを、ニューオーリンズではニューオーリンズ・パリッシュ・プリズンのことを、カリフォルニアではターミナル・アイランドの刑務所、グレンデール警察署にまた一人で行ったので、それらのことを詳しく書いています。

警察署は日本の新聞記者に頼んで一人で連れて

行ってもらったのですが、刑事にミランダ・ルールを実行しているかを聞いたところ、自分はちゃんと実行していると言い「ミランダ・カードをちらっと見せてルールを告げたことにする警察官もいるが、自分はそんなことはしない。ちゃんと口頭でその被疑者にわかるように話してやるんだ」と言って、その証拠として自分用のミランダ・カードを「使わないから」とくれたのには感激しました。視察報告では「最高の記念品だ」と書いています。

どの施設も日本では考えられない進歩した制度に目を開かされた視察団一行の報告は、今読んでも生き生きした記述に満ちています。

2 ドイツ・ハンブルク警察署（一九七九年九月）

国際刑法学会第一二回大会の会期中、ドイツの若い裁判官が同行してくれて庭山英雄先生とハンブルク警察署を見学しました。

留置施設は施設としては粗末なもので、それは短時日しか収容しないからとの説明でした。つまり代用監獄はない、尋問時間もすごく短い、ということくらいしか聞けない短時間の視察でした。実は庭山先生が同行の裁判官に変に遠慮して、突っ込んだ説明を求めなかったのです。残念な気持ちでした。

このあとイギリスに行く庭山先生に同行して、イギリスの警察、少年刑務所、拘置所を見学したことは、第7章（一五三〜一五五頁）でお話ししました。

3　スウェーデン、デンマークほか（一九八四年六月）

一九八四年六月、第二東京弁護士会監獄法等対策特別委員会の企画に同行して、イギリスの開放刑務所、閉鎖刑務所、留置場、司法省と、デンマークの閉鎖刑務所、留置場、司法省と、スウェーデンの開放刑務所、閉鎖刑務所、拘置所、司法省と、フランスの留置施設を見学しました。

私はこの視察以前もそれ以降も、いろいろな国のこうした施設を見学しました。どの国でも、被収容者を人間として尊重して取り扱うレベルが日本とは格段の差があると感じたのですが、最も感動したのがこのときで、特に北欧二か国でした。

犯罪関係者を収容する施設は、被疑者を短時間収容する日本で留置場と呼ばれる施設、公判終了まで収容する拘置所、刑の確定者を収容する刑務所のどこをとっても、日本とはあまりにも違う人権と社会復帰の根本の思想、「やがて社会に返す人。社会にあるときと同じに」処遇するという思想に、目を見開かされ、行刑というものの思考を転換させられた旅でした。

この見学をした一九八四年当時は、世界のどの国でも「テロリズム犯罪」を特別な取り締まりと処遇の対象とする状況になかった時代だったこともあったかもしれません。また二〇二二年現在ヨーロッパに大量に押し寄せる難民について、あの人権の国スウェーデンなどでの拒絶反応が報じられる中で、当時の人権思想の根本が今でも変わらずにあり続けられるのか、行って確かめたい思いに駆られます。

ここでは当時の見聞録をダイジェストにするほかないのですが、当時思考を転換させられた主なポイントごとにさまざまな施設での処遇をまとめてあげます。

(1)「フィロソフィ」

「刑事施設の目的は、被収容者が刑期を終わって社会に帰るときに、住居と職場、そして何よりも家族の愛がある状態を用意すること。これがわれわれのフィロソフィです。」

これはスウェーデンの司法省の担当官の説明ですが、このときに行った四か国の刑務施設で実行されている「フィロソフィ」であることを痛感させられました。

(2) 職の確保

アスプトーナ開放刑務所は、スウェーデンの首都ストックホルムから車で一時間の緑地帯の中、広大な芝生の敷地には色とりどりの草花がいっぱいで、正面には湖があって塀も柵もなくリゾート地のよう。四〇人の入所者のための住居棟が二つ、食堂、工場、事務棟兼娯楽場、職員宿舎各一つが点在しています。

刑期（あるいは残刑期）一年未満の四〇人の半数は、ストックホルムなどの民間施設で働いていて、朝弁当を持たせて送り出すので、通勤用の車が数台駐車していました。「残りの半数の人も、出所までには私たちが働き先を見つけて送り出す。出所者が職を得てここから出た後、生活していけるようにするのが私たちの仕事」と職員。

(3) 住居と家族、愛の確保

スウェーデンの開放刑務所では、外部企業に働きに出た入所者は、終業後三時間は自由時間で、家のある者は家で夕食を食べ、妻との時間をすごすことができます。そうすることができるように、長期刑者も出所前一年になると住所の近くの開放刑務所に移されます。

デンマークのヴリッツローザリラ閉鎖刑務所では、有名な「夫婦の面会室」を見せてもらいました。六畳ほどの居間ふうの装飾を施された部屋に応接セットのほかソファベッドがあり、飾り棚に使い捨ての紙のシーツがあり、入所者は作業時間内なら三時間、それ以外の時間なら制限なく、夫婦や恋人同士がすごせます。

スウェーデンの開放刑務所は、居住棟の自室に内側から鍵をかけて同じ目的に使っていました。居住棟入口は夜間、九時半から朝五時までは施錠されますが、それ以外は開放されているので、入所者と面会者は庭の木蔭などでも自由に面会できます。

フランスのポワシイ閉鎖刑務所は、死刑廃止国であるから最長期の終身刑者もいる施設ですが、一般面会室で「アンブラッセ」が許されていました。フランス語でアンブラッセはキスも含む抱擁の意味なので、職員に確認したところ、そうだとのこと。三〇〇人の収容者のうち毎年一〇〜一二組の結婚が成立するということでした。

ポワシイ以外の一般面会でも、イギリスも含めてすべての国で、閉鎖刑務所であっても大部屋に多数のテーブルがあって、収容者と面会者は多数が同時にテーブルについて面会し、看視者は離れたところに一人いるだけ。日本のように会話を聞き取ったり書き取ったりするところはありません。

家族との電話は、どこの施設でも自由に傍受などなしにできていました。

家族との絆を維持させ、さらには作り出すこと。これが再犯を防ぐ最大の方策で、だから矯正の目的のためにどこの国でも可能な限りの工夫を凝らして実現させようとしているという現場を見せてもらいました。

(4) 長期受刑者ほど豊かな室内

四つの国すべてで収容者の個室を見せてもらいました。驚いたのは「室内持ち込み品」の多さで、「大学の寄宿舎のような」とはよく言われる形容ですが、本当に品物で満ち溢れていました。日本では同時に持ち込める数が極めて少ない、本、衣類はその数の多さに驚きましたが、コーヒー、紅茶、菓子、果物、壁にはピンナップ写真や絵がいっぱい、ラジカセ、テレビ、ビデオプレイヤー、楽器、タイプライター、鳥籠までありました。

持ち込み品が多いのは開放刑務所より閉鎖刑務所、特に長期受刑者の部屋でした。日本だと悪いことをしたほど優遇するなんて考えられない、となるでしょう。フランスのポワシイ閉鎖刑務所では、二〇年の刑を受けた受刑者が三人用の部屋を一人で使い、原則は持ち込み禁止の食料を大量に持ち込んで自炊まで許されていました。「警備程度の低い者ほど持ち込み品が少ないというパラドックス。だが短期者にまで鳥を許したのでは、刑務所が鳥小屋になってしまう」(イギリス司法省の職員)、「短期の者はすぐに社会に帰れるが、長期の者にはここが社会だ」(ポワシイの刑務官)、「自由で社会と同じ生活を与えるのが矯正を担当するわれわれのフィロソフィ」(デンマークのヴリッツローザリラ閉鎖刑務所の刑務官)。施設の建物自体からしてこの思想で造られていました。

スウェーデンのアスプトーナ開放刑務所の居室は、コンビナート建設の作業員宿舎といった簡素なつくりでしたが、フディンゲ閉鎖刑務所は建築家が粋を凝らした住宅といった外観で、個室にはそれぞれ北欧風の木彫りベッド（私たちが泊まったホテルの素敵だと思ったベッドよりさらに手の込んだつくりで、日本のデパートで買えば当時一〇〇万円はすると思った）をはじめ白木で統一された豪華な家具を備え、個室とは別に数人に一つの共同の「居間」がありました。

(5) 受刑者と刑務官は対等の個人

これらの国の刑務のフィロソフィは、物的な面だけでなく受刑者と刑務官の人間関係で実行されていました。

どこの国でも、囚人服は姿を消し、収容者は思い思いの私服を着ているので、見学者には受刑者と刑務官の区別がつきません。

職員が収容者を tutoyer（二人称単数で話す＝日本語なら「お前呼ばわり」）することを禁止する。これはヨーロッパ大陸の行刑法に共通の規定だということです。

日本では、職員は収容者を「お前」と呼んで命令し、収容者は職員を「先生」と呼んで敬語で話さなければなりません。日本ではこうして職員が「指導」するのだとしていますが、強制的に服従させることを指導だとする日本の行刑思想を改めなければならないと感じさせられました。

見学先で尋ねると、どこでも、収容者が職員を姓で呼ぶところでは職員も収容者を姓で呼び、収容者が職員を名で呼ぶところでは職員も収容者を名で呼んでいました。お互いに冗談を言い合ったりして友人のように付き合っている。上下の関係は全くありません。

ヴリッツローザリラ閉鎖刑務所で、われわれ見学者が収容者の個室を見たいと言うと、刑務官がその個室の収容者に尋ねた言葉を通訳に語感がわかるように正確に訳してほしいと頼んだところ「誠に恐縮ですが、お取り込み中すみませんが、日本から来たお客さんに、あなたのお部屋を見せていただいていいでしょうか」でした。通訳は、これは普通の市民が隣人に同じことを頼むときの言い方だと言います。

完全に対等の個人同士という関係で、行刑がスムーズに行われている。これを驚く日本の見学者のほうがおかしいのだと教えられた旅でした。

(6) 精神の自由

以上のすべての処遇は、収容者にも、職員にも、精神の自由を保障することにほかなりません。そして信教の自由も保障されていて、たとえばイスラム教徒は、日に何回かメッカに向かって礼拝することを、作業中であっても許されています。

作業など以外の自由な時間を何に使おうと自由であるという当然のことが、日本の刑事施設にはないことを改めて思い知らされました。

私は、以前日弁連で監獄法改定に関する仕事をしていて、刑事施設内での収容者の遵守事項を集めましたが、作業以外の時間は個室でも入口に向かって正座していなければならず、脱いだ靴下は徳利状にして立てておく、歯磨きをしながら歩いてはならないなどと一挙手一投足まで規則がらめで、経験者は「違反しないかばかり四六時中心配する暮らしで更生のことなど考える暇がない」と言っていました。

精神の自由こそが、社会復帰の最善の方策なのだと、ヨーロッパの刑事施設から教えられました。

(7) 警察――留置と尋問

どこの国でも、被逮捕者を警察に置けるのは司法官面接(日本の勾留質問)までで、その後は警察に連れ戻さないという自由権規約九条通りの実務になっていました。そのため警察に置かれるのは長くても休日を除く二日間、その二日のうち警察官が尋問するのは二時間のみが一般的ということでした。

一逮捕・勾留で二三日、延長されればその何倍も警察に置かれ、毎日何時間でも取り調べられるという日本の「代用監獄」制度は、当然のことながらどこの国にもなかったことが確認できました。ストックホルムの警察署では、尋問も弁護人の面会も同様に面会室で行われ、かち合えば弁護人面会のほうが優先される。被疑者は尋問を受けたくなければ、面会室に行かなければいいとのことでした。

当時他の国ではこれほどの尋問制限はなく、イギリス、デンマークではわれわれが問い詰めると警察官は「被疑者が答えるかどうかは自由だが、警察には質問を繰り返す自由がある」と言いました。

警察活動については、アメリカのような「決闘」の意識が実務には残っているのかと思わせられ、どこの国でも行刑よりは遅れている感じでした。

ただイギリスでは、ちょうどこの年に立法されたPACE(Police and Criminal Evidence ACT 1984:警察及び刑事証拠法)とそのCode of Practice(運用規程あるいは運用規範の訳も)の度重なる改定によって、現在は格段に人権尊重の実務になり、被疑者の自由意思に反する尋問が行われることはないことを、日弁連刑事法制委員会で二〇一六年から六年がかりで実施した外国アンケート（私が解説を書いて、刑法通信一一八号として刊行している）で確認できます。

拘置所については、スウェーデン語の Allmänna Häktet の Allmänna は「一般の」とか「公共の」の意味で、Häktet は家、「犯罪を疑われる者を裁判の間、拘置しておく施設」といった響きがないネーミングにしているのが印象的でした。

拘置所では、どこの国でも収容者処遇は刑務所同様に行われていて、個室内持ち込み品は開放刑務所と同様、多数でした。

(8) 奪うのは「行くと来るの自由」だけ

「施設から出られない。人間からその自由を奪うことだけが刑罰だ。それ以外に収容者の人格を侵してはいけない」

スウェーデンの法務省で、職員から聞いた言葉です。

フランスには「刑罰とは d'aller et venir（行くと来る）の自由を奪うことだ」という行刑思想があると聞いてはいましたが、それが地球の裏側では広く現実のものになりつつあるということを実感できたのは、いろいろな外国視察でこのときだけでした。

比較すると、何度か行ったアメリカでの視察では、被疑者や受刑者と警察官や検察官、行刑官は対立する当事者だという思想が残っている気がします。対立する当事者・決闘の相手方とは公正にプレイしなければならないという枠組みでのデュープロセス思想であると感じます。

日本では、今でも明治五年監獄則以来の「懲役」「懲らしめのための役務」という言葉が使われています。刑とは「悪いことをした奴の懲らしめに科す苦役」なのだから「娑婆とは違う苦しい暮らしをさせなければならない」「懲らしめられ、こりて悪いことをしないようにさせる」という思想の伝統を今でも脱することができない行刑。

そのために、犯した悪いことの大きさに応じて、社会とは違う厳しく貧しい暮らしをさせるという思想が現在でも日本の行刑実態の中に強く残っていることをつくづく考えさせられたのが、この視察の旅でした。

4 アメリカ（一九八六年二月）

ここもメモが見つからないのですが、カリフォルニア州、たぶんロス・アンゼルスの連邦地裁、警察署と近郷の刑務所を回りました。

警察署で新しく知ったことは、署の前に掲示板があり「釈放名簿」が毎日出ることでした。プライバシーはどうなるの?と驚いたのですが、アメリカでは日本の令状逮捕に当たる逮捕はごく少なくて、ほとんどが警察官（外勤警察官）が stop and search（日本の職務質問に近いが、警察官の権限はもっと強くて、逃げ出せば射殺されることも）で逮捕されるので、逮捕されても犯罪と関係ないことが多く、そうなった人の名誉回復のためだと説明されたのが印象的でした。今でもあの掲示板があるのか見に行ってみたいです。

連邦地裁で法廷を傍聴したのですが、法廷に大きなテレビカメラが据え付けられていて、回り続けていました。Court TVで、裁判長の許可した事件だとのことでしたが、一日中放映されているとのこと。日本は今でも開廷前、裁判官だけが入って映像を撮ったあとでカメラが法廷から出されてから、傍聴者も、被告人も入れるのが実態で、審理の内容は公開が原則なのにこれでいいのかと問題になっているのと正反対で、裁判の公正を保つために全過程を公開しているとのことでした。

夕方になると裁判所の前に長い列ができていて、それはnight court（夜間法廷）を見るための傍聴希望者の列だとのことでした。まるで裁判がエンタメだね、と日本人同士話し合ったのですが――。


刑務所は職業訓練が充実していて、当時でもプログラマー、潜水士など高給がとれる職業が多かったのには感心しました。

訪問がちょうど昼食時に当たったのですが、カフェテリア方式で、入所者は皿を持って行って、肉料理は一人一回だけですが、野菜やパン、パスタなどは何度でも好きなだけとっていいことになっていました。たぶんここでわれわれ見学者も同様に、メニューを選んでごちそうになった記憶があります。

日本人の受刑者がいるからと、われわれのところに案内されて来て、職員は立ち去り、自由にいくらでも話ができました。

5　スイス・ジュネーヴ（一九八九年三月）

一九八九年二月から三月にかけて長期間開かれた、当時の国連人権委員会（United Nations

Commission on Human Rights）に「ジュネーヴ人権ツアー」として弁護士一二人と事務局員二人に冤罪被害者の梅田義光さんと参加し、ロビー活動と日本の審査部分を見学したあとで、ジュネーヴの警察署とシャンドロン拘置所を見学しました。

日本政府が「スイスにも代用監獄はある」と虚偽の反論をしたので事実を確かめるためで、警察官や職員に、何度もさまざまな方向から質問したのですが、「警察に拘禁するのは二四時間以内で、二度と連れ戻さない」、つまり代用監獄制度はない、と明確な回答を得ました。

6 アメリカ――バークレー、サンフランシスコ（一九八九年一一月）

アメリカ犯罪学会での報告のあと、カリフォルニア州のバークレーとサンフランシスコで陪審裁判、警察署、拘置所の見学とともに、民間有志あるいは官民共同で運営するＯＲ（自己誓約システム）の試行を見せてもらいました。ＯＲとは、被逮捕者、拘禁者が、保釈金や身元保証ではなく、自らの行動を決めて、その行動をして逃亡しないと、当局との間で誓約することによって、拘禁を解かれるシステムです。

カリフォルニア州は、二〇二〇年一一月にこのシステムの可否を問う住民投票を行って、法律が成立、施行されるのですが、それを待たずに、当時からすでに実務では保釈金制度は使わないようにしていました。新制度の成功を期して民間有志が団体をつくり、ある地域では官と協力して半官半民の組織をつくって、ボランティアが拘禁施設に出向いて被逮捕者、拘禁者と面会して、どうやって生活を立て直すか、薬物やアルコール中毒者はその治療施設に通うことなどを含めて生活の見直しを誓約するよう説得し、裁判官とも面会して身体拘束を解いてもらうのです。その活動には本当に感激しました。

帰国後、日本でもこれをお手本にして保釈制度を改善したいと思ったのですが、全く無理だったのです。

現在カリフォルニア州では、未決中の身体釈放の多くはORによって行われています。二〇二〇年夏に、保釈中の逃亡罪が法制審にかかった日本には、とても参考にするべきシステムなのですが、日本では、被逮捕者、拘禁者はあくまでも手続の客体でしかなく、彼らに自分の責任で考えて決めさせる、という手続の発想など、全く場違いなのですね。

7　東京三弁護士会「北米刑事施設視察旅行」（一九九三年六〜七月）

(1)　シカゴ・MCC（六月二八日）

市の中心街にある刑務所など日本では考えられませんが、MCC（メトロポリタン・コレクションセンター＝刑務所）では市内に設けたのは家族との面会を便宜にするためにとのことでした。三角形二六階のビルディングで、収容者は五八七人（うち女性二二人）、未決と既決、ホルド・オーバー（移送待ち）の三種類（別々に収容する）、職員は一〇一人。

以下は所長の説明をメモしたものです。

・ソーシャル・ワーキング、レクリエーションを重視している。短期入所者には限られた時間を有効に使うように職業訓練を行う。二五階に訓練所があり、大工、清掃、修理、メンテナンスなどを外部の業者の指導で訓練。

・薬物犯罪者が多く、抜き打ちで薬物検査をする薬物使用者用プログラムが多種。ヘロイン常習者などにはクスリの減量を指導する。大声をあげて騒ぐ者もいるのでアイソレーション（独居拘禁）にすることも。エイズなどはスプリングフィールドの医療刑務所に送る。収容者には刑務作業もさせるが、薬物使用者には施設内の食事関係の作業はさせない。

・家族との面会は一日一回。家族などとの電話はできるが、傍受、記録されている。弁護士との面会は別枠で秘密交通でできる。面会中止はない。

・エディケイション部：図書室（tower library）、法律図書、連邦と州の法規集も備え、英語のほかスペイン語、それ以外の言語の図書も「一冊ぐらいずつはある」。レジャー用の図書もある。各階の収容室からカードで注文、配達してもらって読めるようにしている。タイプライター、コピー機も使える。ハイスクール、カレッジの二クラスがあって卒業証書がもらえる。外国人向けの英語教室もあって、希望者は受けられる。

・チャペルもあって、礼拝や懺悔聴聞もできる。

・七階が医療フロアーになっていて、医師と九人のトレーナー、三人の職員が常駐。入口にヘルスサービススタッフの名札が掛けてあるのは、誰から治療を受けたのかわかるようにとのこと。精神科医と心理スタッフもいる。薬局、歯科もある。簡単な手術ならここでできる。できない治療は外部病院と連携。

・収容者は、月一五〇ドル、クリスマスには「クリスマスギフトが受け取れないので」、別に五〇〇ドルもらえる。販売部があり、靴、スナック、化粧品などが買える。床屋もある。
・既決囚ユニットは原則二人房になっている。収容者用の個室は便器付きだが、金属製で蓋がない。陶器にしたり、蓋をつけると、収容者が壊してしまうからとのこと。

施設側と収容者との関係は一種暴力的な部分もあるのだと感じました。

運動場は屋上で、日光に当たれますが、収容者数を考えると狭いものでした。

(2) 北部イリノイ州連邦裁判所判事と面会

州の判事は選挙で選ばれますが、連邦判事は大統領の任命で終身制とのこと。

ミランダ・ルールについて聞くと、「影響は広範で、FBIはよくルールを守っている。このルールによって自白を信用できるようになった」。

陪審と裁判官の意見が違うことはあるかと聞くと、「まれにだが、ある」とのことでした。

(3) 北部イリノイ州連邦裁判所の法廷見学

法廷の見取り図をスケッチで描いたのが残してありました。日本の感覚と違うので一生懸命描いたようです。正面に裁判官席とその前に書記官席、その前に証言台があるのは日本と同じですが、その向かって左に陪審員席があり、そちらに向かって長い机と椅子があって、一列目に検察官が三人陪審席に向い合って並び、その後ろに同じ長い机に弁護人二人が同様に陪審席に向いて座るのが印象的だったのです。

公判は電話回線を利用した広域詐欺事件の最終場面で、まず検察官（黒人）の最終弁論。パネルをつくってきて説明しますが、被害金額が起訴金額を超えると弁護人が異議。裁判官が“I think so.”と言って、陪審に検察官のこの説明を考慮しないように、と注意したのも印象的でした。弁護人の異議があると、裁判官が壇上から下りて検察官と弁護人を呼び、法廷の隅でひそひそと協議する。陪審に聞かせないようにしているようでした。

時間の関係で評決の結果を見られなかったのは残念でした。

(4) 北部イリノイ州連邦検事局

検事が一二五人いて、一一〇人は刑事担当、一五人が民事担当で、一人一〇〇件担当しているとのこと。

民事担当は何をするのか聞いたところ、選挙過誤、雇用差別、財産没取、人権侵害、環境問題とのことでした。

ここでもミランダ・ルールの影響について聞くと、「誰に聞くかで答えは違うだろう。連邦では虚偽自白は減ったと思う。ミランダで犯罪が多くなるとの意見があったがそうでもない。警察がミランダ違反をして自白をとっても検察は使わない。他の証拠で立証するから」。

「警察が逮捕、捜査した被疑者を短時間でジェイルかMCCに送る。三〇日以内に起訴しなければ不起訴になる」。

MCCの話が出たので、便器を壊す話を思い出し、収容者の取扱いで人権違反を提訴されることはないのか聞くと「一七年この仕事をしているが一件もない」とのことでした。

も多いので驚きます。

(5) イリノイ弁護士会

説明してくれた弁護士が率直な人だったのか、当時のメモを見ると、内輪話のような実情もとても多いので驚きます。

特に、私などはそれまで、連邦最高裁の有名な判決などの情報から、アメリカでは警察が違法捜査をしても、裁判所がきちんと適正手続かどうかを判断すると思っていたので、この弁護士の話はかなり認識を改めさせるものでした。アメリカでは、このあと実務は改善されたのかもしれませんが、ここで聞いた実情は法曹三者と警察の本質に関わる問題なので、現在でもなくなっていないのでは、と思われ、貴重な情報だと思い詳しく記載しておきます（質問に対する答えなので、答えのテーマが順不同バラバラになっています）。

・まず、弁護士会へ依頼人からの弁護士の苦情が多い。
・依頼人に事件の経緯を話さない。提訴の期限を徒過、よく弁護しない。検察官の不当な行為を問題にしない等々。
・毎日六〜七件の殺人事件があり、シカゴでは大金持ちの依頼人が弁護を依頼する高収入の一部弁護士がいるが——。
・クックカウンティでは人口七〇〇万人に、弁護士が二万四〇〇〇人しかいない。
・クックカウンティには連邦と州合わせて二〇の裁判所があり、被疑者の七〇％がパブリック・ディフェンダー（ＰＤ：公設弁護士）を要求する。

・ＰＤオフィスは少なく、サラリーは極めて安い。入る弁護士は二種類。他の仕事がない人と信条としてやる人。七万五〇〇〇ドルの給与を提示した他の事務所を断ってＰＤオフィスに入った人も。ＰＤになる以外では積むことのできない経験もあるとして、ここに来た人もいる。

・（ミランダについて聞くと）警察はミランダ・ウォーニングをするが、そのあと弁護士なんかいらないと言って、弁護士に依頼する権利を被疑者に放棄させ、裁判所はそれを認める。警察には放棄するための書式があって被疑者にサインさせている。

・例をあげると、三人の共犯による殺人事件について、警察官は二人に「単なる見張りだろう」と持ち掛け、被疑者は殺人罪には問われないと思って弁護人を放棄した。裁判所はそれでも（ミランダ・ウォーニングをしているから）放棄は適正な手続だとした。

・連邦ではもっと複雑で、朝六時（弁護士が対応できない時間）に被疑者の家に行き「弁護士は役に立たない」と被疑者に依頼権を放棄させ、裁判所は放棄を有効だと認めた。

・（代用監獄関連での質問に）Police station に被逮捕者を置けるのは、州は四八時間、連邦は八時間まで。取調べのやり方はミランダで変わったかと聞くと「ミランダにはそれほど大きな影響力はない。ごく最近、警察が被疑者を拷問した例がある。警察のやり方は巧妙になったが、裁判官は、警察がミランダ・ウォーニングをしたと言えば信用する。正直に『しなかった』と言ったときのみミランダ違反を認める。そうなる理由の一部として、アメリカでは法意識が保守化している。メディアが犯罪を大きく取り上げ、世論が、法を厳格に適用しろとなる。犯罪者がミランダで解放されると、世論の非難が起こる」。

・（取調べのテープ録音）警察はしたがらない。録音していると被疑者がしゃべらないと。シカゴでは録音しない。弁護人の一人が隠し録音した例があったが、被疑者は有罪になった。その被疑者は（通報した？）他の弁護人と裁判所の共謀だと怒った。

・（接見）弁護士を被疑者が指定して求めれば接見させる。家族からの依頼で接見に行く弁護士を警察が拒否することもある。チャージのあとは接見時間を制限することもある。

このように随分本音を聞けました。

このツアーの参加者は多数で二班に分かれ、他の班は、ロス・アンゼルス・カウンティジェイル、連邦拘置所見学、カリフォルニア州裁判傍聴・裁判官とのミーティング、公設弁護人事務所訪問、ロス警察見学、ニューヨークでは、ニューヨーク市留置センター、連邦拘置所見学と、盛りだくさんのツアーでした。

8　カナダ・バンクーバー（一九九三年六月）

これもメモが見つからなくて。アラスカ経由だったこと、弁護士会の人たちと一緒だったこと、警察署や裁判所を見学したのですが、記憶に残るほどの発見はなかった感じで、日本人のある有名タレントがバンクーバーに住んでいて、その自宅を訪問したことを同行の弁護士さんらがとても喜んだことは覚えているのですが――。

9　イギリス——ロンドン、ブリストル（一九九六年五月）

ロンドン大学ブリストル・カレッジで学んだ、新潟大学の鮎越溢弘教授の案内で、ロンドンとブリストルへ行きました。

メモが見つからないので、記憶に残っていることだけあげます。

ローファームで法曹制度の説明を聞く
（1996年5月、ブリストル）

陪審裁判を比較的長い時間見ることができ、事件の現場付近と現場の建物から室内まで、何の音も入っていないビデオで見せる証拠調べに感心しました。日本では実況見分調書、検証調書として、写真とともに、作成した捜査官の説明が付記されています。そうした説明は捜査官の見解が入るので、それを排除して客観的な証拠にしていることに感心したのです。

ロンドンではバリスターの養成所Inns of Courtを訪問し、説明を聞くことができました。Inn（宿屋）という名の通り、衣食住をともにしながら、Innの宿主であるバリスターの教えを受けながら実務を含む修習をするので、徒弟制度の名残り（?）という感じがありました。

あと古本屋街の近くのホテルだったのでいろいろ本を買っ

たのですが、犯罪報道関係の本に「犯罪報道が多いほど、市民の治安への不安が増える」とあったので、わが意を得たりと喜んだことを覚えています。

10　オーストリア——陪審と参審（一九九八年一一月）

市民参加制度調査　ウィーンの裁判所で裁判官から説明を受ける（1998年11月）。

当時、日本でも市民の司法参加が制度化されるかもしれないといわれ、一九九九年には内閣に司法制度改革審議会が設置され、二〇〇一年には「意見書」が発表され、二〇〇四年の「裁判員の参加する刑事裁判に関する法律」の国会通過につながる時期でした。

東京三弁護士会陪審制度委員会がその対応のために企画した、何カ国かへの市民参加制度調査の一つでオーストリア行きに参加しました。オーストリアは、陪審制と参審制がともに実施されている国だったので、行ってみたかったのです。

ここもメモが見つからないのですが、特に記憶に残っているのが、ある陪審裁判です。証人尋問が終わると、裁判長がそれを自分でまとめた内容を早口でしゃべって書記官がそれを記録するので、これが証拠になるので果たしていいのだろうかと思いました。参加した陪審員の女性にインタビューできたのが収穫でしたが、何が何だかよくわからないうちに終わったというのが本音のようでした。すべての陪審裁判がこのように行われているのかはわかりませんが、これで陪審裁判をやっているといえるのか、という印象でした。

参審制は、一般の刑事のほか、いくつかの専門分野ごとに分かれていて、それぞれ裁判官に専門家の参審員が二人つくというパートを見学しました。労働事件で、労働者と経営者の参審員が各一人ついての評議の場を見せてもらいました。

労働者参審員がとても優秀で、裁判官は彼の言うことをよく聞いているという感じでした。経営者参審員はあまりしゃべらず、これでは労働者参審員の言う通りの判決になるのだろうな、という感じでした。

11　イギリス（一九九九年六月）

当時日本の心理学者の間で、供述の心理的研究、特に「司法面接」への関心が高まり、弁護士との勉強会もいろいろ開かれました。

日弁連刑事弁護センターの中でこのことに熱意を持っていた一瀬敬一郎さんが熱心に運営して百数十回続いた心理学者と刑事法学者、弁護士の研究会「目撃証言研究会」は、のちに「法と心理学会」の設立へと発展していくものでした。

私も長期にわたって参加していて、心理学者らと仲良くなり、彼らの研究会にもいろいろ参加させてもらっていたので、この心理学者グループのイギリス視察に誘われました。

イギリスでは当時、警察をあげて、被疑者尋問で質問者がどう質問したら、予断を与えず、答えを誘導したり、強制したりしない客観的な質問にすることができるかの研究が進んでいて、それを調査するツアーだというので、喜んで参加しました。

警察で、実際の被疑者尋問を見たかったのですが、それはプライバシー保護のためとして実現しなかったのですが、警察官がこの新しい尋問方法の訓練を受ける場面、実在した事件のシナリオで、指導する警察官が被疑者役の警察官を尋問する場面を見せてもらうことができました。

とても感心したのは、被疑者尋問をまるで法廷での尋問のように、礼節をもって誘導や押し付けをせず、しかし核心を突いて事実を言わざるを得ない鋭い質問を重ねて、短時間で必要な答弁をさせていく有様でした。日本的な「取調べ」とはあまりにも違いました。

イギリスでも、多くの冤罪事件があって、そのたびに調査のための王立委員会が設置されて冤罪原因の調査をしてきたのです。それらの結果を一九八四年にPACE（警察及び刑事証拠法）として立法し、その codes of practice（運用規範、現在ではAからHまで八規範で常時改定を重ねている）で被疑者の逮捕から捜索・差し押さえ、尋問など、それぞれの手続で警察官が順守すべき実務のルールを定めているのですが、尋問の実務規範 code C に従った尋問とはこれなのだ、と感動したのです。

当時、私としてはこの研究が、世界的にも特異な人権侵害のもとである日本の被疑者取調べを改善することに役立てばと期待したのですが、心理学会からも、弁護士会からも、その本質的な変革への動きは起こっていません。

一方、このイギリス調査に参加していた仲真紀子さんが中心になって、子どもなどが対象の「司法面接」を実務化する途が探られてきました。

ただ、日本では現在、その実務化は危惧される方向に向かっているといわざるを得ないのが実情です。

「司法面接」とは、欧米で一九八〇年代から、子どもの証言による冤罪が起こったことによって研究、ついで実務化されたものです。子どもや精神等障碍者など（以下「子ども等」と表記）「供述弱者」と呼ばれる犯罪被害者や目撃者などを傷つけず、記憶が長続きせず変わりやすい、供述を求める相手の質問の仕方や暗示による影響を受けやすいといった特性に配慮した方法で、証言を保存する質問の方法です。

そのためには、被害や目撃などの体験の後なるべく早く、こうした配慮無くされる質問（事前汚染）の機会をなくし、できれば聴取を一度だけにしながら、事実を正確に話してもらう質問の手法を会得した有資格者による聴取する方法（プロトコールはＮＩＣＨＤ、ＲＡＴＡＣ、ＡＢＥなど世界に多数、日本ではChildFirstなど）が研究され、制度化が志向されているものです。「子ども等」への聴取は、こうした「司法面接」の方法が十分研究された上で、制度化して実施されなければなりません。

「子ども等」からどのように供述証拠を採るかは、刑事司法手続の中の、特に日本では国連機関から国際人権基準違反として三〇年以上指摘され続けている取調べ全体のあり方に関わる大きな問題なのです。

私はその意味からプロトコールに関心を持っていたのですが、うっかりしている間に、事態は大変な方向に進んでいました。

法務省は、刑法性犯罪の実体法規定を見直すとして、法制審議会に刑事法（性犯罪関係）部会を立ち上げ、二〇二一年一〇月から審議が行われているのですが、性犯罪の新設などの議論をしているものとばかり思っている間に、司法手続法の分野が審議の中に入れられて、本来司法面接にするべき、供述弱者の取調べについて驚くべき立法化の準備をされてしまったのです。

それは二〇二二年一〇月二四日の第一〇回会議で法務省が「資料」として配布した「試案」（法制審では、ある程度の回数の会議のあと事務局から「試案」が出され、それは法務省がその部会の結論にしたい内容なのです）で、一部性犯罪の被害者とともに、性犯罪以外の子どもや一部の成人をも対象範囲とする「被害者等の聴取結果を記録した録音・録画記録媒体に係る証拠能力の特則の新設」でした。タイトルで「被害者等」としているのは、被害者ではない証人など（試案第二 - 二(1)ウ）も含むからです。

対象となるこれらの人の供述を聴取するのは、諸外国では規定の研修を受けて資格を与えられた有資格者でなければならないのですが、それを警察・検察が採取して、その録音・録画DVDを「刑事訴訟法第三二一条第一項の規定にかかわらず、これを証拠とすることができる」制度をつくるというものです。警察・検察が取調べをして作文する供述調書が証拠能力を持つ、国際人権基準から批判され続けている日本刑訴法三二一条以下の規定すら外して、無条件でそのまま公判証拠にするというとんでもない刑訴法改悪の法案の準備なのです。

実は検察・警察は二〇一五年からこうした対象者に対して「代表者聴取」と称して行った取調べ、その録音・録画DVDとそれを書面化した「捜査報告書」を刑事公判の証拠に使っていたことを、法制審同部会の第五回会議（二〇二二年二月二八日）で配布した「代表者聴取の取組の実情」によって公表していました。

立法によってこの国の実務となるであろう、その「実情」は以下の通りです。

まず子どもなどから「聴取」を行うための心理学や正しいプロトコールを身に着けた資格者が行うべきとされているその資格について。検察庁では民間や大学教授等による児童の事情聴取方法に関する講義・演習を二〇二〇年度は三一名、二一年度は二〇六名の検察官が受講（以後はコロナのため中止）（八頁）。これだけの「受講」で司法面接に要求される「資格」ができたとは到底言い難いのに、その「受講者」は全国三〇〇〇人の検察官の一割にも満たない。だから「聴取技術を習得した者を中心に事件を配点」（傍線は筆者）としています。「中心」以外の「受講」すらしていない者も含む検察官（副検事も？）が行った「聴取」は、二〇二〇年まででも六八四一件になっていました（一〇頁）。

児相を所轄する厚生労働省の用語である「協同面接」では、児相と警察・検察の三機関が協議して聴取を行う機関等を決めるということですが、その結果実際に聴取を行ったのは二〇二〇年度で検察が七三・二一％、警察が一八・九三％、児相はわずか七・八五％ということで（一三頁）、聴取はほとんど捜査機関が行っているのが実情です。

実務上「試案」の内容が先取りされていたのです。

「同一事件における同一聴取対象者に対する代表者聴取の実施回数」というグラフ（一九頁）によると、「聴取」の多くは一回で終わっているが、六回も行っているものが三件もあり、これでは成人の被疑者に対する取調べの繰り返しと変わらなくなるのでは？と懸念されます。

「代表者聴取の証拠化の方法」（三二頁）の大題で始まる数頁では、「代表者聴取の証拠化・証拠利用状況」として「代表者聴取の状況は原則、録音録画を実施、基本的には、供述調書は作成しない⇒その代わりに、代表者聴取の結果を取りまとめた捜査報告書を作成している例もあり」として捜査報告書の書式がつけられています。被聴取者の言ったことが文字化され実質ＤＶＤの反訳書であって、結局検察の望み通りの有罪証拠化に向けて文書化しているのが実態のようです。

「代表者聴取の録音録画実施状況」（三二頁）で、特に最近は九〇％以上録音・録画されていて、付加される捜査報告書とともに公判で検察から証拠申請される仕組みであることが下記の判例等でみえます。

「録音録画記録媒体の公判での採用状況」（三四頁）で二〇一八年四月から二一年三月までの期間に判決が言い渡された刑事裁判における件数で、補助証拠として用いられたのが八件あることは、証人の証言に疑義が持たれたのでしょう。実質証拠として用いられたのが二七件で、その採用の刑訴法の適用条文としては三二六条が二三件、三二一条一項二号前段が一件、後段が二件、そのどちらか不明のものが一件、としています。

この表では証拠調べ請求をした件数は挙げられていないので、裁判所による採用のパーセンテージ、また裁判所がどういう基準で証拠採用しているのかも不明ですが、もし裁判所が検察の証拠申請を却下した事例があれば、この国では稀有のことですからニュースになり「判例時報」等にも載るはずで、それがないのは却下事例がないとみていいのでしょう。

初期に検察官がした「聴取」の結果を証拠採用した判例としてあげられる大阪高裁令和元年七月二五日判決を見ると、被害女児の法廷証言では、犯人の特定ができないとして、女性の検察官が「司法面接」を行った録音・録画ＤＶＤと添付の捜査報告書を刑訴法三二一条一項二号後段で証拠調べした結果、一審で有罪、控訴審も捜査報告書の証拠採用は法令違反とする弁護側主張を退けて控訴棄却。録音・録画ＤＶＤと添付の捜査報告書が、有罪立証に用いられる過程がみえる判例です。「試案」が立法化されれば、刑訴法三二一条に該当するかの争いもする余地なく検察が「代表者聴取」したＤＶＤと捜査報告書が法廷証拠となり、公判時点で弁護側に反対尋問権が奪われないとしても、記憶が薄れている被聴取者に替えてＤＶＤが主尋問の位置を占めるといわれています。事件後、誰が司法面接をするかが正確な証拠を得るポイントになるのに、それを行うのが検察・警察であるという本来の「司法面接」とは真逆といえる実務が法制化されようとしているのです。

実は、検察については法制審で以上の「資料」が提出されていますが、警察ではどのように実施されているのか、その「記録媒体」が司法手続でどう扱われているのかの情報は一切公表されていません。

「試案」では「(1)に掲げる者（筆者注：上記した性犯罪以外の子どもや一部の成人を含む被聴取者）の供述及びその状況を録音及び録画を同時に行う方法により記録した記録媒体」とのみいって、警察・検察の区別をしていないのです。

この法制化は刑訴法三二一条の検察・警察の区別すら取り払って、その「面接」結果に証拠能力を付与する法制になるのです。

これは日本の基本的な刑事手続の問題です。国際的に悪名高い日本の取調べ証拠主義の司法、伝聞法則違反の刑事手続が、「司法面接」を契機に、その刑訴法三二一条以下の法律すら適用しない刑事手続に「発展」しようとしているのです。

法曹界、学会でも、この刑事手続法の曲がり角に対する目立った反対の声は聞こえてこない現在に焦りを感じるばかりです。

第12章　大学教員

1　九州大学など（非常勤講師）

一九七〇年代の終わり頃から、いろいろな大学の講師や、学生自治会などから通常の授業の一コマで、あるいは大学祭での講演などを頼まれるようになりました。テーマは、ほとんどが国際人権法と代用監獄や刑事裁判など国内の刑事手続が多かったのですが、中には、そのイベントの次第を冊子にして送ってくださることもあり、楽しかった思い出です。

一九九一年八月、九州大学の内田博文先生が、国際人権法（刑事法）で非常勤講師（集中講義）に呼んでくださいました。一週間の集中講義で、天神のホテルから毎日九大に通いました。講義が終わったあとで、内田先生から九大の教授になりませんかと言っていただき本当に嬉しかったのですが、その時点で国立大学の定年年齢を過ぎていたことが残念でなりませんでした。

最後に内田先生が学生さんたちと呼子浜に連れて行ってくださったことも忘れられません。

同じく一九九一年一二月に、新潟大学の鯰越溢弘教授から、九大と同じ科目で集中講義の非常勤講師に呼んでいただきました。こちらも一週間の集中講義で、これは大学構内の宿舎に泊めていただきました。講義を頑張って、最後の土曜日に一時間早く終わって、学生たちと海に行きました。子どもみたいにはしゃぐ学生たちとの楽しかった思い出です。

2 一橋大学（非常勤講師）

一九九四年、一橋大学の福田雅章教授から、やはり国際人権刑事法で非常勤講師に呼んでいただき二〇〇一年まで勤めました。大学院生と学部生も聴講できる講座で、長く通った懐かしいキャンパスです。

ここでも教授にならないかという話がありましたが、事情があって実現しませんでした。これらそれぞれの大学で出会った学生の中には、大学の教員になって、刑事人権を大切にする理論の展開に力を尽くしている人が多く、現在も付き合いが続いている人がいるのは嬉しいことです。

3 国際人権法を学ぶ意味

これらの大学での担当科目は「国際人権刑事法」でした。国際人権法は範囲が広すぎて、刑事法に絞ったのですが、国際人権法で若者に身に着けてほしいと私が願ったのは、国内法、特に日本の国内法と、法というものの考え方が全く逆であること、政権者の統治のための法ではなく、個人の自由や幸福から発想してその実現を国家統治の目的にする法、という考え方でした。彼らが社会に出て、この国を動かす小さくても一つの分子になったとき、その発想で日本の法状況を変えてほしいと願ったのですが、私の力不足でしょう、学生たちの発想を変えることはできなかったと思います。

ただ、特に九大の卒業生の中から刑事法の教育者になった人たちの中に、人権の思想が生きていると感じられることはとても嬉しいことです。

4　山梨学院大学（ロースクール）

二〇〇四年、ロースクール（法科大学院）制度が始まるに際して、当時定年後、山梨学院大学に勤めておられた福田雅章教授に誘われて、同大学の大学院法務研究科教授として勤務することになりました。当時は法学部を持っているほとんどの大学がロースクールを新設しました。実はそうしないと学部の法学部に学生を集められなくなると思われたのです。

山梨学院大学の卒業式のあと法学部の教員仲間と（2006 年 3 月 15 日）

そこで多くの大学が教員を集め、法学の同じ科目で、研究者教員と実務家教員をそろえる必要があったのですが、中でも刑訴法の研究者は人数が少なくて、獲得競争のようなことになり、山梨学院大学は、刑訴法の研究者教員として何人かの人を文科省に申請したのですが、認可されず、最後のコマとして、私を研究者教員として名簿で申請し、これでだめなら山梨学院大学は大学院法務研究科の設立ができないという土壇場にあったとあとで聞きました。幸いこれで認可され、大学院法務研究科と学部でも刑訴法を担当して、三年間山梨に通いました。

5 大学教育について

大学教員の仕事はとても好きで楽しかったです。そして日本の教育について深く考えさせられました。

特に長かった一橋大学を例に、日本の教育について考えさせられることが多かったのです。まず一応の国際人権文書の刑事法に関わる講義をした上で、授業をディベイト方式でするという実験をしてみました。ちゃんとした大人としてこの国を背負っていくのに、教員から与えられる内容を記憶するというだけの教育ではよくない。自分の頭で柔軟に考えて対応できる人間になるためには、さまざまな考え方の回路を使いこなせる柔軟な頭脳を持ってほしいと思ったのです。関東では東大に次ぐ知的レベルの国立大の学生なのだからできると期待したのでしたが、これが難しかったのです。

まず、議論の仕方として、ディベイトは「ノー」だけではなく、「イエス、バット」によって進むんです。皆さんが法曹になると、特に民事で「要件事実」という考え方を基本として実務をするんですが、これはディベイトのルールとしてわかりやすい。たとえば「AがBに一〇〇万円請求する訴訟を起こした。理由はAがBに一〇〇万円貸したのだから返済を求めるというもの。Bが一体それはいつのことだというんですかと聞くのを『求釈明』と言い、Aが〇年〇月〇日のことだというのを『釈明』と言う。その上でBがそんなお金は全く借りていない、というのを『否認』、確かにその日に借りたけれど一〇〇万円ではなく、借りたのは五〇万円だ、というのは『一部否認』、確かに一〇〇万円借りたけれど全額返したというのは『抗弁』、五〇万円は返したというのを『一部抗弁』というんです」とまず教えると、その限りでは理解するのです。

しかし学生を二組に分けて、ある国際人権上の問題、たとえば「警察が被疑者をある時間、ある期間取り調べて自白させたのは国際人権法上、適法か、違法か」という課題を設定して、Aグループは適法、Bグループは違法の結論を勝ち取るように論争してみなさい、と言うと、Aグループは「取り調べるのは警察の仕事なのだから、適法だ」と言い、Bグループはただ「国際人権法で、違法だ」と言い張る、ともに全否定するばかりなのです。

「Aグループさん、『取り調べるのは警察の仕事』ってどの国際人権文書のどこで許されているの？」「Bグループさん、いったいどのくらいの長さの取調べだと想定しているの？　求釈明は？　その上でどの国際人権文書のどこに違反？」とほぐしていくのですが、こうして言われなければ論争にならない。言われても次のステージに行くと、またお互いに全否定を繰り返すばかりなのです。たとえ仮の論争であっても、対立関係となると、基礎としてまず相手が主張している事実は何なのかを糾すところから出発して、自分の考えと同じところがあればそこは同意できる。違う部分を特定し、狭めて進む、という思考回路がなくて、ただ相手の言うこと全体に対して「ノー」と言うことしかしない。「イエス、バット」ということをしないのは、いったん「イエスと言ってしまったら負け」という思考パターンしか持っていない、といった感じでした。

外国のニュースなどを見ていると、政治家のものの言い方などでも、お互いに「イエス、バット」

をユーモアやウイットを交えながら上手に論争している。アメリカなどでは小学生からディベイトをさせているからこういう大人になれるのか。

「イエス、バット」「そのバットの中にもイエスの部分もある」と論議を繰り返して、「バット」の部分は実はわずかだった、と気づくところから始めてみると、その残った「バット」にも、自分では思い付かなかった理由があると気づく、ここに本当の協調性がある。忖度で実はイエスでないところもすべてイエスにしてしまうことを「和」と呼んですませていく日本の社会は、本当の和ではないと思うのですが。欧米の論争との違いには、日本の根深い民族性、自分以外は敵か味方かしかない、敵の中にもわかりあえるところがあるという発想が許されない社会が、二〇〇〇年以上の鎖国の中で民族性になってしまったのか、と慨嘆していました。

さらにその上に、小学校からの教育が、考えるのではなく、教えられるものを丸暗記して「イエスか、ノーか」で振り分けて答えないと、試験を通れないことになっている。その教育システムが子どもの柔らかい脳から「イエス、バット」を知ることを奪っている、とつくづく感じました。

その点、エリート校ほど、病が深いのでは?というのが振り返っての感想です。

非エリート校というと関係者には怒られるでしょうが、山梨学院大学の教授会で新任の挨拶をしたとき、「ここの学部の学生は、私に昔小学校に勤めていた頃の子どもたちを思い出させる素朴な精神を持っているのが嬉しいです」と言いました。静岡出身者が多く、沖縄出身の学生もいた新潟大学の学生にも似たところがあり、九大の学生に学力はあるけれど柔軟な発想が残っているのは、土地柄なのか、内田先生などの教育のおかげなのかもしれないと思ったものです。

東大の学生自治会「みどり会」で講演して質疑応答する中で、さすが東大生は知的レベルも柔軟性も持った学生がいる、と思ったことがあり、受験戦争に勝ち抜くのが精一杯というレベルの学生に弊害が強く出ているのかもしれないと思います。

二〇二一年三月、文科省が二二年度からの学習指導要領に基づく検定を終わり、各メディアは、高校の教科書が「探究」「主体的学び」「課題解決の力育む」などと大きく報じました。

今になってやっと！という感じですが、高校の教科書を変えただけでは柔軟な思考を育てることはできない。小学校からの教育を根本的に見直すこと、それには各レベルの入学試験だけでなく、期末試験も、〇×式をやめることなど、日本の今までの教育のあり方を抜本的に見直さなければならないことは当然なのですが、さらに根本に、日本の社会が、人の思想の自由、多様な考え方を認めて共存することができる社会に変わることが必要で、遠い課題ですね。

村井　最初に掲げた日本のロースクールの理念は、多様な人間を育てる、それが法律家になるのだということでしたが、今はもうその理想は変形してしまいました。でも、それは必要ですね。

五十嵐　司法試験が悪いのだと思うのですよ。そういう人材をくみ上げる試験になっていないですものね。私も山梨学院大学の法科大学院の第一期生から教えましたが、第一期生にはルポライターを辞めて入ってきた人とか、非常に多彩な人材がいました。でも、その人材が全部試験で落ちてしまうのですね。ということは、やはり試験に問題があるのだと思います。

村井　われわれのときは司法修習でいろいろなことができましたね。

「第12章　大学教員」インタビュー　302

五十嵐　そうですね。

村井　今はそんな時間はほとんどない。だから全体的に考え直すべきだろうなと思います。ただ、日本は制度をいじくればいじくるほど悪くなるというのがある。どうすればいいか難しいです。

五十嵐　法科大学院で私がどういう授業をしたかというと、ある事例を出して、六法を持ってきてもいい、参考図書を持ってきてもいい、ノートを持ってきてもいい、何でも持ってきていいから、この事件であなたが弁護人だったら何をするか、裁判官だったら何をするか、検察官だったら何をするか、書きなさいという、そういう授業をしていました。

法科大学院で法律を勉強するのは実務において応用するためです。法科大学院の教育ではそれをできていない。実務に関係するのは判例だけなのだけれど、その学び方も判例を丸暗記して試験に備えるというだけ。それではいい実務家は育ちません。

アメリカのロースクールをまねてつくった法科大学院なのですが、アメリカのロースクールでは、教授は法曹資格を持っていて、院生は警察へ被疑者の接見に行ったり、民事の依頼人のヒアリングをしたり、裁判所に出す書面を書いたりします。

今のような法科大学院の教育では、日本の法曹界ばかりでなく、日本の国全体がおかしくなるのではないかという感じです。

徳永　私は五十嵐先生の授業を大学院時代に受けました。大講義で話を聞くだけではなく、国際人権規約の各部分を担当して、まず学生が報告する方式で、従来受けてきた授業と違うと感じました。私はたぶん要領の悪い報告をしたと思いますが、非常に新鮮でした。

今は知らないですけれども、当時の一橋大生は全然勉強しない文化があり、授業は出ないけれども最後頑張って単位をとるのがいいという、何だかよくわからない風潮があったかなと、申し訳ないなと思って五十嵐先生の文章を読みました。

村井　そうだったのですか。今初めて聞きました。

徳永　私の周りはそうでした。真面目に勉強していた人も多かったとは思います。私は朝から夕方までゼミの活動をサークルかのようにやっていて、全然授業にも出ず、なので今さらですが教養が身についていないことを後悔しています。

五十嵐　遊ぶのはすごくいいと思うのですよ。人格の幅を広げますから。ただ、本文にちょっと悪口を書いて悪かったのですが、一橋の学生さんはまじめというか、固くて柔軟性がないんです。私の授業ではクラスを半分に分けてディベイトで授業を進めました。ディベイトというのは、あなたの言うことはここまでは「イエス」だけど、ここからは「バット」だよねというふうにして進んでいくので「イエス、バット」ということを教えますが、学生たちは相手の主張は全然だめで「ノー」「ノー」ばかりです。両方とも「ノー」「ノー」ばかり言い合っていて、ディベイトにならない。それは私の教員としてのやり方が悪かったのだとは思いますが、「イエス、バット」が言えないというのは日本人の通有性なのかな。少しでも「イエス」と言ってしまったら負けと思うようなところがあります。

これだと世界にものを言って行けない民族になってしまうなと、つくづく感じました。

村井　一橋で教えていた人間として多少異論はありますが、僕もゼミではディベイト中心でしたが、議論の仕方が下手だというのはいえます。その点で言うと、ＩＣＵ（国際基督教大学）でも教えていましたが、ＩＣＵは帰国子女が多いですからディベイトの訓練をしている人が多く、面白かったです。一橋では議論がなかなか発展しなかった。まさに「イエス、バット」はディベイトの基本だと思いますね。

要するに、相手の言っていることはそうだけれども、しかし相手の立場に立ってもこうではないかというような言い方、批判論でいうと内在的批判から外在的批判ですが、立場が違うので言い合っていても議論が進まない、言いっぱなしで終わってしまう。

徳永　自然に身につくことなのかはわかりませんが、そういう経験や訓練は小学校以来一切受けていないですね。

五十嵐　アメリカでは小学校からディベイトしますものね。

徳永　そもそも、そういう議論の仕方に慣れていない。ですから五十嵐先生がされたような授業を何回か受けているとみんな、「ああ、こういうものか」とわかってくるのかもしれません。でも、ほかの大学の学生はそんなことはないと言われると、何が原因なのかはわからない。

五十嵐　そんなことはないということはないのですが、東大生はある程度そういうことができる人が多いなというような感じです。全部の大学を知っているわけではないですが。

山梨学院大は本当に田舎の子みたいな学生がいっぱいいるところです。そうすると、そもそも自分の主張みたいなものを、この法律はこのように解釈すべきだみたいなことを持っていないのですよ。逆にそういう縛りがないというか、子どもっぽいところがあって、そこはよかった。だから受験勉強で勝った人は、逆にそういうものを失ってしまうのかなという感じです。

徳永　確かに、中途半端に結論をまず求めようとか正解があるだろうとか、そういう発想になって議論するのかもしれないですね。今学生を教えていてもそういう感じは受けます。本当に全否定、全肯定で話があまりかみ合わず、詳細なところには至らず、でも満足してしまって終わりという、もどかしさを感じています。私自身もどうやって教えたらいいか方法論がわからないので、苦労しているところです。

五十嵐　先生自体が、そういう意識を持っていらっしゃるのといらっしゃらないのでは大違いだから、頑張ってください。

村井　本文で「エリート校ほど、病が深い」というのは振り返っての感想だと書かれています。一般化はできないとは思います。学生によって違うから。ただ、確かに今、全体的に正解を欲しています。正しければいい、正しい答えを出さなければいけないのだという意識が強いのかもしれません。正しいとか正しくないなんて関係ないという議論をしていくことに議論の意味がありますが、どうやら正解を求める教育を受けていけばいくほど議論にはならないことになりますね。

五十嵐　正解だといわれるものが本当に正解なのかを疑わないと、挙国一致で戦争に進んでいくような国民になってしまいますよね。

村井　その点で、小学校からの教育を根本的に直すことがいわれています。○×式をやめるとか、根本から考えなければならないでしょうね。二葉さんも「遠い課題ですね」と書かれています。

五十嵐　そうなんです。なかなか難しいですね。指摘されていることは非常に重要だと思います。

第13章　ジャーナリズム

　高校生のとき新聞部の部長をして、実社会に取材に行くことができ、記事にすることが面白かったときから、そして今でも、新聞記者はなってみたい職業の一つでした。大学一年のとき授業をほとんど休んで、小さな区民新聞の記者をしたりもしました。ジャーナリストは付き合うのに一番波長の合う人種という気がしてもいます。

1　犯罪報道

(1)　被疑者の呼称

別な意味で報道というものに関心を持ったのが、司法修習の最初が検察修習で、手錠をかけられた手に昼食用のコッペパンの入ったビニール袋を持たされ、腰縄で引かれて行く被疑者を見たショックから始まった刑事人権への関心でした。

　刑事人権という言葉はあとで知ったのですが、日本では、犯罪事件を報じる新聞は、罪を犯したとして逮捕された被疑者を悪人として描く、勧善懲悪の物語になっているけれど、その人たちがこういう扱いをされていることは全く報道されない。検察庁でどういう取調べをされて自白しているのかも報道されない。それでいいのだろうか、いいはずはない、と感じたのです。

その後、弁護士になって、特に社会から注目されている事件を担当するごとに、自分が体験している事件の実態と報道のされ方の違いに、この思いがさらに強まっていきました。一九九一年に出した『犯罪報道』（岩波ブックレット）に「日本の刑事司法＝捜査、公判、刑の執行＝の歪みと、その報道（犯罪報道）との間に、深い関係があると思うようになった」と書いています。

一方で、事件を取材に来る記者たちのジャーナリスト魂に共感を覚えて仲良くなりました。一九八〇年代初め頃から東京地裁の司法クラブに所属していた記者さんたちと「Ｊの会」という会をつくって、夕飯を食べながらジャーナリズム論議を交わしていた時期がありました。「Ｊ」とはジュリストとジャーナリストの「Ｊ」です。

最近偶然「報道で『〇〇容疑者』という呼称を始めたのは一九八四年のＮＨＫが最初でした……実に耳障りな言い方だと感じたものですが」というコラム記事を見ました。

当時、被疑者を呼び捨てにしていたのですが、呼び捨ては人権侵害だということになって「呼称問題」がマスコミ関係者の課題になっていたのです。「Ｊの会」の熱心な仲間であったＮＨＫの記者さんが「呼称をどうするか、自分が決める立場なんだ。容疑者にしようと思う」と言ったので「容疑者は何もつけないより感じが悪いじゃないですか。どうしてもつけるのなら法律上の呼び方なのだから『被疑者』のほうがまだましです」と言ったのですが、まもなくＮＨＫで「容疑者」が使われ始め、新聞もそれにならうようになってしまいました。

当時外国では、有罪が確定するまではイニシャルのみとする国、ミスターをつける国、記事の最初だけは被逮捕者Ｘとするが二度目以降は何もつけない、その国では大統領も最初だけは「大統領ケネディは」とするが二度目以降は何もつけないで「ケネディは」とする、被疑者も大統領もこの点で同じ扱いにしているなどが実態でした。

「Jの会」に集まる記者さんたちはとてもいい人たちで、私の言うことを真面目に聞いてくれ、私もメディア事情について多くを教えられましたが、犯罪報道を何とかしたいという私の希望が、その人たちによって報道に反映されるということは難しかったようです。

(2) 被疑者の言い分報道

ただ、西日本新聞が「被疑者の言い分報道」を始めて、マスコミ界に新鮮な影響を与えました。しかし、残念ながら数年で事実上立ち消えになりました。現在ネットで検索しても『容疑者の言い分──事件と人権』（西日本新聞社、一九九三年）という単行本の情報が残っているだけで「西日本新聞」で検索しても「被疑者の言い分報道」に関する記事はどこにもありません。

「被疑者の言い分報道」はなぜ消えてしまったのか。大きな問題がここにあります。被疑者が逮捕された段階で警察の発表（言い分）だけでなく、反対当事者の言い分も平等に扱おうという意図は壮とすべきなのですが、まず被疑者側には、マスコミにそれを伝える手段がないのです。

私は一九七八年にアメリカの警察を取材したとき、警察官が被疑者に質問している部屋に、私を入れてくれたばかりか、地元紙らしい新聞記者も入れて、彼は机の上に腰かけながら被疑者といろいろ問答するのにびっくりしました。日本では逮捕された被疑者に記者が接触することなど考えられません。被疑者の言い分は弁護士を通じてしかメディアに伝わらないのですが、当時は逮捕直後に弁護士がつくこと、被疑者に接見することは少なく、しようとしても、特に被疑者が自白していないと警察は刑訴法三九条三項の「接見指定」という手を使って、時刻や接見時間を制限して妨害することが多く、弁護士すら十分な「言い分」情報を得られにくかったのです。

さらに重大なことですが、忘れもしないこの頃、関東のある県で、被疑者が「アリバイがある」と言ったことが報じられると、警察が膨大な捜査網を敷いて、そのアリバイ証言をつぶした事件がありました。

生半可な「言い分報道」は、被疑者を危険に陥れる側面もあったのです。

日弁連は一九九九年、「報道のあり方と報道被害の防止・救済に関する決議」でマスメディアに対して「捜査機関の情報・視点に偏ることなく、被疑者・被告人・弁護人などの言い分も取材した上で報道する」ことを求めました。ただこうした問題が解決されなければ「言い分報道」はそれ自体難しいのです。

もう一つの問題は「言い分」の中身と確保です。「アリバイがある」ことなどをメディアに知らせるのであれば、証人や証拠を確実に確保（たとえば弁護士が公判前の証拠保全手続をして）した上で、裁判所も世間も納得し、検察が起訴をやめるほど詳細な情報でなければ、逆に警察に手の内を知られて、有罪方向に固められる結果になるのです。

一例ですが、朝日新聞は二〇二一年一一月一日の夕刊に「現場へ！」という続きもので、一六年に不当逮捕され、一八年に無罪判決とされた事件について、逮捕当時の詳細な「無罪の事実」を報道しました。

この詳細な無罪事実が逮捕当時、報道されていたら、検察は起訴することはなかったでしょう。しかし報道が、詳しい事実を取り上げたのは、裁判所が無罪判決しただけでなく、この冤罪被害者が「無罪になった以上、当時とられたＤＮＡ型を抹消する」ことを警察に求めた訴訟でも勝訴し、いわば裁判所が二重のお墨付きを与えたあとでした。

「裁判所のお墨付きがなければ」は有名な冤罪事件でも繰り返されてきたことです。何十年後に再審無罪判決を得ても、人々から逮捕当時詳細に報道された「悪者」の記憶を消すことはできないことを、冤罪被害者は口々に訴えています。

しかし実際には、逮捕された人が無実を訴える詳細な事実を、すべて報道することなど不可能です。可能なのは、世間に、そして裁判所にも、「犯人視」させてしまう詳細な報道をしないことしかありません。

(3)　被疑者＝犯人視効果

岩波ブックレットの『犯罪報道』には、朝日新聞とニューヨーク・タイムズの犯罪に関する記事を一カ月間比較して、日本はアメリカの一一・七％しか犯罪が起こっていないのに、犯罪報道の数は二三倍、しかも長く詳細な逮捕者報道などで占められているという分析結果をあげ、日本の事件報道が警察発表に依存した「犯人視」の読み物になっていて、読者・視聴者はそれを一種のエンタメとして享受していることを書きました。

「こういう犯罪報道をつくるのはこの国の国民性なのだろうか。それとも犯罪報道が国民性をつくったのだろうか」と書いたこのブックレットは、メディア関係者の関心を呼び、報道各社の幹部や新聞学者の方たちとの付き合いが始まりました。中には、ブックレットを買おうとしたけれど再版されたものもすぐ売り切れていて「仕方がないから、手に入れた人からコピーさせてもらったんだ」と言った学者もいました。岩波ブックレットはどんなに売れても三版を出さないのです。

さらに私は、日本の犯罪報道は警察発表のままに、逮捕された人を真犯人として詳細な「犯行事実」を報道してしまうことが、読者・視聴者に、逮捕された人を強く「犯人視」させてしまうことを立証しようとして、一九九三年には、自費でビデオリサーチに依頼して、一般市民を対象に、ある犯罪について、外国のような簡単な報道と、日本の詳細な報道を見てもらった結果の「犯人視」の程度を比較するデータをつくって、日本マス・コミュニケーション学会（二〇二一年に日本メディア学会と改称）に入会して、年次大会で報告しました。その要旨は翌九四年に、日本新聞協会の新聞研究一月号に「犯罪報道が読者・視聴者に与える　被疑者＝犯人視効果」として載りました。

ジャーナリストたちも、実は日々同じことを感じているのです。こんなことを訴えているうちに、報道各社の労組から、講演や勉強会への報告に呼ばれるようになりました。東海大学などこの問題に関心のある教授のいる大学からも呼ばれました。特に多数回呼ばれたのが、共同通信、朝日新聞、毎日新聞の労組でした。共同通信新聞研究部の「新研レポート」、「朝日ジャーナル」などにマスコミ論の原稿を書かせてもらったり、『メディアの犯罪――報道の人権侵害を問う』（双柿舎、一九八五年）に論文を入れてもらったりして、犯罪報道への思いが強くなっていったのです。

日本の犯罪報道の特徴を痛感させられるとともに、第一線記者からマスメディア学者まで多くの人と知り合い、友人関係が現在まで続いています。

2　報道の自由度「日本は七一位」

報道の自由度が日本は七一位、そして主要七カ国（G7）の中では最下位と、パリに本部を置く国際NGO「国境なき記者団」が二〇二二年五月に発表しました。

日本の犯罪報道が他の国と大きく違ったものになっている原因の大きな一つが、記者クラブ制度にあります。日弁連の一九九九年、「報道のあり方と報道被害の防止・救済に関する決議」でも、記者クラブの弊害をあげて是正を求めています。

メディア各社の新入記者は、最初に警察担当となります。警察は人を逮捕すると、その人を真犯人としてその犯罪の詳しい内容から、その人の人となり、家庭環境までを記者たちに発表し、新人記者たちは、一言も聞き漏らすまいとメモして原稿にし、一刻を争って社にあげます。警察がしている逮捕や捜査方法を疑ったりするいとまも能力もない新人たち。

さらに、公式発表だけ書いていては、他社との差別化を図れないので、捜査官の家に「夜討ち朝駆け」をして捜査官に気に入ってもらって、何か一つでも他社の報道にはない情報を記事に入れなければなりません。そのためには捜査官に気に入ってもらうことが必須で、捜査を批判することはおろか、疑問視することなどできない。この取材システムが日本の犯罪報道をつくっているのです。

そしてこれは犯罪報道だけの問題ではないのです。各官庁には記者クラブがあって、同じように公式発表と、差別化のための取材競争があります。数年前、東京地検が、ある社の記者を「出入り禁止」にしたことが明らかになりました。そうなると検察の建物にも入れない。公式発表すら聞けなくなるわけです。記者クラブ員の特定の一人の記者ではなく、その社が締め出されるのですから。これではメディア全体が、取材先に批判的な報道をすることができないのです。

直接の記者クラブ員が書く事件記事だけではなく、社会部などの幹部クラスが書く論評記事、さらには社説などまでも、真正面からの批判は難しく、批判は裁判所の無罪判決などがあった上での、抽象的、控えめな表現にならざるを得ないのでしょう（そして裁判所はまた、報道による批判を非常に気にするという循環関係があります）。

日本の報道、そしてジャーナリズムを覆う本質がここに表れています。

私は一九八七年に「文藝春秋」（月刊 一二月号）に「新聞よ 官報になるな」というコラムを書きましたが、問題は官庁だけではなく、政権者をはじめ各界の支配的地位にある者や機関、あるいは大企業についても同じことが起こります。

「上」には弱く「忖度」して、正しくないことがあっても批判をしない。「下」には非情で、どこまでも非難しても許される。

犯罪報道は、実はその精神構造の一つの表れにすぎないと言えるでしょう。

それが日本の国民性だとは思いたくないのですが。もしそうなら、その精神構造自体を直していきたい。

報道の自由は言論の自由、思想の自由の直接の表れの一つです。

また政治権力や官庁などの権限を持つところへの正当な批判ができるかどうかは、民主主義の健全さのバロメーター、民主主義の国であるかどうかの明らかな指標です。

私が報道問題に強い関心を持つ理由は、たぶんここにあると思っています。

3　講演や原稿執筆

「新聞よ　官報になるな」と書いた「文藝春秋」の小さなコラムを多数のメディアの人が読んでいたことをあとから知らされました。

メディア各社には当時労組があり、その中に「新研」（新聞研究）、「放送部」などと呼んで報道について研究する部門があって、そうしたところから講演や、外部に向けたメディア主催のパネルディスカッションなどのイベントにも呼ばれるようになりました。

最初は共同通信でここからは何回も呼ばれて、いろいろな記者さんと仲良くなりました。ついで多かったのが朝日新聞、次が毎日新聞などで、こういうところで活動している記者さんたちは、報道とは何か、どういう報道をするべきか、それを阻んでいるものは何か、などを本当に真剣に考えていて、講演のあとで熱っぽい討論を長いこと繰り返し、それでも足りなくて二次会に行ったりしました。懐かしい思い出です。

今回このオーラル・ヒストリーのために、著作物の一覧をつくろうと雑誌などを整理しているのですが、ジャーナリズムや表現について書いたものがとても多いのです。一般向けのメディアのほか、労組などが出している機関誌に載っているものも多いことに気がつきました。

労組などない夕刊紙や週刊誌などの記者さんたちとも親しい付き合いができて、議論したり、コラムなどを書かせてもらったこともいろいろありました。

4　ワイドショウ

当時どこのテレビ局でも、長時間のワイドショウ番組を持っていました。

どういうきっかけだったのか忘れたのですが、そういうワイドショウに呼ばれるようになりました。フジテレビが一番多くて、テレビ朝日、ＴＢＳがこれに続きます。犯罪や民事でも法律問題がからんでくるときです。

当時は犯罪ものを取り上げることがとても多く、タレントや中年過ぎの元女優などの多数の出演者が口々に、逮捕された人を非難して厳罰を求めるといったつくりがどこの局でも常態化していました。

ここは、まさに同調圧力のるつぼのような世界でした。皆が犯人を非難する発言を競い合う、民事問題でも、有名女優の家族内の不和などの話題で、非難がエスカレートしていく。その流れに乗る心地よさを味わっているような人たちがいて、その中で司会者から弁護士としての見方を求められて、何とか一辺倒にならないようにすることに努めたのですが。

黒塗りのハイヤーが迎えに来て、局に向かう車中でいつも、これが最後のワイドショウになってもいいんだ、と自分に約束したものです。

ある有名な映画監督と出演したときのことです。この人は日本のヌーベルバーグの一人といわれたこともあり、反権力とみられた人ですが、ある犯罪事件がテーマになるといい加減な非難の発言をするので、私が「監督は映画の専門家かもしれませんが、法律は……」と言い終わらないうちに

「馬鹿野郎！」と大声で怒鳴ったのです。あとで知ったのですが、この人はさまざまな場面で「馬鹿野郎！」と怒鳴る人だったのですが、テレビの公開番組の中で言ったのは初めてじゃないかと、あとである人から言われました。

そんなことが影響したのかもしれません。二年ほどでワイドショウの話はこなくなりました。

しかしその中でテレビ局の内情がわかったことはとてもよかったのです。

テレビ局は報道部と番組編成部に分かれていて、どこの局でも午後に長い時間枠をとるワイドショウは、番組編成部の大きな仕事でした。まずは視聴率、それがどんな企業からコマーシャルをとれるかにつながり、局の命運を左右する番組ですから。そこでどういうテーマで誰をゲストに呼んで番組をどう仕切れば、視聴率をとれるか、ディレクターたちが日々熾烈な闘争を繰り広げ、その中で使い捨てられないように必死で互いの足を引っ張るAD（アシスタント・ディレクター）たちのいじめ合い等々が「ゲスト」の目にも見えてしまうのです。

メディアに限らず組織の中で生きることの難しさかもしれませんが。

私は去年、スーパーでレジに並んでいたら、後ろの人から「テレビに出ていた弁護士さんですよね」と声をかけられ、驚きました。出ていたのは三〇年も前のことなのです。

当時ワイドショウはどこの局でも視聴率が高かったことは、それだけ多くの見ていた人への影響は強かったということで、国民世論の形成に（この場合は主婦層が多かったのかもしれませんが）大きな跡を残したでしょう。直接的には裁判員裁判などへの影響が懸念されます。

最近、偶然見たところでは、ワイドショウ番組も短くなり、「ゲスト」も元女優といった「一般人」ではなく、テーマに応じた評論家などになり、内容も当時より客観的になっていてよかったと思ったのですが、メディアによる世論形成の強さは、ニュースの報道のみならず、すべての番組について考えなければならないと強く言いたいのです。ワイドショウについて、そして広くメディアについて、考えなければならない、いろいろな影響があります。

一つだけあげると、出演した番組の中に、連続幼女殺害事件の犯人として逮捕された青年の父親が、息子はそんな異常者ではないと、取材陣を息子の部屋に招き入れて、本棚などを見せながら訴える場面がありました。その後、この青年は有罪・死刑の判決を受けて父親は自殺しました。私はずっとのちにこの死刑囚から再審を頼むと手紙をもらいましたが、面会にも行かないうちに、異例の速さで死刑を執行されてしまいました。多くの冤罪被害者には支援する団体やグループなどができるのですが、この人にはそれがなく、ある雑誌が、この青年が獄内の実情をたどたどしく綴った手記をずっと連載して、私はこういうことをしては危ないなと思ったのです。こうした要因が法務省での死刑執行の順位を早めたと思います。

「第13章 ジャーナリズム」インタビュー

徳永 もともと高校で新聞部の部長もされていて、新聞記者は将来の職業の一つとして想定されていた。それが、その後の犯罪報道への問題提起にもつながっているということですね。「容疑者」という呼称の件もそうですね。

五十嵐 それは今でもすごく残念です。その頃、東京の司法クラブの記者さんたちと毎日、夕食を食べながらいろいろな話をする会を持っていました。そのときNHKの人が、今まで被疑者のことを呼び捨てにしていたが、それをやめて何か呼称をつくらないといけない。自分は「容疑者」がいいと思う。自分が言うことでNHKが決まる。そうすると、たぶん全部の報道がそれに決まるでしょう、みたいなことを言ったのです。私は、「容疑者」というのは何となくうさんくさい感じがする、被疑者なら法律上の名称だから、しょうがないので「被疑者」にしてくださいと熱心に言いました。でも聞いてもらえないで「容疑者」になってしまった。

外国でも〝Suspect〟という呼称を使いますが、最初の一回か二回使うと、あとは本人の名字を使います。それはバイデンでも同じです。最初は〝President Biden〟、次からは〝Biden〟だけです。それは民間の大きな会社のオーナーでも全部同じです。だけど日本は何となく記事の全部分で「○○容疑者」と今でも書きます。「岸田総理」は必ず「総理」をつけます。「岸田」とは言いません。だから呼称問題としては、日本はまだ階級社会のような、本当におかしな国だなという感じです。

徳永　本文の中で「『報道で○○容疑者という呼称を始めたのは一九八四年のNHKが最初でした……実に耳障りな言い方だなと感じたものですが』というコラム記事を見ました」とお書きになっていますが、どなたが書かれたのでしょうか。

五十嵐　お名前は忘れましたが、東京新聞の「本音のコラム」という欄です。

徳永　この方も「容疑者」って変だよなと思っていらっしゃったのでしょうね。

五十嵐　そうですね。その頃、そういうことを言う人が割合いました。

徳永　日本は人のことをあまり呼び捨てにしない、ということで「さん」付けするという？

五十嵐　でも「容疑者」の前は被疑者・被告人は全部呼び捨てだった。呼び捨てをやめようというので「容疑者」とつけた。そうしたからといって、「さん」「さま」とは全然違って悪い意味です。なのに呼び捨てよりはいいという、何か変な考え方で「容疑者」になってしまったのですね。本当に不思議です。

天皇家でも「殿下」とか「陛下」とか、「眞子さま」はもう「眞子さん」になってしまったけれど、「佳子さま」と、呼称にはすごくこだわります。やはり階級社会の名残りではないでしょうか。

村井　論文を書くときでも肩書をつけないといけないという。

五十嵐　○○教授とかね。

村井　私は全部を呼び捨てにするのなら、それでいいのではないかと。英米の新聞はミスターの場合、今はもうそれもつけないです。誰に対しても呼び捨て、そのままなので、そのほうが、これはどういう肩書の人なのだといちいち考えなくてもいいのだからいいように思います。

五十嵐　そうですね。

村井　なかなかそうはならない。

徳永　報道全般、誰に対しても呼び捨て方式がすっきりするのではないかということですね。

五十嵐　はい。

村井　報道だけでなく、座談会などでもそうです。○○先生とか、○○裁判官とか。「先生」というのは一番無難で、誰に対しても「先生」だったらそれでいいのです。何かつけなければいけないというのは日本の風土でしょうか。犯罪を犯した人に対しても「容疑者」をつけたほうが失礼に当たらないのですかね。

五十嵐　そこが不思議です。

徳永　呼び捨てにすることはほかにはないですから。
村井　だったら「さん」で統一すればいい。
五十嵐　何もつかないのが一番いいです。
村井　それが一番いい。というようなことを「Jの会」で議論したのですね。本文の中で記者クラブ制度が問題だと書かれていますが、今はどうですか。やはり弊害になっていますか。
五十嵐　今は記者クラブ員でもフリーランスの記者でも、すべて会見に入っていいことになっています。地方は知りませんが、東京はどこの官庁クラブでもそうなっているようです。そうだと、その弊害もやや薄れますが、記者が全部フリーというのとは少し違い、官庁からのいろいろなお達しという悪いけれども、通知などもあります。
外国には記者クラブというものはないです。全部がフリーで、記者室のようなところがある。そこにたまっていてもいいような場所はあってもいいのですが、記者クラブ制度はやはりよくないと思います。
村井　「政治権力や官庁などの権限を持つところへの正当な批判ができるかどうかは、民主主義の健全さのバロメーター」と本文の最後に書かれています。これは二〇二〇年七月の侮辱罪の刑の引上げ、日本は逆ではないですか。
五十嵐　そうですね。
村井　必ずしも政治家批判に対して向けられているのではないかもしれません。
五十嵐　含んでしまいますものね。
村井　含んでしまうでしょう。

五十嵐　それとこの間、「リツイートは共犯だ」という判決が出ました。ＳＮＳへの投稿で「いいね」は共犯ではないけれども、「リツイート」は共犯であると。そうなってくると侮辱罪で、今はまだ共犯ではないといわれていますが、そのうち「いいね」を押したら共犯になるでしょうというようなことを言っているコメンテーターがいるわけです。だから言論が本当に危うくなりますね。

村井　そういう点で二葉さんは報道問題に強い関心を持っておられる。これからも大いに辛口の批判をしていただきたいですね。

五十嵐　はい。言論は何といってもその国の民主主義の根本です。だから、みんなもっとメディア問題に関心を持ってほしいと思います。

徳永　一方で犯罪報道の内容について、どこまで報道すべきなのか、法廷侮辱罪の規制がいるのか、自主的な規律をもっときちんとすべきなのか。そういう規制をある意味かけるという方向の必要性と、犯罪報道について、もっと自由を確保しておかなければいけないこととの必要性のバランスをとるとき、どういうところに気をつけたらいいのか。ご助言があればお願いします。

五十嵐　詳しいことを書くと、それも「事実」として、具体的なことを書くと、それは読者・視聴者に事実としてどうしても頭に入ってしまうのですね。だけど犯罪報道で事実として詳しいことが書かれていて、それが全部虚偽のことだったとわかることが随分あります。だから具体的なことは書かないのが一番の手当てではないかと思います。

　私はアンケートの文章をつくり、具体的なことを書いた記事を読んだ人と、いつ、どこで、誰が逮捕されたというだけの根幹だけの単純な記事を読んだ人の犯人・有罪視はどちらが強いか、ビデオリサーチという会社にお金を払って調査してもらいました。そうしたらはっきりと、単純な記事を読んだ人のほうが、犯人・有罪視が少ないという結果が出ました。とにかく警察発表だからといって具体的なことを書くことはやめてほしい。だけど、そういう理由でメディアを権力が規制するようになることも、またとても危険なので、メディアの良識でそこを改善してほしいです。

徳永　五十嵐先生がなさったその調査も継続的にやったらいいのではないかと思いました。

五十嵐　そうですね。実は、そのクロス分析をしたらもっと面白い結果が出たと思いますが、そのとき急にほかの仕事ができ、単純分析だけで終わっています。大学の先生にも協力してもらい、いくつかの大学からは回答をもらっています。でも、それも分析しないで終わってしまった。本当に申し訳ないのですけれども。いろいろな人がそういう調査を続けてくれたらなという感じです。

第14章　人生を振り返って

木谷明先生から「その年でどうして元気なの?」と聞かれたので「山の中の一軒家で生まれて空気のいいところで成長して、毎日山道を歩いて小学校に通っていたからだと思います」と言って、このオーラル・ヒストリーの幼児期の章を読んでいただいたら「あなたのユニークな人格がこのようにして形成されたと納得」と言われました。

木谷先生にそういうおつもりはなかったと思いますが、一般論として「ユニークな性格」には悪いところもあるのだと考えました。

自分の性格が何によって形成されたのかと考えました。自分がたどってきた生活歴の中には無数の原因があると思いますが、大きいものは「コドモノクニ」、山道、フランス語の三つ、だと思うのです。

1　「コドモノクニ」

「三つ子の魂百まで」で、まず文字が読めるか読めないかのときから見ていた幼児月刊誌「コドモノクニ」です。今わかるのですが、すでに戦時体制に入っていた昭和初期でも、幼児向けの絵本だからできたのだと思いますが、大正リベラリズムの神髄のような非常にレベルの高い文化遺産でした。「思想の自由」とか言葉にして言うのではないが、当時としては中流の上くらいの市井の何気ないが自由で人間性あふれる日常生活を「それでいいんですよ。楽しんでいいんです。人間なんだから」と肯定する内容が、超一流の画家、武井武雄、竹久夢二、初山滋、東山魁夷、蕗谷虹児らと、文筆家の、小川未明、北原白秋、草野心平、西條八十、坪田譲治、浜田廣介、室生犀星などによって描かれていました。まど・みちおが、この雑誌への応募作で認められて掲載された初めての「あめふれば、とうりのものおとぬれている」という詩は、今でも全部覚えています。やや前衛的な初山滋の絵は子供心にも「これが芸術というものだ」と思えて、大人になってその作品集を探しました。買い求められたことが嬉しかった画家です。

「コドモノクニ」から受けた影響は多いのですが、忘れられない頁がいくつかありました。その一つですが、画面に大きな炎と周りを飛び交う蛾の絵に「ことしもやみのおくにから　やってきたのかひとりむし　いくせんまんべんまったとて　はねをやかねばひはとれぬ」と詩が書いてある頁で、火をとるために闇の国で生まれ目的にたどり着くのだが、それは死でしかない。人生というか、この世のすべてのものが逃れられない、生まれること、生きることと、死ということを示している。無常観というのとは少し違う。それでも火取り虫は生まれ、旅をして火のところへ来て死ぬ、どうすることもできない、悲しく、厳粛な事実、子供向けのお話や絵には普通ここまではいわないことを「コドモノクニ」は避けないで語っていました。今思うと実存主義に通じると思うのですが。幼時から、生きることの喜びとともに、はかなさ、厳しさも教えられた「コドモノクニ」でした。

もう一つだけ挙げたいのですが、グッドバイの歌です。

グッドバイを言ういろいろな別れの場面が数連続いて、最後の連で「グッドバイ　グッドバイ
グッドバイバイ　みんないつかはまたあえる」と歌うのですが、そのあと「そうだとうれしい
グッドバイバイ」と終わるのです。子供心にショックでした。僥倖という言葉はもちろんまだ知らないのですが、「またあえる」かどうかはわからないんだ。そうなれば嬉しいけど、そうならないことがいっぱいあるんだ、と知らされたのです。

普通、幼児向けの歌なら「きっとまたあえるからそのときを楽しみに」「そのときまで元気でね」のような終わり方をすると思うのですが、この歌はこの世の厳しい現実と悲しみを幼児にも教えるものでした。「コドモノクニ」を形成していた大正リベラリズムは、ふわふわしたロマンチシズムなどではない。厳正なリアリズムでもあったのだと今は思います。

「コドモノクニ」によってつくられた私の「自由に生きる」という三つ子の魂は、常に周囲に「忖度」し、どんなときでも「和」を至上命令としなければならない日本の社会では、マイナスに働くことも多い「ユニーク」な性格になってしまっているようです。

文学部を出るまで全くの政治音痴だった私ですが、心情として、現在までも大正リベラリズムのままだと感じます。そのため、司法修習前期と後期の二〇期青法協で共産党系の「指導」に遭遇して、苦労もし、失望もしました。

命をかけて治安維持法と闘った人たちを尊敬すると同時に、この党の上意下達、その上意が、とても安易な、ときには誤ったものであり、それでも「下」はそれを検証することを許されず、議論は「上意」の検討は全くなしで、どのように「上意」を達成するかの方法論に限られている。これが国家レベルになれば、現在の中国の習近平体制のようになるのは必然の帰結だと思います。

現在の日本でなら、自民党など政権の不正を摘発するための野党の中に共産党はなくてはならない。しかし政権をとることがあってはならないと思うのです。

2　山道

小学二年生から四年生の三学期で伊香保の町に住むようになるまで、歩いて通った山道が約一・五キロ、温泉の流れる川に掛かった橋を渡って伊香保町に入ってから町の下のほうに離れてつくられた小学校までが約一・五キロ、片道計三キロを通いました。二年生のときは、兄や姉が毎日町まで送り迎えしてくれたのですが、慣れてくると一人で通いました。美しい山道で、怖いと思ったことはないのですが、登山者などの人に会うこともめったにないし、長い道のりなので退屈でした。

小学校の教科書はもらった日に、歩きながら全部読んでしまい、細かい字の本を歩きながら読んではいけないと、ランドセルに入れて持ち歩くことを親から禁じられていたので、退屈で仕方がなかったのです。

いろんなお話をつくってみたりもしましたが、いろいろなことを考えながら歩きました。

地球が回っているのだから、西向きに歩いているところで、飛び上がっていれば、その間に地球が回っただけ、先に落ちてトクするんじゃないかと思って飛んでみたけれど、そうならない、父に話すと「引力で地球上のものは、空気もみんな一緒に回っているんだよ」と教えられました。

今でもよく思い出すのが、退屈なこの時間、家に着いたところまでの時間が消えてなくなればいいというところから始まったある考えでした。でもほかの人や物、たとえばこの木の枝で揺れている葉一枚でもこの時間が大切で、この時間が消えてなくなっては嫌だというかもしれない。そうしたら他の全部の時間も存在し続けなければならず、消えてなくなることはないんだろう、と思ったのです。そうして、だとしたら、すべての人や動物、木の葉一枚でも、この時間が消えてもいいと思ったら、時間はなくなるんじゃないか。そういう時間、何もない「あいだ」が、もしかしてこの瞬間と次の瞬間の間にあるんじゃないか。もしかして何億年もの「無」のときが、と考えたのです。それは恐ろしいというか、神秘的というか、不思議な感覚でした。

何度も何度もその考えを繰り返しているうちに、もしかして何億年もの「無」の時間がこの一瞬と次の一瞬の間に横たわっているとしても、何一つ変わらずにまたこの時間に戻るとしたら、その間に何億年もの「無」の時間があったとしても、誰も気がつかないし、何も変わらないでもと通りのところから時間が始まるんだろうな、と思いました。

すると、時間というのは何かが変わるということなんだ、と思ったのです。何一つ変わらなければ、何億年もの「無」の時間があったとしても、それは時間ではないんだと。

だからそんな無の時間があったとしても、自分が家に帰っていることはない、この山道のこの場所にいるんだと。

そうたどり着いても、そして今現在でも、「何億年もの『無』の時間がこの瞬間と次の瞬間の間に横たわっている」という不思議な感覚をとても強く覚えています。

こんなふうに物事をどこまでも考えていくという癖は、今の自分の中にもあって、それはあの山道を歩く過程で形成されたと思うのです。

司法試験のために「基本書」を読んでいて、一行でもわからない、納得できない箇所があると、雑誌の論文まで探して納得できるまで調べたものでした。

そういう勉強の仕方は、けっして試験のために有利ではなかったし、それは当時でもわかっていながら、そうしないですませることができなかったように、この癖は、実利的ではないのです。

しかし、そうやってどこまでも調べていく、考えていくのは、自分にとって無上の楽しみなんですね。

この世の中は、面白いことで満ちている、なんて面白いんだろう、というのが、ここまで生きてきた感想です。毎日泣いていたこともあったけれど、生涯を振り返ってみると、「この世はおもしろい」なのでした。

3　フランス語

フランス語を習うきっかけになったのは、高校生のときに読んだアンドレ・マルローの『人間の条件』でした。この頃、ノートを一冊、詩を書くためのものと決めていたのですが、『人間の条件』に出会って「ものを書く」「言葉を使う」というのはこういうことなのだ、と感銘を受けたのです。

もともと本ばかり読んでいる子どもで、いろんな書き手によって、使う言葉や、語り口が本当にいろいろあると感じていて、言葉や、それを使うことに興味があったのですが、フランス語はとても面白くて、アルバイトをしていた先から学校までの電車の、当時はとても暗い車内でも、一心に辞書を引いていたことを覚えています。

学校の授業だけでは足りず、アテネ・フランセや日仏学院にも通って、フランス語に夢中になりました。

勉強すればするほど、外国の言葉は、日本の言葉にはない思想を持ち、広がりを持っていることがわかりました。人類というもの、世界というものへの観方が大きく広がった思いでした。

比較的初期にそれを感じることができたのが、クラスメイトのうち、勉強が好きな三人を誘って、原書の輪読会をしていたのですが、その中で、モーリアックの『愛の砂漠』を読んでいたときです。

ヒロインは、ある男とその息子の両方から愛されることになってしまい、悩んで自殺するのですが、未遂に終わって、気がついたとき枕辺にいる父親のほうの男に向かって言った言葉が《Quelle issue que le sommeil》でした。《issue》を仏和辞典で見ると訳語として「出口　避難口　結末　結果　解決策」などがあります。建物の出口などは《sortie》という別の言葉があるので、《issue》はやや抽象的な出口で、英語にも同じ言葉があって、訳語としてはこのほかに「出版物　発行　刊行　刊行物の号　出口　はけ口　河口　問題　論点」、さらに「子孫　子ども」という訳語もあり、「子どもって（ある世代が）『出したもの』なのか」と感心するのですが。

つまりは何かから、出す、その出したもの、出し口という広がりを持った言葉で、自殺するというヒロインの選択の意味がその全部に込められていることがわかるのです。しかし訳語の日本語のどれをとっても、その意味にはならない。つまりissueの内容となっている事象を一つの言葉で観念するということが日本語にはないのです。

当時私は「眠ってしまうほかにどうすることができるでしょう」と訳しました。違う語彙で、少し違った意味にしか訳せない。翻訳というものの限界です。

逆に日本では一語で言っている事象を、フランス語では数語の訳語を並べるしかないこともあるでしょう。

それは日本とフランスの人間の違い、文化の違い、思想の違い。その違った思想を知ることができ、生きることができるのが語学だとわかりました。

このあと私が国際人権に夢中になるのは、大正リベラリズム、人間なんだから誰でも同じく人権を保障されるのが当然なのだという人間賛歌と、フランス語で知った他の言語で感じること、語学、他の文化の「ものの考え方」への傾倒が根底にあったからだと思います。

4　父親の束縛

父は若いときキリスト教プロテスタントの熱心な信者でした。何があったのかわからないのですが、三〇歳代で女学校の美術の教師の職を捨てて京都の一燈園に入りました。山の中の一軒家を見つけて住み着いてからは、直接教会や一燈園に行くことはなかったと思いますが、聖書は大人のものと子供向けに書き直されたものと讃美歌集があり、一燈園の没我、奉仕の精神と混ざり合った一種のピューリタニズムが、わが家の精神的なあり方を支配していました。歌っていいのは讃美歌と小学唱歌などの唱歌と軍歌だけ、流行歌など全くダメ、漫画もダメでした。

人には敬語を使い、何か食べるときは必ず人より一番あとで手を出しなさい。よいものは人にあげなさい等々、今は忘れていても、知らず知らず父の教えに従って行動していることに気がつくことがあります。

日弁連の委員会で同僚から「いつも末席に座るんだね。先生はもっと上のほうに座るべきだよ」

と言われて、そう言えばいつも末席に座っていると思いました。子どものとき「他の人がいる部屋では床の間の前に座るものじゃない」と教えられていたからか。でも別にどの席だっていいじゃないかと思っているだけなのですが、あえて委員長席のそばに座る気などしない、という気持ちはあるので、末席になっているのかなと、言われてみて感心したものです。

このオーラル・ヒストリーのおかげで、人生を振り返ることになってみると、ピューリタニズムは不寛容につながっているのかと考えました。日常的なレベルでは、「末席」的な行動をしていながら、議論ではいい加減に譲ることができない。忖度とか、空気を読むとか、日本的な行動が全くできない。空気を読むことには敏感なほうだと思うのですけれど、正しいと思わなければその空気に従うことが全くできないのです。この国で生きていくのに、父の教育はあまりいいことではなかったのか、と忘れていた幼時を思い起こすオーラル・ヒストリーの作業でした。

5　弁護士をして

生い立ちからは思いもかけない弁護士業をすることになったのですが、半世紀以上やってきて、弁護士業は二つの側面から成り立っていると感じています。

一つは法律というものをある社会的事実にあてはめる側面。これは数学の微分・積分に似ていると思うのです。社会的に起こった事実を、刑事事件でも、民事事件でも、法律の構成要件、要件事実にあてはめるのですが、実際の事件はさまざまな具体的な事実から成り立っています。どこまで詳細に事実を拾い上げることができるかの作業は微分。そして数学の積分は微分した要素をそのまますべて積分するのに対して、法律の仕事は、ある目的に従って必要な微分を選んで積分する特殊な積分です。刑事弁護なら、無罪立証のため、あるいは情状立証に必要な積分をする。これに対して検察官は、有罪立証のため、あるいは「悪性」立証に必要な積分をする。裁判官の判決は、有罪か無罪かの判断に見合う事実を選んで積分する「事実認定」によって判決をする。弁護人からみれば、到底容認できない選択的積分もあって、悲憤慷慨することもあるのですが。三者三様の「事実」とは、神のみが知る「真実」とは別物の「事実」かもしれないですね。

そこでもう一つの側面です。

「法律新聞」のインタビューを受ける（1993年2月）

弁護士が関わる事件は、民事でも刑事でも、その人のそれまでの人生の結果のようなところがあって、社会的には非難されるたとえば殺人事件でも、その人のどうにもならない人生の Issue（出口、はけぐち、結果、問題）なのだと思います。事件の数だけの人生に、そしてその Issue に出会うのが弁護士業でしょう。

刑事被告人はもとより、民事の当事者であっても、本人が正しいと思っていても、その多くは、世間からみれば、自分勝手だったり、許せない行為だったりする要素があることは否めません。そんなとき思うのが、ジョーン・バエズの Fortune です。〝And I'll show you a young man with so many reasons why〟この人が愛されて幸せな成育期を持っていたら、結婚生活がうまくいっていたら、職場で阻害されることがなかったら、こういうことにはならなかっただろうに。〝There but for fortune go you or I〟

冤罪事件の被告人、公害などの市民訴訟の原告などは別として、民事、刑事を問わず司法制度の中に現れる多くの人はその行動をすべて正しいとして弁護することは難しい。だから、自分を頼りにしている依頼人に対して、できる限りその人の人生に寄り添ってあげることが弁護士にできる最低の仕事と思ってやってきました。

弁護料を払わないばかりか、貸してあげた略式命令の罰金も返さずに行方がわからなくなった被告人もいましたが、弁護士になりたてのころ扱った事件の当事者で、あれから五〇年になっても毎年秋になると長野からリンゴを送ってくれる人もいます。

「微分・積分」はとても面白い。検察官や裁判官、民事なら相手方弁護士とのメンタルゲームだし、たくさんの他の人生をみることができる弁護士業は興味が尽きない職業でした。

6　二〇の人生がほしい

少し前に友達と話をしていて、この世は本当に面白い、この一生で知ったのは、ほんのほんの一部分、もっと違うこともやってみたい、一生がもっとたくさんほしい、さしずめあと二〇くらいと言いました。

何がしたいのと言われて挙げたのが、新聞記者（この友達の仕事）、出版社の経営、分子生物学

（福岡伸一氏の影響）、文化人類学（中根千枝ほかの影響）、人類発生史、プレートテクトニクス、火山の研究、登山家、農業、映画監督、劇作家と演出家、言語学者、建築家、陶芸家、洋服のデザイナー、デパートなどのウインドウ・ディスプレイ、看板描き、場末の食堂（日替わりの安い定食をつくってサラリーマンに食べさせてあげたい）、小学校の先生、幼稚園の先生。この最後の三つは、年をとって弁護士ができなくなったらやろうと思っていたことなのですが、年をとってみると、とても体力的に無理だとわかりました。弁護士ならやれる体力でも、小学校や幼稚園の先生はできないのだと。

一番楽しかったのは子育て

やりたいことはまだまだあるけれど、もし生まれ変わっても、そのときは違う世の中になっていてもう無くなっている職業もあるかもしれないですね。

大学入試のときまで思っていた「小説家」はこの二〇の中に入っていません。ほかのことをしながらでもできるし、「売文業」小説だけで生計を立てようとすると、本当に書きたいことではなく、量産するために書くようになってしまうのではと思うので。父が「売るための絵は描かない」と言っていた気持ちもわかるのです。

でも誰にでも一生は一つ。オーラル・ヒストリーを、と言われるのは、もうその一つの終わりが近いのだと、教えられたのです。

一生を振り返ってみると、いろんなことがあったけれど、今となるとなんでもみんな面白くて、とても楽しかったと思います。その中で一番楽しかったのは何かと考えました。それは子どもを育てられたことでした。仕事との両立は物理的には大変で、平野龍一先生が私に報告させるために設けてくださったセッション、有名な建築家の遺言をつくるときにも、やむを得ず子どもを連れて行ったこともありましたし、睡眠時間が二時間しかなくて体を壊したこともありました。

私はもともと子どもが好きなので、自分の子どもを持てたことは本当に幸せでした。子どもは毎日可愛くて、毎日が喜びでした。私は結局、原始的な生物なんだなと思うこの頃です。

「第14章　人生を振り返って」インタビュー

村井　最後の章の「人生を振り返って」は、今まで聞いた話とも重なるところがありますが、非常に面白くて、二葉さんの人間性を知るにはここを読まないとだめだと思います。いろいろ含蓄のある言葉が出てきます。どのようにお聞きすればいいのかというのがあります。

弁護士になってよかったということでしょうか。非常に欲張りで、「二〇の人生がほしい」と書かれていますが。

五十嵐　とにかく何でも面白い。弁護士も面白かったけれど、ほかのこともみんな面白そうで、やってみたい感じです。

村井　だから二葉さんの人生はこれから一〇〇年、二〇〇年続かないといけない。ここに書かれていることを実現するのは大変なことです。

五十嵐　そうです。

村井　面白いことに、最初に考えていた小説家は、なりたい、やってみたいものの中には入らないのですね。

五十嵐　はい。それは片手間でも、どんな仕事をしていてもできるから。片手間に書くことぐらいできるから。

村井　そのこと自体すごいと思う。たとえば火山の研究とか、これは子どもの頃から関心を持っていた？

五十嵐　たくさん生きてきましたから、その人生のいろいろなところで、これは面白そうだというのがいっぱいありました。でも、人生一つしかないから、いろいろできないから、今度生まれ変わったら、これをやりたいみたいなのがいっぱいあるわけです。

村井　本当に多岐にわたる。ところでプレートテクトニクスとは何ですか。

五十嵐　地球を覆っている殻が動くことにより大陸ができたり、大陸がくっついたり離れたりするという、地球全体の動きのことです。その研究です。

村井　そこから火山の研究、登山家というふうなつながりになるわけですね。

五十嵐　そうですね。

村井　大変面白いと思いましたが、本当に二葉さんは欲張りなのだなと。

五十嵐　欲張りですね。何でも全部面白いです、この世のことは。だから、これも面白い、あれも面白い、やりたいという感じです。

村井　そういう心境は子どものときからずっとですか。

五十嵐　たぶん、そうですね。何でも面白いと思っていました。

村井　つらいときもあったわけですね。

五十嵐　はい。

村井　そのときは、そのつらさを面白がっていたわけではないですよね。

五十嵐　それはそうですね。ただ、つらくてもどこかに面白いことがあるのだという、ここはつらいけど、どこかには面白いことがあるみたいなものは救いでした。毎日泣きながら『犯罪と刑罰』を訳すのは面白かったとか。

徳永　その面白いと感じられるのは一つの能力のような気がするのです。その面白いと感じる、意識する、その原動力は何ですか。答えは難しいかもしれませんが。

五十嵐　何か面白いと思い、たとえばプレートテクトニクスでも少し書いてあるものを読むと、この先はどうなるのだろう、この先はどのように考えていくのだろうと思うのですね。そうすると、それをもっと知りたいと思い、自分で調べたいと思う。面白いというのが原動力なのですね。

徳永　何か真理を追求されるようなところですか。

五十嵐　いや、真理なんてそんな大げさなものではなく、これはどうなっているのだろう。このように考えてくると、この先どのように考えていくのだろうという、ただそれだけの興味です。

村井　その面白い中に、小説家は入っていない。絵描きも入っていない。

五十嵐　小さいときに父親に絵を習わされた。「お前の絵は、光がどちらからくるのかわからない」とすごく言われ、いわゆるクソリアリズムですね、それで嫌になってしまった。その頃、これが芸術だと思った初山滋とか武井武雄とか、そちらのほうへいけば絵も描きたいと思ったでしょう。しかし父親に叱られ、絵とはつまらないものだと思ってしまったのですね。

あと、父親の生活をみていると、絵描きでご飯を食べていくのが難しいとわかっているので、そのことも絵描きになろうとか、なりたいとか思わない原因の一つですね。

村井　芸術に対しての関心は強くあるわけですよね。

五十嵐　そうですね。

村井　「コドモノクニ」に掲載されていた、まど・みちおの「あめふれば、とうりのものおとぬれている」という詩、これを見ていたのは四歳ぐらいでしょう。大変なものだなと思います。詩人になるのも作家と同じで、それは趣味のうちでなりたいものではないわけですか。

五十嵐　はい。詩人は絵描きよりも、もっと生活できないですよね。そして、詩人といっている人の作品を見ると、すごく独り善がりのところがあるので、自分だけが楽しんでいるというか、自分だけがいいと思っている。だけど、人にはわからないことになってしまう、詩をたくさん書くと。だから、少し書くのはいいけれど、それを商売にするのはだめだなという感じです。

今でも実は、詩は自分のノートには書いています。ある人から詩集を出したらと言われましたが、人からもらって一番困るのは詩集だ、だから、自分は人を困らせるようなことはしないよ、と言ったんです。

村井　確かにそういう面はありますね（笑）。しかし、ほんと面白いですね。やりたいことが二〇もあるのはすごいです。

五十嵐　でも、みんなそうではないですか。いろいろやりたいことはあるでしょう。

村井　しかし、二〇も数え上げられないですね。徳永さん、どうですか。

徳永　いくつかはあるかもしれないですが、すごくパワフルな感じがします。いろいろなことを面白く感じられるのはすばらしいと思いました。刑事弁護をなさっていると無罪を勝ち取ることもあまりなく、国際人権についても日本の政府は聞く耳を持たず、がっかりさせられることが多い中で、それでもなお面白いと思ってやっていけるという、その心持ちを参考にしようと思いました。

五十嵐　大人になれないのだと思います。子どものときはなれるかどうかわからなくても、〇〇になりたいとか言うじゃないですか。それと同じです。

村井　やはり「コドモノクニ」ですね。

五十嵐　そうです。まだそこから一歩も出ていないというか。

村井　お父さんはピューリタニズムで不寛容につながっていた。今のいろいろなものに関心を持ち、どれにもオープンマインドで向かうのは、その反面教師的な面でしょうか。

五十嵐　ただ、父親もいろいろなことに興味を持って生きているところはありました。たとえば琵琶を買ってきて、若い頃に習っていた常磐津を子どもに語って聴かせたり、日本刀を買って、砥の粉でポンポンとたたき、刀の手入れをするのが好きだとか、いろいろなところに旅行するのが好きだとか、自分では結構勝手なことをしていました。

村井　そうすると反面教師ではなく、お父さんの血を引かれているということでしょうか。

五十嵐　そういうところもありますし、反面教師のところもあります。

村井　面白いオーラル・ヒストリーになると思います。

五十嵐　ほかの方のものを読むとすごくまじめで、私のように勝手なことをしてきた方はいないので、何か悪いなという感じです。

村井　いえいえ、みんな大変関心を持って読む。オーラル・ヒストリーで埋没することはあまりないのですが、特に最後の「人生を振り返って」に集約されているような気がします。

徳永　刑事法の歴史の部分だけではなく、ＮＨＫの朝の連続テレビ小説を見ているような、ものすごく波瀾万丈で、住民訴訟のところとか、個別事件については、人情味あふれるところもあり、大きなドラマを見ている気持ちになりました。

本当にありがとうございました。

おわりに

オーラル・ヒストリーのお話を石塚章夫理事長からいただいたとき、まず「私なんて」とご遠慮しました。その理由は二つあって、一つは、これまでの語り手はみな大先輩、この国の司法の歴史の中に著しい足跡を残された方々なのに「私なんて若輩者が」という気がしたからなのです。しかし、ヒストリーを、と言われるのは「自分の年を考えなさい」と言われているのだと気がついてみると、実年齢はその先輩方とあまり違わない、もう人生を閉じる時期なんだ、と告げられたのだとわかって愕然としました。

そして書いてきた原稿、関わってきた運動など自分の人生を振り返って文章にしてみると、そうだ、もう終わりが近いのだと、悟らざるを得ませんでした。

人生は本当に短い。「青年老いやすく学成り難し」、まだまだたくさんいろいろなことを知っていく喜びが続いていくとばかり思っていたのに。

著作物や活動の跡を遡って整理してみるうちに、特に短かったと感じる理由に改めて思い至りました。

巻末の「著作一覧」の通り、自分の個人名で書いた最初の法律関係の文章は、一九六五年一二月、司法試験の受験雑誌「受験新報」の「昭和四〇年度司法試験　合格体験記」でした。文学部の学生だった一九五四年までに書いた詩やシナリオ、小説などの文芸作品から一〇年以上、自分の個人名でものを書くことも、活動をすることもなかったし、その後の法律関係の仕事も、司法修習の同期生からは一〇歳遅れての出発でした。

一人の人生の、成人として社会に関わることができる限られた年月のうち、私の一〇余年は空白でした。それはある一人の人の付属物としてしか社会に関わることができず、自分のする作業はすべてその人の仕事としてしか世の中に出ていくことがなかった年月でした。その空白の期間を、もし自分の固有のものとして使うことができていたら、と今更ながら思うことになりました。


オーラル・ヒストリーのお話にためらった第二の理由も同じ一人が原因でした。

最初、石塚先生にお断わりするのに「私、離婚しているので」と言いました。

以前にも「自分史」の企画をされたことがあったのですが、そのときも同じ理由でお断りしています。実は離婚よりもそれ以前の、その結婚をしなければならなかった原因を人に知られたくない、というのが本心です。

親兄弟、現在の家族にも誰一人にも話してこなかった事実。しかしそこの部分をカットすると、ヒストリーのうち十数年が空白になってしまって、ヒストリーにならず、なぜ文学部から全く違う世界の弁護士などになったのかの経過がわかりません。

木谷明先生にご相談したら「プライバシーに関わる部分をカットすれば」と言われましたが、そうすると十数年のことが何も書けないのです。

最低限の事実を一度書いたことをカットしたり、また一部復活させたりしながら、結局公刊物にすることに同意したのは、世界的な #MeToo 運動の高まりや、日本でも伊藤詩織さんの勇気ある行動などがあったからでしょう。ただ伊藤さんも「『性被害者の伊藤詩織さん』というラベル」でがんじがらめになっていた、と振り返っておられます（「ラベルに縛られた七年」朝日新聞二〇二三年一月五日付）。ただ現在でも、こういう被害では、まだ加害者は恥じないで、被害者が恥じなければならないレベルの社会なんですね。

最近、指揮者の井上道義氏が一年後の引退とご自分の出自の秘密を、朝日新聞の「語る」で公開され、ご自分の人生を「赦し」だった「そのために、僕は音楽を必要とする」と書いておられました。自伝的オペラ『降福からの道』を作曲、引退までの一年、各地で公演されるそうです（「語る　人生の贈りもの」朝日新聞二〇二二年一一月一五日～一二月二日）。

そうか、この世にお別れを言うときには恥を捨てなければいけないのだ、と教えられます。「赦し」という崇高な境地にはいまだたどり着けない私ですが、「そのために」は、「知ることを必要とする」だったなぁと思います。いろいろなことがありましたが、振り返って今、「人生楽しかった」と言えるのは、この世界のいろんなことを知って面白くて、その次を知りたいと、文献を読んだり、自分で調査したり、外国に行ったり、夢中になっているうちに、人生の終わりが目前になってしまったということだったと思います。

ただこのオーラル・ヒストリーをまとめることは、忘れたいことをありありと思い出して辛い作業でしたが、ただ辛いだけの作業だったわけではありません。

自分にとっては天空の城だった生まれ育った山の中の一軒家、毎日歩いた山道のすべてをありありと思い浮かべることができ、その後のここまで、私の人生を豊かにしてくれたたくさんの人々と心の中で再会し、一つ知ると次、また次、と知りたいことが出てきてわくわくしながらいろいろなことを学べる「この世は面白い」と夢中で駆け抜けてきた楽しい過程を、もう一度たどることができた時間でもありました。

その機会を与えてくださった石塚先生をはじめ、ヒアリングしてくださった村井敏邦、徳永光両先生、ＥＲＣＪ事務局のみなさまに厚く御礼申し上げます。

五十嵐二葉

二〇二三年一月

93 「4分の3はまだ水面下」2010年5月14日。
94 「『真実』が違う」2010年5月21日。
95 「足してはいけない」2010年5月28日。
96 「自白調書を引き算した」2010年6月4日。
97 「灰色を集めれば黒になるか」2010年6月11日。
98 「供述調書はこう作られる」2010年6月18日。
99 「供述調書はこう使われる」2010年6月25日。
100「視力があると星座は見えない」2010年7月2日。

〈番外編〉鹿児島市夫婦強殺〔強盗殺人事件〕初公判　傍聴記
1 「信念得られる裁判員審理を」2010年11月3日。
2 「曖昧な審理　改善の道遠し」2010年11月5日。
3 「予断克服へ重い課題」2010年11月7日。
4 「事件像結ばぬ証拠調べ」2010年11月17日。
5 「市民参加　問われる真価」2010年11月18日。

60 「裁判員裁判の日程」2009年10月20日。
61 「殺人罪の種類と死刑」2009年10月27日。
62 「広島女児殺害事件の教訓」2009年11月3日。
63 「被告の責任能力」2009年11月10日。
64 「『責任能力』裁判は無力か」2009年11月17日。
65 「『むかついて』いいのか」2009年11月24日。
66 「大人げなかった」2009年12月1日。
67 「何のための守秘義務」2009年12月8日。
68 「刑務所見学に行こう」2009年12月15日。
69 「裁判官も刑務所を知って」2009年12月22日。
70 「首相の不起訴」2009年12月29日。
71 「社会を支える人々」2010年1月5日。
72 「裁判員判決を高裁は見直せるか」2010年1月12日。
73 「国会議員の逮捕」2010年1月19日。
74 「火の粉が降りかかる前に」2010年1月22日。
75 「『悪魔』か、オーソドックスか」2010年1月26日。
76 「『思いつき』で良いか？」2010年2月2日。
77 「最高実力者の不起訴」2010年2月9日。
78 「量刑検索システムのミス」2010年2月16日。
79 「誰が裁くのか（1）呼び出しと出頭」2010年2月23日。
80 「誰が裁くのか（2）不選任請求・忌避」2010年2月26日。
81 「誰が裁くのか（3）死刑は嫌」2010年3月2日。
82 「誰が裁くのか（4）なりたくない」2010年3月9日。
83 「死刑か無期か」2010年3月16日。
84 「ＤＮＡ捜査　別の怖さ」2010年3月23日。
85 「足利事件　ＤＮＡ鑑定がなかったら」2010年3月29日。
86 「長官銃撃と足利事件の共通点」2010年4月2日。
87 「証言を聞きたい」2010年4月9日。
88 「中国での日本人死刑」2010年4月13日。
89 「『ない』の証明」2010年4月16日。
90 「刑事ドラマとの違い」2010年4月23日。
91 「冤罪者は故郷に帰れない」2010年4月30日。
92 「『小沢氏起訴相当』検察審査会」2010年5月7日。

27 「陪審から参審へ」2009年6月30日。
28 「参審裁判とは」2009年7月3日。
29 「市民参加司法の試行錯誤」2009年7月7日。
30 「日本の裁判員制度は陪審か参審か」2009年7月10日。
31 「すぶの素人と説示」2009年7月14日。
32 「全員一致と多数決の違い」2009年7月17日。
33 「98円の消しゴムと4億8400万円」2009年7月21日。
34 「右手、左手」2009年7月24日。
35 「『陪審制』と言うのは日本だけ」2009年7月28日。
（36 不明）
37 「『官』と『員』が制度をきめた」2009年8月4日。
38 「裁判員裁判の報道」2009年8月5日。
39 「裁判員裁判の判決」2009年8月7日。
40 「裁判員は質問が必要か？」2009年8月11日。
41 「裁判員裁判の『プレゼン』」2009年8月14日。
42 「殺意のグラデーション」2009年8月18日。
43 「裁判員で量刑どう決める？」2009年8月21日。
44 「裁判長と陪席、主任」2009年8月25日。
45 「被告人、弁護人、検察官」2009年8月28日。
46 「裁判員裁判はこう進む」2009年9月1日。
47 「裁判員制度は憲法違反か（上）」2009年9月5日。
48 「裁判員制度は憲法違反か（下）」2009年9月8日。
49 「尋問は難しい」2009年9月11日。
50 「お説教も難しい」2009年9月15日。
51 「同じ懲役15年　殺人とレイプ」2009年9月18日。
52 「刑を修正する」2009年9月22日。
53 「外に出たら秋の空気を」2009年9月25日。
54 「修復的司法」2009年9月28日。
55 「ひと一人の自由を奪う結論」2009年10月2日。
56 「『書面裁判』から『書面朗読裁判』に」2009年10月6日。
57 「映像裁判は正確か」2009年10月9日。
58 「証拠の簡略化は裁判員のためになるか」2009年10月13日。
59 「裁判3～4日は大変か、不足か」2009年10月16日。

25 「法を超える」1997年7月25日17頁。
26 「汚職と自殺」1997年8月1日号34頁。

南日本新聞ホームページ掲載「人を裁くって」一覧

（タイトルと掲載日時を記載）

1 「陪審員になる喜び」2009年4月6日。
2 「実施1カ月を切って見直し論噴出」2009年4月9日。
3 「濡れたマッチで火がつくか」2009年4月13日。
4 「司法への信頼は45・7%」2009年4月17日。
5 「なぜ贈収賄は裁けない？」2009年4月20日。
6 「『裁判員の責任』自覚する市民がいた！」2009年4月24日。
7 「証拠って何？」2009年4月28日。
8 「物証はウソをつかないか」2009年5月1日。
9 「草薙事件の難しさ」2009年5月2日。
10 「草薙事件の難しさ2」2009年5月5日。
11 「ミカン、金柑、ナツメ」2009年5月8日。
12 「足利事件　間違ったのは証拠か、裁判か」2009年5月12日。
13 「裁判官は『自白』を信用する」2009年5月15日。
14 「愛することを知らない」2009年5月17日。
15 「何でも聞いてください」2009年5月19日。
16 「捜査が適正かどうか」2009年5月21日。
17 「いつ見直すか」2009年5月26日。
18 「裁判員制度のルーツはどこに？」2009年5月29日。
19 「陪審制とは」2009年6月2日。
20 「謝らなければならないのは誰」2009年6月5日。
21 「裁判官の意識がかわらなければ」2009年6月9日。
22 「自白の『信用性』」2009年6月12日。
23 「なぜ『泣きながら自白する』のか」2009年6月16日。
24 「えん罪法廷での自白の任意性」2009年6月19日。
25 「被告は無罪立証の必要はない」2009年6月23日。
26 「裁判官のものの見方」2009年6月26日。

ト調査の回答)、刑法通信 118 号 (2022 年 9 月) 2 頁。

週刊金曜日 連載「裸の司法」一覧

(連載タイトルと掲載号、掲載初出頁を記載)

1 「『脅かす訳じゃないけれど』裁判官の言葉づかい」1997 年 1 月 10 日号 20 頁。
2 「『裁判所も黙ッチャイナイ』裁判官の言葉づかい (続)」1997 年 1 月 17 日号 30 頁。
3 「コンピテント・ロイヤー　弁護士編」1997 年 1 月 24 日号 45 頁。
4 「弁護料っていくら？」1997 年 2 月 7 日号 34 頁。
5 「『経験則』の恐怖」1997 年 2 月 14 日号 25 頁。
6 「O・Jシンプソン事件の教訓」1997 年 2 月 21 日号 51 頁。
7 「刑事被告人は禁治産者か」1997 年 2 月 28 日号 25 頁。
8 「そこは端近」1997 年 3 月 7 日号 28 頁。
9 「『人殺し！』と呼ばれて」1997 年 3 月 14 日号 20 頁。
10 「警官の再就職　日米の差はどこから」1997 年 4 月 4 日号 32 頁。
11 「国松長官事件の捜査を覚えておこう」1997 年 4 月 11 日号 30 頁。
12 「『OLの夜の顔』報道はなぜ続くのか」1997 年 4 月 18 日号 18 頁。
13 「連続幼女誘拐殺人事件にみる精神鑑定への疑問」1997 年 4 月 25 日号 19 頁。
14 「どちらを向く“強い裁判所”」1997 年 5 月 9 日号 23 頁。
15 「取り調べをテープに取ろう」1997 年 5 月 16 日号 19 頁。
16 「321 が検事をダメにする」1997 年 5 月 23 日号 21 頁。
17 「30 年後の彼」1997 年 5 月 30 日号 17 頁。
18 「警官の堕落を防ぐには」1997 年 6 月 6 日号 14 頁。
19 「裁判長が記録を改ざんしたら」1997 年 6 月 13 日号 23 頁。
20 「宵闇の拘置所前で」1997 年 6 月 20 日号 50 頁。
21 「デッチ上げの再発防止」1997 年 6 月 27 日号 21 頁。
22 「口笛を吹こう」1997 年 7 月 4 日号 21 頁。
23 「ウィグモアの法則」1997 年 7 月 11 日号 30 頁。
24 「公判は税金の無駄使い」1997 年 7 月 18 日号 18 頁。

「ゴーン事件 『国策案件』が生んだ捜査のゆがみ」WEBRONZA 2018年12月18日。

「ゴーン氏勾留延長却下が大ニュースになる特殊な国」WEBRONZA 2018年12月21日。

「ゴーン事件 日本の『司法の独立』を世界が注視」WEBRONZA 2018年12月26日。

「ゴーン事件契機に『人質司法』を国際語にしよう」WEBRONZA 2019年1月25日。

「国家がグローバル企業のために刑事司法を使う時代」WEBRONZA 2019年3月26日。

「『日本版司法取引』の危険性」法学館憲法研究所報20号（2019年3月）19頁。

「大崎事件再審取り消し決定は明らかに法に反する 最高裁は何のためにあるのか」論座（旧WEBRONZA）2019年7月5日。

「被疑者取調べ状況に関する各国調査について」、日弁連「委員会ニュース」復刊28号（2019年8月）9頁。

「即位の礼に伴う『恩赦』は時代遅れで意味不明」論座2019年10月14日。

「人権派弁護士がＧＰＳ装置つき保釈を提唱する理由」論座2019年12月17日。

「ゴーン『逃亡』はなぜ起きたか」論座2020年1月16日。

「勾留・保釈を実務から変えよう」季刊刑事弁護102号（2020年4月）110頁。

「書評 丸田隆著『アメリカ憲法の考え方』」自由と正義7月号（2020年）95頁。

「弁護人立会権について」（2019夏季合宿の記録）、刑法通信117号（2021年2月）52頁＊。

「裁判員は正しく判決をしたか」陪審を考える23号（2021年4月）12頁。

「『道新記者の逮捕』は適切だったのか？ 五十嵐二葉弁護士に聞く」弁護士ドットコムニュース2021年8月1日。

「新型コロナ 刑事施設進まぬ接種 入浴・食事制限――受刑者にしわ寄せ」東京新聞2022年3月6日付。

「第3部資料 2 国際人権基準」、日弁連接見交通権確立実行委員会「接見交通権マニュアル第22版」（2022年8月）138頁。

「解説」（取調べについての被疑者と弁護人の権利 世界12か国へのアンケー

「巨悪に威力　冤罪懸念も　つきまとう功罪」(「３面シリーズ　2020 年」)、産経新聞 2015 年 10 月 25 日付。

「刑事訴訟法一部　『改正』とは何だったのか――司法取引・通信傍受だけではない問題」（陪審を考える会、2016 年２月）＊。

「少年Ａを直撃」(談話)、週刊文春２月 25 日号（2016 年）29 頁。

「冤罪の危険が激増する」、鹿児島弁護士会シンポジウム「志布志事件をくり返すな――冤罪事件の教訓は生かされてきたのか」(2016 年４月２日)、70 頁＊。

「『ろくでなし子』裁判あす判決　わいせつ性で主張対立」(談話)、毎日新聞 2016 年５月８日付 30 面。

「変わる刑事司法　証言促す司法取引　捜査機関に新たな『武器』」日本経済新聞 2016 年５月 25 日付 34 面。

「今市判決で見えた新たな冤罪原因＝『取調べの可視化』とどう闘うか」季刊刑事弁護 87 号（2016 年７月）159 頁。

「五十嵐二葉委員からの報告及び質疑・討論」(2016 年夏季合宿の記録)、刑法通信 115 号（2017 年３月）51 頁＊。

「書評　浜田寿美男『「自白」はつくられる』」東京新聞 2017 年４月 23 日付。

「心理学者が読み解く冤罪」東京新聞９面、中日新聞 11 面、2017 年４月 23 日付。

「可視化の現段階と必要な弁護活動」季刊刑事弁護 90 号（2017 年４月）144 頁。

「ブックレビュー　水谷規男著『未決拘禁とその代替処分』」自由と正義８月号（2017 年）56 頁。

「捜査・公判を変えるのか？――ＧＰＳデータ証拠化の問題点」（関東刑事研究会、2017 年 10 月７日）＊。

「ＧＰＳ立法化への課題」法律時報 89 巻 13 号（2017 年 12 月）250 頁。

「庭山先生は代用監獄・冤罪撲滅運動の同志」陪審裁判 21 号（2018 年１月）17 頁。

「ＧＰＳ捜査に向けた新たな弁護活動を」季刊刑事弁護 95 号（2018 年７年）124 頁。

「日本型司法取引の第１号事件をチェックする」WEBRONZA 2018 年８月３日。

「伊佐千尋さんの思い出」陪審裁判 22 号（2018 年 10 月)。

「司法とは何だ　そこで裁判員は何をするのか　中の②」法と民主主義487号（2014年4月）50頁。

「司法とは何だ　そこで裁判員は何をするのか　下の①」法と民主主義488号（2014年5月）60頁。

「虚偽自白の温床なくせ」（談話）、毎日新聞都内版10面・大阪本社ほか全国版、2014年6月4日付。

「司法とは何だ　そこで裁判員は何をするのか　下の②」法と民主主義491号（2014年8月）66頁。

「司法とは何だ　そこで裁判員は何をするのか　下の③」法と民主主義492号（2014年10月）53頁。

「司法とは何だ　そこで裁判員は何をするのか　下の④」法と民主主義493号（2014年11月）48頁。

「司法とは何だ　そこで裁判員は何をするのか　下の⑤」法と民主主義494号（2014年12月）28頁。

「ＤＮＡはウソをつく」 Ｇ２ 18巻12号（2015年1月）1頁。

「『刑事訴訟法等の一部を改正する法律案』で刑事手続はどうなる？――『司法取引』も詳しく知ろう」（青年法律家協会弁学合同部会司法問題対策委員会・日本民主法律家協会司法制度委員会 共催、2015年4月）＊。

「『刑事訴訟法等の一部を改正する法律案』で刑事手続はどうなる？――最も危険な『司法取引』」法と民主主義497号（2015年4月）34頁。

「私の視点　デイヴィド・ジョンソン『司法取引の導入　アメリカのてつを踏むな』」の翻訳、朝日新聞2015年7月23日付。

「善意の有識者の果たす役割」盗聴法廃止ネットワーク　盗聴法・刑訴法等改正を考えるニュース7号（2015年7月）。

「日本版司法取引の大問題　裁判が消えて行く？」東京新聞2015年8月7日付夕刊7面。

「三木由希子『新聞を読んで　戦争は今日的な問題』」で「日本版司法取引の大問題　裁判が消えて行く？」の紹介、東京新聞8月23日付5面。

「刑訴改悪・司法取引」ＴＶオプ・エド、2015年9月3日放送（ウェブＴＶ　ニュース・オプエド「『司法取引の導入』について」2015年9月1日）。

「ゆがめられる司法の役割」（耕論　司法取引の闇）、朝日新聞2015年10月23日15面。

法と民主主義467号（2012年4月）62頁。

「検察審査会をどうするか」法と民主主義468号（2012年5月）50頁。

「『3年後検証』を検証する（上）」法と民主主義469号（2012年6月）40頁。

「『3年後検証』を検証する　承前（中）」法と民主主義470号（2012年7月）56頁。

「『3年後検証』を検証する　承前（下）」法と民主主義471号（2012年8月）58頁。

「裁判員に量刑をさせるな」法と民主主義473号（2012年11月）58頁。

「裁判員裁判に合わない判決書」法と民主主義474号（2012年12月）72頁。

「こちら特報部『冤罪にも反省の色なし』影の勝者官僚高笑い」（談話）、東京新聞2012年12月17日付13面。

「可視化口実に　捜査機関焼け太り」（談話）、東京新聞2013年1月31日付27面。

「ＤＮＡ鑑定（科学証拠）と裁判員」法と民主主義476号（2013年2月）72頁。

「総論　法制審は何をするところか」（特集　適正手続を冒す「新時代の基本構想」——法制審特別部会の中間とりまとめ）、法と民主主義477号（2013年4月）3頁。

「ボストン爆破　黙秘権で論議　危険差し迫れば告知せず　容疑者重傷　別の事件の恐れ低く　日本はずさん『権利として認識を』」（談話）、東京新聞2013年4月24日付28面。

「司法取引」東京弁護士会刑事弁護部6月例会（2013年6月）＊。

「裁判員のＰＴＳＤが示す制度の基本問題」法と民主主義479号（2013年6月）52頁。

「公判手続」（特集　新時代の刑事司法制度——刑事弁護実務の課題と展望）、季刊刑事弁護75号（2013年7月）49頁。

「反対すべき『被告人の証人化』」自由と正義10月号（2013年）106頁。

「司法とは何だ　そこで裁判員は何をするのか　上」法と民主主義484号（2013年12月）48頁。

「司法とは何だ　そこで裁判員は何をするのか　中の①」法と民主主義485号（2014年1月）56頁。

「遅すぎる再審決定」（談話）、中日新聞10面・東京新聞9面、夕刊、2014年3月27日付。

「『人を裁く』って何？」（五十嵐二葉のゼミナール）82頁、あごら323号（2009年12月）。

「裁判員裁判の弁護のために」一部執筆と「英米陪審制度の説示モデル」（『説示なしでは裁判員裁判は成功しない』の採録）、刑法通信112号（2009年12月）124頁。

「裁判員裁判の実態——『本格的に争う事件第1号』を傍聴して」法と民主主義444号（2009年12月）23頁。

「書評　小早川義則『毒樹の果実論——証拠法研究 第2巻』」自由と正義6月号（2010年）147頁。

「被告側に自白を迫る『予定主張開示』」法と民主主義449号（2010年6月）66頁。

「保釈と自白の新たな関連」法と民主主義450号（2010年7月）59頁。

日弁連第53回人権擁護大会シンポジウム　第2分科会基調報告書「デジタル社会における便利さとプライバシー」（2010年10月）、第2分科会実行委員会委員として第3章の監視カメラ部分担当。

「裁判員制度どう評価する」ＪＷ11月号（2010年）94頁。

「鹿児島の高齢夫婦強盗殺人事件　証拠不足市民に負担」東京新聞2010年11月17日付。

「否認事件『物証』どう判断　高齢夫婦殺害あす判決　公判傍聴の弁護士に聞く」北海道新聞2010年12月9日付。

「鹿児島夫婦殺害事件傍聴記　鹿児島地判平22・12・10」南日本新聞2010年11月3日付。

「裁判員判決への検察控訴」法と民主主義455号（2011年1月）59頁。

「今　環境のどこに詩を見るか」新現代詩2月春号（2011年）6頁。

「鹿児島夫婦殺害無罪判決は大阪母子殺害等事件差戻し判決を踏襲したのか」日弁連委員会ニュース（2011年4月）8頁。

「裁判員制度2年無罪判決は市民参加の成果か」法と民主主義460号（2011年7月）80頁。

「事実認定とは何かを改めて考える——最三判平22・4・27と鹿児島地判平22・12・10を題材に」法律時報83巻9号＝10号（2011年7月）76頁。

「裁判員制度をどうするか」法と民主主義461号（2011年8月）72頁。

「証拠開示——裁判のためにつくられた世界に例のない『開示制限』制度」

放2月号（2008年）40頁。

「裁判員制度実施のために必要な改革の検討項目」法と民主主義4月号（2008年）48頁。

「書評　若松芳也著『苦闘の刑事弁護』」自由と正義6月号（2008年）162頁。

「特集　夏季合宿　韓国における刑事司法改革」質問40・58頁、刑法通信111号（2008年8月）。

「シンポジウム　裁判員制度を考える」現代女性文化研究書ニュース21号（2008年9月）1頁＊。

「書評　水谷規男著『疑問解消　刑事訴訟法』」法学セミナー9月号（2008年）135頁。

「裁判員制度実施に欠かせない最低限の条件」法と民主主義432号（2008年10月）36頁。

「検証　裁判員制度の問題点――市民参加裁判の本来の目的が実現できるかの危惧」現代女性文化研究所ニュース22号（2009年1月）1頁＊。

「特集・対談　『裁判員制度』を日本の刑事裁判を良くする方向に」（周防正行と）、法と民主主義1月号（2009年）4頁。

「夏季合宿講演会の記録　討論」刑法通信111号（2009年2月）6頁＊。

「ＷＩＰ、人権委員会＆言論表現委員会委員として『委員からのメッセージ』」、日本ペンクラブ・シンポジウム「死刑――作家の視点、言論の責任」記録（2009年3月）19頁。

2009年4月、南日本新聞ホームページに「人を裁くって」掲載開始（「著作一覧」349頁の「人を裁くって」掲載一覧参照）。

「はじまった裁判員制度をここでよく考えてみよう」（連載　裁判員制度を考える1）4頁、「日本の刑事裁判の病弊をあらわす足利事件」（五十嵐二葉のゼミナール）10頁、あごら322号（2009年6月）。

「裁判員制度への官僚と国民の見方」日本の科学者1巻44号（2009年7月）10頁。

「福島地裁郡山支部『本格的に争う事件第1号』傍聴記」朝日新聞2009年9月29日～10月2日。

「緊急座談会　『裁判員制度』導入は果たして日本の司法を改善するのか。メリットとデメリットを問う」（特集　裁判員制度再検証）、ＪＷ（ジュディシャル・ワールド）（2009年11月）。

「始まった裁判員裁判の問題点」（連載　裁判員制度を考える2）76頁、

「今こそ憲法改正議論を　イラク情勢の中での参院選挙」女性展望５月号（2004 年）１頁。

「『週刊文春』差し止め問題」NIPPORO 1605 号（日本放送労働組合、2004 年６月）。

「週刊文春差し止め問題は終わったのではない　始まったのだ」NIPPORO 1605 号（2004 年６月）21 頁。

「〈刑事弁護の中の取引経験〉制度設計には実態解明が不可欠」（特集　刑事弁護の中の取引）、季刊刑事弁護 39 号（2004 年７月）41 頁。

「適正手続とオウム裁判」（特別企画　オウム裁判と現代社会）、法律時報 76 巻９号（2004 年８月）79 頁。

「ＮＨＫ委員会を提案します」NIPPORO 1611 号（2004 年 11 月）６頁。

「書評　小早川義則著『ＮＹロースクール断想：一研究者の軌跡』」自由と正義３月号（2005 年）118 頁。

「青法協ができることは何だろうか」（「４　法科大学院教員の取り組み」）、青年法律家協会弁護士学者合同部会「弁学合同部会第 36 回定時総会議案書」（2005 年６月）＊。

日弁連「刑事法実務教育を考える」１号（2006 年７月）、「日弁連法科大学院センター刑事法実務研究会報告」（教材の提供含む）＊。

「裁判員裁判には『説示』が不可欠」季刊刑事弁護 49 号（2007 年１月）129 頁。

「捏造と『不偏不党』のなかで歴史は作られる」月刊マスコミ市民３月号（2007 年）24 頁。

日弁連シンポジウム「法科大学院で刑事手続をどう教えるか」報告集（2007 年３月 30 日）107 頁＊。

「本よみうり堂」で「説示なしでは裁判員制度は成功しない」の紹介、読売新聞 2007 年５月 23 日付。

「刑事訴訟法のイロハ　刑事訴訟の実務」（特集　刑事訴訟）、月報司法書士８月号（426 号、2007 年）２頁。

「裁判員裁判とメディア報道を考える」日本心理学会第 71 回大会プログラム（2007 年９月）＊。

「裁判員裁判で無罪推定原則をどう確保するか」（特集　裁判員制度と人権）、部落解放１月号（2008 年）47 頁。

「放送時評　朝のニュースショー　コメンテーターって何する人？」月刊民

急新研集会　言論規制三法阻止に向けて　問われるメディアの再生」）KYODO UNION57（2002年4月）18頁＊。

「国民の権利と言論の自由確保を」新聞研究6月号（2002年）30頁。

「意見」、日弁連人権擁護委員会、刑事弁護センター「全国冤罪事件弁護団連絡協議会第1回交流会記録」（2002年6月）58頁＊。

「ブックレビュー　五十嵐二葉著『刑事司法改革はじめの一歩』」（執筆：松本英俊）、季刊刑事弁護31号（2002年7月）175頁。

「座談会　情報社会と『メディア規制三法案』を考える」（桂敬一、水原博子と）、女性展望8月号（2002年）7頁。

「改革の名に値する刑事手続のための最低限の改革点」季刊刑事弁護32号（2002年10月）8頁。

「ブックレビュー　五十嵐二葉著『刑事司法改革はじめの一歩』（執筆：守屋克彦）、法律時報74巻11号（2002年10月）97頁。

「エッ！　いつでも、どこへでも自衛隊機をとばす？」今、女たちは平和を語る21号（戦争を許さない北・板橋・豊島の女たちの会、2002年10月）15頁。

「書評　五十嵐二葉著『刑事司法改革はじめの一歩』」（執筆：梶田英雄）、自由と正義12月号（2002年）109頁。

「ライブラリー・書評　飯室勝彦＋赤尾光史編著『包囲されたメディア——表現・報道の自由と規制三法』」法学セミナー2月号（2003年）120頁。

「再審における証拠構造論、事件構造論に見る」「制度改革を伴わない迅速化法案は危険（上）」青年法律家385号（2003年3月）。

「制度改革を伴わない迅速化法案は危険（下）」青年法律家386号（2003年4月）。

「刑事人権を公共の福祉で制限できるか——捜査の便宜による接見妨害に見る世界の潮流と日本の学説の現状」自由と正義4月号（2003年）53頁。

「全国冤罪事件弁護団連絡協議会の第1回交流会記録」（日弁連、2003年6月）意見、58頁＊。

「委員からのメッセージ　日本の言論は自由なのだろうか」、日本ペンクラブ「第23回wipの日『自由のために書く』」座談会記録、2003年10月。

「被害者を検察官にすることに収斂する被害者運動への危惧」（我が国における被害者の刑事手続参加を考える）、刑法通信106号（2003年10月）83頁。

究4月号（1999年）34頁。

「書評　福井厚監訳『ドイツ刑事訴訟法』」自由と正義10月号（1999年）138頁。

「アレインメント制度の導入について」季刊刑事弁護20号（1999年10月）22頁。

「被害者・市民・社会と犯罪情報を知る権利」論座10月号（1999年）156頁。

「権限の拡大が進む警察で生じた腐敗現象と改革のあり方」「討論」刑法通信103号（日弁連刑事法制委員会、2000年10月）45頁。

「罪と罰のパラダイム転換を」論座10月号（2000年）44頁。

"Victims' Rights in Japan," JAPAN ECHO vol. 27 no. 6, 2000, p. 51.

「証人などの身元情報の開示制限」季刊刑事弁護25号（2001年1月）33頁。

「公権力による人権侵害」ジュリスト3月15日号（2001年3月）21頁。

「韓国の優しい心――学生の墓とラストスピーチ」、日韓法律家交流会「第3回日韓法律家交流会報告書」補遺（2001年3月）。

「ひと筆　フェルメールの光と闇」自由と正義4月号（2001年）5頁。

「ほんとうにこれでいいのか　政権交代こそ民主政治のルール」野火（2001年7月）。

「『人権擁護推進審議会』答申の内容と問題点」マスコミ倫理501号（2001年7月）20頁。

「刑事司法　警察による捜査と裁判における問題――捜査と裁判はこう変えられる（日本における拷問等禁止条約の実施における分野ごとの課題）」（「特集1　拷問等禁止条約）自由と正義9月号（2001年）52頁。

「子どもと暴力（21世紀の家族と子供）」国立女性教育会館研究紀要5号（2001年11月）47頁。

「鼎談　メディア規制の背後に何があるか（上）」（特集　追いつめられる言論・表現の自由、魚住昭、橋場義之と）、法学セミナー12月号（2001年）47頁。

「鼎談　メディア規制の背後に何があるか（下）」（特集　追いつめられる言論・表現の自由Ⅱ、魚住昭、橋場義之と）、法学セミナー2月号（2002年）58頁。

「『9・11』が変質させた『人権の国』アメリカ」論座4月号（2002年）194頁。

「パネルディスカッション第1部　法案の問題点」（共同通信労働組合「緊

「被害者に対する尋問　難しいけど重要な被害者尋問」（特集　実践尋問技術）、季刊刑事弁護10号（1997年4月）63頁。

「現代ニッポンにおける　人生相談」週刊朝日（別冊）6月15日号（1997年）。

「ブックレビュー　五十嵐二葉著『刑事訴訟法を実践する』」（執筆：高田昭正）、季刊刑事弁護11号（1997年7月）164頁。

「緊急対談　小田晋 vs. 五十嵐二葉　我慢できない女たち」ＵＮＯ！ 1月号（1998年）。

「座談会　令状裁判の実態と裁判官の市民的自由——寺西判事補注意処分をめぐって」（小田中聰樹、秋山賢三、生田輝雄、庭山英雄、神山啓史、高見沢昭治らと）、法と民主主義327号（1998年4月）3頁。

「文春の少年調書掲載は『再発防止』に役立たない」論座6月号（1998年）68頁。

「1997年度秋季学術講演会　世界の中の日本の人権——代用監獄問題を中心に」ほうゆう（立命館大学法学会学生委員会、1998年6月）13頁＊。

「参院選特集第3弾　参院選私にとっての選択肢　公約される『人権』中身が判断基準」週刊金曜日7月3日号（1998年）14頁。

「参加パネリストに聞く　弁護士五十嵐二葉氏」奔流100号記念特集号（毎日新聞労組、1998年9月）2頁。

「報道は果たして客観的か」（清水泰「テレビカメラが法廷に入る日——オウム裁判はなぜ生中継できないか」で意見紹介）、放送レポート（1998年9月）。

「少年法改定めぐる大論争　少年法改定私はこう考える」創11月号（1998年10月）83頁。

「犯罪報道の原罪——制裁機能をどう考えるか」論座10月号（1998年）90頁。

「刑事裁判の活性化を求めて——被疑者の弁護を受ける権利を保障するために」「総論　刑事弁護の基本、国際人権水準と日本の刑事裁判」中15頁、国際人権水準について、「第1部　人権の国際的保障」「第2部　国際人権規約の日本国内における実施状況」の共同執筆、日弁連第31回人権擁護大会シンポジウム第1分科会基調報告書「人権の国際的保障　国際人権規約の日本国内における実施状況」（1998年11月）。

「『表現の自由』の枠組み再考——迫られる具体化、問われる原則」新聞研見る」陪審裁判12号（1996年2月）。

「捜査と拘禁の分離を——代監と自白強要の構造」（日弁連拘禁二法案対策本部、1996年3月）企画と構成（朝日新聞「論壇」1995年7月5日収録）。

「犯罪報道と人権　犯罪報道の背景を探る」（聞き手：村上直之）、関西大学人権問題研究会「人の権利　メディアと人権」（1996年3月）12頁＊。

「拷問等禁止条約と人権」（朝日新聞「論壇」の引用）、拷問等禁止条約の批准を求める会「拷問等禁止条約資料集」（1996年4月）20頁。

「オウム事件裁判とメディア——公判報道の歪みをさらに広げるな」新聞研究4月号（1996年）66頁。

「『入庁』『開廷前』でなく公判審理の映像を」月刊民放4月号（日本民間放送連盟、1996年）20頁。

「元会社社長の業務上横領事件を取り上げた刑法学者の雑誌記事及び著書の一部の記述が名誉棄損に当たるとされた事例」判例時報5月1日号（1996年）45頁。

「（人権委員会から）オウム事件と日本の人権」PEN 307号（日本ペンクラブ、1996年6月）17頁。

「鹿島とも子の受任経緯など」（教団の最期の頼りは『人権派』）、AERA 6月26日号（1996年）。

「金曜日の本箱　自薦　日本の刑事裁判の実態を赤裸々に——刑事訴訟法を実践する」週刊金曜日9月20号（1996年）40頁。

「コミュニケーション　弁護士五十嵐二葉氏」COSMO（1996年10月）27頁。

「麻原裁判は3年でできる　1審に20年もかけるのは司法の自殺だ」RONZA 10月号（1996年）58頁。

「要綱案のここが問題」（情報を私たちの手に——情報公開法要綱案をめぐって）、週刊金曜日11月29日号（1996年）12頁。

「なぜだ！　おしゃべり弁護人たち」RONZA 12月号（1996年）38頁。

1997年1月、週刊金曜日に「裸の司法」連載開始（「著作一覧」350頁の連載「裸の司法」一覧を参照）。

「書評　五十嵐二葉著『テキスト国際刑事人権法　総論』」（執筆：水谷規男）、自由と正義2月号（1997年）139頁。

「B＆Aレビュー　五十嵐二葉著『刑事訴訟法を実践する』」（執筆：小田中聰樹）、法律時報69巻4号（1997年4月）85頁。

——真実を知る権利と人権のために」（東海大学湘南公開セミナー委員会、1995年3月）31頁、69頁＊。

「書評　小早川義則著『ミランダと被疑者取調べ』」自由と正義6月号（1995年）124頁。

「日本実務刑訴へのレメディとしての陪審」陪審裁判11号（1995年6月）7頁。

「『オウム』関連事件の被告を弁護する理由」週刊金曜日6月16日号（1995年）56頁。

「司法も歪める『代用監獄』は廃止せよ」（論壇）、朝日新聞1995年7月5日。

「オウム事件で犯罪の情報戦争が変わる——『オウムの広告塔』と言われた元信者女性の弁護を引き受けた筆者がオウム報道について批判」創8月号（1995年）104頁。

「書評　西原春夫他著『刑法マテリアルズ』」自由と正義12月号（1995年）134頁。

「オウム事件と法律家の責任」青年法律家300号（1995年12月）。

「闇からの声——オウム元信者を弁護して」創12月号（1995年）94頁。

「鹿島とも子事件三上英明裁判長の訴訟運営など」（オウム弁護で『人権派』が悩む）、AERA 12月18日号（1995年12月）。

「パネルディスカッション　危機にある我が国の刑事手続——オウム事件の功罪」（パネラーとして）、「第48期司法修習生『12月集会』報告書」（1996年1月）＊。

特集　オウム事件と刑事手続：「シンポジウム　オウム事件と刑事手続」（パネラーとして渥美東洋、下村幸雄、土本武司と、運営・司会：「48期司法修習生秋の集会」実行委員会）6頁＊、「オウム事件による刑事手続の歪曲」19頁、法律時報68巻1号（1996年1月）。

「アンケート　別居5年で離婚」法令ニュース2月号（1996年）57頁。

「パネルディスカッション　刑事手続を考える　オウム事件を通じて」、48期司法修習生秋の集会「浪花の秋祭り報告集」（1996年2月15日）＊。

「オウム事件とマスコミ報道（講演要旨）」マスコミ倫理436号（マス・コミュニケーション倫理懇談会全国協議会、1996年2月）4頁。

「憲法上の権利としての刑事手続——憲法の保障と実態とのギャップ」法学セミナー2月号（1996年）58頁。

「法律家の意識と陪審制推進運動／再審における証拠構造論、事件構造論に

月）66頁。

「犯罪報道　日本の新聞はアメリカの23倍　メディアの“面白主義”が社会の偏見を育てていないか？」SAPIO 11月11日号（1993年）96頁。

「シンポジウム　放送と人権を考える」（原壽雄、寺崎一雄、松田士朗と、日本放送労働組合・放送部、1993年11月）。

「『お詫び』と『言い換え』」創12月号（1993年）76頁。

「犯罪報道が読者・視聴者に与える被疑者＝犯人視効果」（日本マス・コミュニケーション学会での報告の要旨）、新聞研究1月号（日本新聞協会、1994年）58頁。

「ロスアンゼルス市警察署」、「アメリカ・カナダ刑事手続調査報告書——起訴前刑事弁護の国際水準」（東京三弁護士会合同代用監獄調査委員会、1994年2月）49頁。

「日本語を母国語としない者の供述調書の証拠能力について」自由と正義3月号（1994年）226頁。

「日本の司法は大きな曲がり角を曲がった」（「奇妙で危険な三浦裁判」「『ロス疑惑』判決を検証する」）、週刊金曜日4月15日号（1994年）54頁。

「法秩序の近代と現代」「犯罪報道が読者・視聴者に与える被疑者＝犯人視」法社会学46号（法社会学会編、1994年4月）222頁。

「『容疑者の言い分』報道と起訴前弁護」法律時報66巻4号（1994年4月）89頁。

国連人権小委員会報告書「司法の独立と法律家の保護——公正な裁判」（日弁連）の翻訳、司法の独立に関する国連総会ワーキンググループ（日弁連）メンバーとして「司法の独立と法律家の保護に関する報告書」と「国際人権（自由権）規約委員会決定に見る『公正な裁判』」の翻訳（1994年6月）。

「当番弁護・黙秘権ハラスメント　『告げよ、だが、使わせるな——「自白は証拠の王様」と自白偏重を煽る産経新聞の主張を弁護士の立場から徹底批判する』」創8月号（1994年）142頁。

「アンケート　サマータイム導入の是非」法令ニュース1月号（1995年）25頁。

「調書裁判の壁に穴が開いた　外国人の供述調書は採用されなかった」週刊金曜日3月10日号（1995年）35頁。

「東海大学湘南公開セミナー200回記念　軌跡」、「第193回　報道が危ない

「捜査報道　つくられ方　つかわれ方」世界2月号（1991年）67頁。

「エッ？！　いつでも、どこへでも自衛隊機をとばす？」今女たちは平和を語る（戦争への道を許さない北・板橋・豊島の女たちの会、1991年3月）15頁。

「女100人の提言　憲法9条と私たちの選択」現代（女たちへ）25巻5号（1991年4月）67頁。

「拘禁二法と国際基準・総論」（特集　拘禁二法と国際基準）、法律時報63巻5号（1991年4月）6頁。

「国連に訴える」甲山裁判支援通信9月号（1991年）6頁。

「基調講演　国際人権法と起訴前弁護活動」、日弁連人権擁護大会プレシンポジウム「刑事裁判の活性化を求めて——被疑者の弁護を受ける権利を保障するために」（1991年10月）4頁＊。

「ぬくもりが伝わるよう」（朝日新聞に苦言・提言）、朝日新聞1991年10月15日新聞週間特集号2面。

「国際人権水準について（総論　刑事弁護の基本、国際人権水準と日本の刑事裁判）」、日弁連第34回人権擁護大会シンポジウム第1分科会速記録「刑事裁判の活性化を求めて——被疑者の弁護を受ける権利を保障するために」（1991年11月）15頁＊。

「座談会　監獄法改正の必要性と課題」（澤登俊雄、所一彦、福田雅章と）、法律時報64巻1号（1992年1月）42頁。

「アンケート　夫婦別性」法令ニュース1月号（1992年）19頁。

「参院選にはこういう人を」月刊婦人展望7月号（1992年）6頁。

「現代日本のジャーナリズムの標本としての犯罪報道」マスコミ市民284号（1992年7月）13頁。

「書評　横川和夫、保坂渉編著『ぼくたちやってない』」自由と正義8月号（1992年）158頁。

「朝日歌壇93」1992年中の「朝日歌壇」入選歌2首収録（1993年1月）。

「法律家をたずねて　刑事人権の改善に取り組む五十嵐二葉先生」受験新報（1993年4月）5頁。

「犯罪報道が読者・視聴者に与える被疑者＝犯人視効果」（第4セッション　社会統制とコミュニケーション）、日本法社会学会学術大会プログラムとレジュメ（1993年5月）15頁。

「ジャーナリスト進化論　求める記者像」マスコミ市民295号（1993年6

(Substitute Prisons) in Japan”（1989年8月）三会代監で編集。

「対談　歪んだ裁判――刑事裁判の原点と現点」（特集　日本の裁判・七不思議、渡部保夫と）、法学セミナー10月号（1989年）28頁。

「幼女連続殺人事件『報道』を悲しむ――おびただしい活字の洪水の中で、報道に値する『事実』は果たしてどのくらいあったのか」創10月号（1989年）102頁。

「えん罪事件と『非行なし』の間」法令ニュース10月号（1989年）61頁。

「五十嵐二葉氏を世田谷のお宅に訪ねて」（文責：伊東）、草の実351号（1989年11月）8頁。

「私を揺さぶったノンフィクション　注視したい権力がつくる既成事実の追認」（榎下一雄「僕は犯人じゃない」、松橋忠光「わが罪はつねにわが前にあり」）、「朝日ジャーナル臨時増刊号　ノンフィクションの深化」（1989年11月）119頁。

「ある離婚願望――50代の妻が離婚を望むとき」法令ニュース12月号（1989年）。

「鈴木達也 vs 五十嵐二葉　冤罪・不起訴事件はなぜ起こる」TIMES 12月号（1989年）44頁。

「意見広告がネットワークを作った」（WINTER　広告労協　広告SISTERS　1989～90年）。

「法と世相の間　予防接種の『ペレストロイカ』」法令ニュース2月号（1990年）42頁。

「法と世相の間　倒産のなかの若者たち」法令ニュース1990年3月号（1990年）39頁。

「法窓時評　法服を脱がないうちに」中堅企業654号（税務経済社、1990年4月）14頁。

「あらゆる形態の拘禁・収監下にあるすべての人の保護のための原則」（“Body of Principles for the Protection of All Persons under Any Form of Detention or Imprisonment” の申惠丰との共訳）、法律時報62巻4号（1990年4月）84頁。

「座談会　ＴＢＳ事件最高裁決定と報道の自由」（特集　ＴＢＳ事件最高裁決定と報道の自由、奥平康弘、松本正、河野慎二と）、法律時報62巻10号（1990年9月）6頁。

「アンケート　少年法」法令ニュース1月号（1991年）25頁。

「木蔭」吉森洋二追悼特集（1987年7月）29頁。

「新聞よ 官報になるな」文藝春秋12月号（1987年）337頁。

「被拘禁者とメディアの面会禁止は日本の縮図だ」創2月号（1988年）152頁。

「フランスの行刑」、「第二東京弁護士会・拘禁二法案阻止対策会議　ヨーロッパ行刑施設視察報告書」（1985年の第二東京弁護士会監獄法等対策特別委員会の報告書の再刊、1988年6月）140頁。

「第2回政府報告書の検討」（特集　人権の国際化と日本）、法学セミナー10月号（1988年）36頁。

「第4　代用監獄」（第2部　実情レポート）、「日弁連第31回人権大会シンポジウム第1分科会基調報告書　人権の国際的保障　国際人権規約の日本国内における実施」（1988年11月）59頁＊。

「インタビュー・らいぶらりー　日本の刑事裁判は死んだ！　『殺さなかった』――著者・五十嵐二葉に聞く」法学セミナー11月号（1988年）129頁。

「法廷の外で進行するロス疑惑“裁判”」朝日ジャーナル11月25日号（1988年）86頁。

「シンポジウム　刑事裁判とビデオテープについて」大阪弁護士会会報186号（1988年）52頁。

「ふたたび政府報告書検討会について」（福島瑞穂と共同執筆）、法学セミナー1月号（1989年1月）78頁。

「今、日本の国際人権が危ない！！　国連人権委へ日本政府が“危険”な摩擦」創1月号（1989年）152頁。

「イッツ・スノウ・イン・ジュネヴァ」「国際社会にダイヨーカンゴクを訴えて――ジュネーブ人権ツアー報告集」（ジュネーブ人権ツアー実行委員会）49頁、「国際批判にさらされる代用監獄　拘禁二法」（拘禁二法に反対し代用監獄の廃止を求める市民センター事務局長五十嵐二葉刊、1989年6月）。1989年2月28日～3月8日、ジュネーブ人権ツアーの記録。

「代用監獄廃止と拘置所不足問題」法律時報61巻7号（1989年6月）103頁。

「米仏弁護士の代用監獄報告書――森下忠教授の御論稿をめぐって」判例時報6月21日号（1989年）26頁。

“Torture and Unlawful Treatment of detainee in Daiyo-Kangoku

月26日）企画・編集。

「あなた留置場に入った事ありますか？　知られざる代用監獄心得6か条」の台本（日本テレビ、1985年7月29日23時30分～24時35分放送）。

「被告人の自白調書等を証拠として採用せず、情況証拠により殺人等の犯罪事実を認定した事例——杉並看護学生殺害事件第1審判決」判例時報12月1日号（1985年）3頁。

「私が『三浦和義』を弁護する理由」朝日ジャーナル12月20日号（1985年）100頁。

「ヨーロッパ行刑施設視察報告書」（第二東京弁護士会監獄法等対策特別委員会、1985年）。

"Forced Confession," Futaba Igarashi, Translated by Gavan McCormack, *Democracy in Japan*, edited by Gavan McCormack & Yoshio Sugimoto, Hale & Iremonger, 1986（「こうして自白させられた——代用監獄と冤罪」世界2月号〔1984年〕の英訳本）.

「私のＦＦ体験　写される側の悲しみ」週刊読売7月6日号（1986年）173頁。

「大きな小児と小さな小児（下）」週刊文春8月28日号（1986年）160頁。

「三浦事件の316日（上）」週刊読売8月31日号（1986年9月）153頁。

「三浦事件の316日（下）弁護団解任騒ぎは10回もあった！」週刊読売9月7日号（1986年）180頁。

「今月の人　五十嵐二葉（弁護士）に聴く」（執筆：滝鼻卓雄）、法学セミナー10月号（1986年）2頁。

「三浦報道とプライバシー」PRIVACY 78号（1987年1月）2頁。

「ＦＦ現象と新聞報道　まかり通る『総岡っ引き』」新研かわら版107号（朝日新聞労働組合、1987年1月）2頁。

「裁判所は事実認定の名の下に何をしたか——杉並看護学生殺し事件1審判決を例に」55頁、「座談会　刑事裁判とビデオ」83頁、自由と正義2月号（1987年）。

「ほんとらしさのうそ」法学教室2月号（1987年）69頁。

「今なぜ人権と報道か」、第3回例会「ロス疑惑裁判とマスコミの姿勢」（人権と報道研究会、1987年3月）31頁＊。

「座談会　拘禁二法案をめぐる情勢と展望」自由と正義7月号（1987年）95頁。

「警察拘禁施設法の問題点」（日弁連監獄法改正問題対策委員会、1982年3月）執筆とまとめ。

「代用監獄と留置施設法――警察国家への急カーブか」世界5月号（1982年）23頁。

「ロ事件で示された公判報道の問題点」新研レポート5月39期1号（共同通信新研部、1983年）8頁。

“Forced Confessions How the Japanese Police Forced Thirty Innocent People to Confess”（東京三弁護士会合同代用監獄調査委員会、1983年5月）の編集。

「冤罪を生む恐い代用監獄が恒久化――国民の目から隠蔽する秘密主義・警察国家の到来」月刊サーチ8月号（1983年）128頁。

「法廷の外で進行するロス疑惑“裁判”」朝日ジャーナル11月25日号（1983年）86頁。

「こうして『自白』させられた――代用監獄と冤罪」世界2月号（1984年）220頁。

「無くさなければいけない冤罪の温床代用監獄」（特集　権力犯罪「冤罪」）、月刊サーチ6月号（1984年）38頁。

「接見交通権の歴史」、日本弁護士連合会第27回人権擁護大会・シンポジウム第1分科会基調報告書「接見交通権の確立を目指して」（1984年10月）1頁＊。

「『ビデオ時代』の裁判と自白」法律時報57巻3号（1985年2月）77頁。

「女の戦後史最終回　ポスト戦後を見透す」（座談会　女と男の関係をどう組みかえるか、津島裕子、宮迫千鶴と）、朝日ジャーナル3月22日号（1985年）78頁。

「調書裁判の壁に穴が開いた　外国人の供述調書は採用されなかった」週刊金曜日3月10日号（1995年）35頁。

「拘禁二法　何が侵されるのか　今国会の上程は見送られたが……」世界5月号（1985年）316頁。

「ヨーロッパの刑務所と留置場――受刑者も被疑者も市民」法学セミナー6月号（1985年）92頁。同行した第二東京弁護士会監獄法等対策特別委員会の企画（イギリス、デンマーク、スウェーデン、フランスの施設見学、1984年6月）の報告。

「諸外国の留置制度」（東京三弁護士会合同代用監獄調査委員会、1985年6

一郎、所一彦、松尾浩也、村上国治と。監獄制度研究会「シリーズ行刑の実態と監獄法改正10」)、法律時報50巻6号(1978年6月)96頁。

「東京弁護士会提案　写真法案への意見」創6月号(1978年)91頁
特集　代用監獄:「代用監獄の実態」2頁、「代用監獄実態論の課題――坂口勉氏の『代用監獄の実態』に関連して」43頁、自由と正義10月号(1978年)。

「座談会　刑事裁判とビデオ」(大塚喜一、倉田哲治、野崎研二、樋口光善、木川恵章、塚原英治、佐藤治隆と)自由と正義2月号(1979年)83頁。

アメリカ視察団報告:「ニューヨーク市矯正施設」102頁、「ニューオーリンズ　パブリッシュ　プリズン」105頁、「ターミナル・アイランド」108頁、「グレンダール市警察局」114頁、「アメリカの行刑施設」(徳満春彦と共著)59頁、東京弁護士会会報56号(1979年3月)。

「監獄法改正について意見を聴く会 議事録」参加者としての発言(法務省、1979年9月10日、東京)＊。

「なぜ『刑事留置場』が必要か」ジュリスト3月15日号(1980年)85頁。

「代用監獄問題における国辱論――第12回国際刑法学会参加レポート」罪と罰17巻(1980年)。

「ハンブルク決議と日本の代用監獄――森下教授の御論稿に寄せて」罪と罰17巻4号(1980年7月)53頁。

「欧米における接見交通権」(シンポジウム　接見交通権の現状と将来の課題)、昭和56年度関東弁護士連合会定期大会記録(1981年9月)＊。

「監獄法改正の骨子となる要綱に対する意見書」(日弁連、1981年10月)の企画と作成。

「法と実態の乖離にみる日本の行刑法――『監獄法改正の骨子となる要綱』の一断面」自由と正義1月号(1982年)78頁。

「委員長の経験から東京三弁護士会合同代用監獄調査委員会」(特集　弁護士業務の現状と将来)、東京弁護士会会報61号(1982年2月)56頁。

特集　接見交通の研究:「座談会　接見交通の実態」(加毛修、白河浩、寺崎昭義と)22頁、「刑訴法39条3項の比較法的考察」42頁、法律時報54巻3号(1982年3月)。

「人を『鳥籠』に入れ続ける功利主義への疑問――監獄法改正に潜む汚点」朝日ジャーナル3月19日号(1982年)112頁。

「代用監獄に関する監獄法改正意見書」（東京三弁護士会合同代用監獄調査委員会、1974年２月）企画・構成・執筆。

「刑事拘禁法要綱説明書」（日弁連司法制度調査会、1976年２月）企画・編集・執筆。

「監獄法改正問題 座談会」人権ニュース６号（東京弁護士会、1976年12月）９頁。

「過信と不信」戸籍時報５月号（1977年）２頁。

「代用監獄問題について」ジュリスト637号（1977年５月）。

「受刑体験者に聞く・その１」（監獄制度研究会「シリーズ　行刑の実態と監獄法改正１」）、法律時報49巻８号（1977年６月）40頁。

「受刑体験者に聞く・その２」（監獄制度研究会「シリーズ　行刑の実態と監獄法改正２」）、法律時報49巻９号（1977年７月）70頁。

「受刑体験者に聞く・その３」（監獄制度研究会「シリーズ　行刑の実態と監獄法改正３」）、法律時報49巻10号（1977年８月）90頁。

「受刑体験者に聞く・その４」（監獄制度研究会「シリーズ　行刑の実態と監獄法改正４」）、法律時報49巻12号（1977年10月）156頁。

「座談会　受刑体験談を聞いて」（荒木伸怡、小沢禧一、吉川経夫、沢登敏雄、鈴木一郎、所一彦、松尾浩也、村上国治と。監獄制度研究会「シリーズ　行刑の実態と監獄法改正５」）、法律時報49巻13号（1977年11月）67頁。

「元刑務官に聞く」（監獄制度研究会「シリーズ　行刑の実態と監獄法改正６」）、法律時報50巻１号（1978年１月）106頁。

「受刑体験者に聞く・その５」（監獄制度研究会「シリーズ　行刑の実態と監獄法改正７」）、法律時報50巻２号（1978年２月）64頁。

「らいぶらりい　庭山英雄著『刑事訴訟法』」法学セミナー２月号（1978年）152頁。

「刑事拘禁法要綱」（日弁連、1978年３月）の作成。

「代用監獄の実態の一分析」法律時報50巻３号（1978年３月）112頁。

「受刑体験者に聞く・その６」（監獄制度研究会「シリーズ　行刑の実態と監獄法改正８」）、法律時報50巻４号（1978年４月）114頁。

「受刑体験者に聞く・その７」（監獄制度研究会「シリーズ　行刑の実態と監獄法改正９」）、法律時報50巻５号（1978年５月）81頁。

「座談会　監獄法改正と受刑体験」（荒木伸怡、小沢禧一、沢登俊雄、鈴木義と今後の課題」170頁。

『携帯刑事少年六法2010年版』（携帯刑事少年六法編修委員会編、現代人文社、2009年10月)、「あらゆる形態の拘禁・収監下にあるすべての人の保護のための原則（保護原則)」（申惠丰との共訳）442頁。

『携帯刑事少年六法2012年版』（携帯刑事少年六法編修委員会編、現代人文社、2011年10月)、「あらゆる形態の拘禁・収監下にあるすべての人の保護のための原則（保護原則)」（申惠丰との共訳）500頁。

『国際人権（自由権）規約第6回日本政府報告書審査の記録――危機に立つ日本の人権』（日本弁護士連合会編、現代人文社、2016年5月）一部翻訳。

『刑事法と歴史的価値とその交錯――内田博文先生古希祝賀論文集』（徳田靖之、石塚伸一、佐々木光明、森尾亮編集委員、法律文化社、2016年11月)、「『可視化』の夜と霧」257頁。

『庭山英雄先生を偲ぶ』（2017年)、「代用監獄運動の同志」23頁。

『新倉修先生古稀祝賀論文集　国境を超える市民社会と刑事人権』（酒井安行、中野正剛、山口直也、山下幸夫編、現代人文社、2019年9月)、「忖度土壌の法解釈・適用・立法」9頁。

『民事陪審裁判が日本を変える――沖縄に民事陪審裁判があった時代からの考察』（陪審を考える会編、日本評論社、2020年5月)、「民事陪審で真の市民参加を」75頁。

共　訳

『犯罪と刑罰』（ベッカリーア著、岩波書店〔岩波新書〕、1959年)。

雑誌等掲載の論文他　（＊は講演等記録）

「小さな大先生」（昭和40年度司法試験　合格体験記)、受験新報12月号（1965年）75頁。

「東京四班合同座談会　被疑者被告人の人権問題」「アンケート被疑者の人権問題」きずな（青法協20期20期会誌）2号（1966年12月)。

人文社、1999年5月）一部翻訳。

『民衆司法と刑事法学——庭山英雄先生古稀祝賀記念論文集』（秋山賢三他編著、現代人文社、1999年6月）、「『判決には理由を附す』ことは必要か」255頁。

『転換期の刑事法学——井戸田侃先生古稀祝賀論文集』（浅田和茂他編、現代人文社、1999年10月）、「令状主義の幻想」63頁。

『人権日本の夜明け求めて　熱きひと　木村亨追悼』（木村亨追悼刊行委員会編、一葉社、1999年）、「華のある人」。

『現代法律百科大辞典』（伊藤正己、園部逸夫編集代表、ぎょうせい、2000年3月）、「代用監獄」「火炎瓶」「騒擾罪」。

『私を変えたことば』（日本ペンクラブ編、光文社、2000年4月）、「入試面接教官の一言」19頁。

『中坊公平的正義とは』（佐高信、宮崎学編著、社会思想社、2001年6月）、「警察権力の強化をもたらす盗聴法案を廃案に！」85頁。

『21世紀の家族と子ども（国立女性教育会館研究紀要5号）』（国立女性教育会館編、国立女性教育会館、2001年11月）、「子どもと暴力」。

『新 接見交通権の現代的課題——最高裁判決を超えて』（柳沼八郎、若松芳也編著、日本評論社、2001年12月）、「日本刑訴39条3項は国際法違反である」210頁。

『カルパチアのばら』（小田成光編、2001年）、「愛の時の中で」245頁。

『行雲流水——西村春夫先生古稀祝賀自由小品集』（国士舘大学法学部内西村春夫先生古稀祝賀自由小品集刊行委員会、2003年5月）、「怒り、憎み続けるのか、何を、なぜ——私にとっての被害者問題」35頁。

『刑事司法改革と刑事訴訟法　上巻』（村井敏邦、川崎英明、白取祐司編、日本評論社、2007年5月）、「国際人権法と刑事訴訟法」201頁。

『社会のなかの刑事司法と犯罪者』（菊田幸一、西村春夫、宮澤節生編、日本評論社、2007年9月）、「代用監獄・自白・供述調書——この日本的なもの」211頁。

『年齢は財産』（日本ペンクラブ編、光文社、2008年11月）、「ダウト『年齢は財産』」225頁。

『日本の人権保障システムの改革に向けて——ジュネーブ2008 国際人権（自由権）規約第5回日本政府報告書審査の記録』（日本弁護士連合会編、現代人文社、2009年9月）、一部翻訳と「座談会　総括所見の意

『権力報道』（朝日新聞社会部、朝日新聞社、1993年9月）、「警察発表が記事の基本に疑問」233頁。

『いまも世界のどこかで――拘禁女性に対する性的人権侵害』（手塚千砂子、山下明子、五十嵐二葉、アムネスティ日本支部女性と人権チーム、学陽書房、1993年10月）。

『代用監獄の廃止と刑事司法改革への提言――国際法曹協会（ＩＢＡ）の調査レポートと国際セミナーから』（日本弁護士連合会編、明石書店、1995年10月）、ＩＢＡの調査協力と文献中に引用。

『差別表現を考える』（日本ペンクラブ編、光文社、1995年10月）、「『差別語狩り』が含む差別の構造」181頁。

『報道被害対策マニュアル――鍛えあう報道と人権』（東京弁護士会人権擁護委員員会編、花伝社、1996年10月）、「第2部　地下鉄サリン事件から学ぶもの」（三つの質問）142頁。

『21世紀の司法の構想』（東京弁護士会司法問題対策特別委員会編、日本評論社、1996年12月）、「21世紀の刑事手続」16頁、「21世紀の『裁判の公開』」78頁。

『憲法的刑事手続』（憲法的刑事手続研究会編、日本評論社、1997年11月）、「英文憲法と憲法の関係」15頁。

『21世紀のマスコミ3　広告――広告は市民とマスコミの敵か味方か』（桂敬一他編、大月書店、1997年11月）、「人権を守る風土」（ニューヨーク・タイムズ等への冤罪広告の記事）91頁。

『平成8年版　日弁連研修叢書　現代法律実務の諸問題』（日本弁護士連合会編、第一法規出版、1997年）、「リレートーク　オウム事件が提起した刑事司法上の諸問題――刑事弁護の現場から」765頁。

『市民の手に裁判を――陪審制度』（新潟陪審友の会編、向学社、1998年1月）、「刑事裁判が危ない！！」75頁。

『宇宙超出をめざす人たちの17話――沢登佳人先生古稀記念論集』（宇宙超出学会編、白順社、1998年9月）、「日本実務刑訴へのレメディとしての陪審」「日本実務刑訴へのレメディとしての陪審」127頁。

『「慰安婦」問題とアジア女性基金』（大沼保昭、下村満子、和田春樹編、東信堂、1998年10月）、「国家の小児病外交につき従う民間人」159頁。

『日本の人権　21世紀への課題――ジュネーブ1998　国際人権（自由権）規約　第4回日本政府報告書審査の記録』（日本弁護士連合会編、現代

共　著

“Mme Futaba Igarashi (Japon),” *XIIe Congrés International de Droit Pénal Hambourg 16-22 September 1978 Actes du Congrés*, p. 297.

『代用監獄制度と市民的自由』（庭山英雄、五十嵐二葉、成文堂、1981年7月）、「『代用監獄』の問題点」3頁、「代用監獄問題について」22頁、「代用監獄の実態の一分析」47頁、「代用監獄実態論の課題」81頁、「代用監獄の廃止と市民生活の安全——『検挙率神話の虚偽』」92頁、「欧米先進国の模様」119頁、「ハンブルク決議と日本の代用監獄」245頁、「代用監獄問題における国辱論」254頁、「なぜ『刑事留置場』が必要か」277頁、「監獄法改正をめぐって」308頁、「あとがき」323頁。

『Women 351　女たちは21世紀を』（岩波書店編集部編、岩波書店、1984年10月）、「代用監獄と民主主義」30頁。

『メディアの犯罪——報道の人権侵害を問う』（「マスコミ市民会議」編、双柿社、1985年8月）、「現状を変えるための方策」275頁。

“Forced to Confess,” *Democracy in Contemporary Japan*, Gavan McCormack, 1986, p. 195.

『国際人権と日本』（第二東京弁護士会人権擁護委員会編、悠久書房、1988年6月）、「被拘禁者の接見交通と国際人権水準」67頁。

『弁護始末記18——法廷からの臨床報告』（弁護実務研究会編、大蔵省印刷局、1988年8月）。

『88年ジュネーヴ・レポート』（日本弁護士連合会、1988年）一部翻訳。

『拘禁二法案をめぐる8年——拘禁二法反対運動小史』（日本弁護士連合会拘禁二法案対策本部編、日本弁護士連合会、1990年12月）、「理論研究が運動を支えた」181頁。

『代用監獄』（朝日新聞社会部、朝日新聞社、1992年2月）、「専門家4氏による座談会」179頁、「国際的批判と代用監獄の今後」31頁に規約委員会ロビーなどの対外活動について報告。

『少年少女小説ベスト100』（文芸春秋編、文藝春秋社、1992年2月）、「クオ・ヴァディス」160頁、「三国志」221頁、「土」284頁。

『法政理論（25巻4号）　沢登佳人教授退職記念号』（新潟大学法学会編、1993年3月）、「日本刑訴の被疑者・被告人を読み直す」125頁。

五十嵐二葉　著作一覧

単　著

『ガラス細工のジェーン・ドゥ――弁護ノートの余白から』（朝日新聞社、1986年12月）。

『殺さなかった――ドキュメント杉並看護学生殺し事件』（恒友出版、1988年8月）。

『代用監獄』（岩波書店〔岩波ブックレット〕、1991年1月）。

『犯罪報道』（岩波書店〔岩波ブックレット〕、1991年5月）。

『刑事訴訟法を実践する』（日本評論社、1996年5月）。

『テキスト国際刑事人権法　総論』（信山社、1996年6月）。

『テキスト国際人権刑事法各論（上）』（信山社、1997年11月）。

『刑事司法改革はじめの一歩――裁判制度導入のための具体的手続モデル』（現代人文社、2002年4月）。

『説示なしでは裁判員制度は成功しない』（現代人文社、2007年4月）。

『こう直さなければ裁判員制度は空洞になる』（現代人文社、2016年8月）。

共編著

『ぬれぎぬ――こうして私は自白させられた　免田から土田・日石まで30人の証言』（東京三弁護士会合同代用監獄調査委員会編、青峰社、1984年1月）の企画、集会準備・司会、編集。

『国際人権基準による刑事手続ハンドブック』（宮崎繁樹、五十嵐二葉、福田雅章編著、青峰社、1991年11月）、「この本の目的と使い方」1頁、「Ⅱ　国際人権基準の国内的実施：1　概説」19頁、「Ⅱ-2　逮捕」43頁、「7　被拘禁者の権利」293頁、「外国人への保障」425頁、「Ⅲ　国際人権の国際的実施」（笹原桂輔と共同執筆）443頁。

【五十嵐二葉（いがらし・ふたば）経歴】

群馬県伊香保町生まれ。1957 年中央大学文学部卒業、1962 年中央大学法学部卒業。第 20 期司法修習生。1968 年弁護士登録（東京弁護士会）。刑事弁護、国際人権活動など精力的に取り組む。山梨学院大学法科大学院教授（刑事訴訟法）などを歴任。

【村井敏邦（むらい・としくに）——インタビュアー】

一橋大大学名誉教授、弁護士。

【徳永　光（とくなが・ひかる）——インタビュアー】

獨協大学法学部総合政策学科教授。

■ERCJ選書7■

コドモノクニ・山道《やまみち》・フランス語《ご》

——ある弁護士《べんごし》の軌跡《きせき》

二〇二三年三月三〇日　第一版第一刷発行

著　者——五十嵐二葉、インタビュアー　村井敏邦　徳永　光

発行者——特定非営利活動法人　刑事司法及び少年司法に関する教育・学術研究推進センター

発売所——株式会社　日本評論社

〒一七〇—八四七四　東京都豊島区南大塚三—一二—四

電話：〇三（三九八七）八六二一

https://www.nippyo.co.jp/

印刷・製本——倉敷印刷　株式会社

装　幀——百駱駝工房

DTP——ギンゾウ工房

ISBN978-4-535-52725-6　　Printed in Japan

ERCJ選書発刊の辞

ERCJ選書は、わが国の刑事司法や少年司法の時宜的なテーマに関する研究や、これらの分野に関わってこられた実務家、研究者及び市民の方々のドキュメンタリーを、ハンディな読み物として、読者に提示しようという目的で企画された。

刑事事件の捜査、裁判及び少年審判は、国家の統治作用の核心を占める権力作用である。わが国においても、成文法に基づいて、捜査、裁判あるいは審判とその執行にあたる矯正あるいは保護の分野に及ぶ膨大な機構が形作られ、公共の福祉の維持と個人の基本的人権の保障とを全うしながら事案の真相を明らかにし、刑罰法令を適正かつ迅速に適用実現(刑事訴訟法一条)し、また、非行のある少年に対して、健全な育成を期して、性格の矯正及び環境の調整に関する保護処分を行う(少年法一条)という理念に基づいて、運用がなされている。

このような法の運用は、かつては、警察官、検察官あるいは裁判官など、法律の専門家や国家公務員などの専門領域と認識され、国民の側からの批判や提言も行き届かなかったという印象がある。しかし、近年、裁判員制度の発足もあって、国民主権という視点からの見直しの雰囲気も生じてきた。例えば、冤罪の原因となる取調べの在り方や裁判の運営に対する批判的検討、選挙年齢の引き下げに関連して一八歳以上の者の犯罪に対する少年法の適用の有無、さらには裁判員裁判による死刑選択の当否など、刑事裁判や少年審判を取り巻く重要な論点について、広く議論が行われるようになってきたように思う。

このような状況を考えるとき、刑事法・少年法の領域を目指そうとする若い学徒の方々や裁判員になる可能性を持つ市民の人々に対して、その時々のテーマに関する研究の紹介をしたり、これらの分野に関わってきた実務家、研究者、さらには市民の方々の生きた姿をドキュメンタリーとして提示したりすることは、必要であり、また意義のあることであるように思う。たとえハンデイなものであるにしても、問題の核心を的確に捉える内容であり、また共感を呼ぶドキュメンタリーであれば、そこで得られた問題関心が、必ずや、将来に向かって、この国の刑事司法及び少年司法を取り巻く文化の内容を豊かにしていくことにつながるであろうと考えるからである。

ＮＰＯ法人ＥＲＣＪ（正式名称は、特定非営利活動法人 刑事司法及び少年司法に関する教育・学術研究推進センター）は、二〇一三年六月二〇日、東京都から設立認可を受けた。ささやかながら、日本の刑事司法及び少年司法のレベルアップを目指して、法人自体で研究・出版等を行うほか、優れた研究業績の顕彰、出版助成、各種研究会・講演会等の企画援助などを行ってきた。

今回の企画は、そのような事業の一環として考えられたものである。今後も、手軽に読めて、内実が豊かであるような書物を送り出したいと願っているので、読者のご支援をお願いする次第である。

二〇一六年八月一五日

ＥＲＣＪ初代理事長　守屋克彦